一八七〇年と一九一四年の間のドイツの独特な発展にたいする著者の見方を当時異常なほどに鋭くしてくれた。日本では工業化はちょうどビスマルクによってつくられたのと同じような国家において行なわれたのであった。ビスマルクのつくりあげた国家は自覚した強力な中産階級をもたず、しかも強力な王制と貴族とユンカーとをもった依然として封建的なプロイセンによって支配されていた。そこでは士官があい変わらず人間の理想像であった。すべての工業化の最初の結果たるプロレタリアートへの恐怖から、社会主義革命への恐怖から、その後われわれは豪商と武人との同盟を体験した。中産階級と小市民階級とは取引を行ない、より豊かにはなったが、強国に住み、進取的な国民であることに誇りをもち、支配階級のなすがままにまかせて、なりゆきにさからわず、議会主義的政治形態、民主主義を断念した。

このようにわれわれは眼前に、自分自身の文化圏の中に、われわれの自由主義的な理論家たちの説が必ずしも正しくはないということの雄弁な実例をもっていた。あるいは、かつては正しくはなかったといいかえてもよい。したがってその後ドイツは、発展の法則に従おうとせぬ西欧内の一種の異物と感じられた。このことは一九一四年—一八年の連合国の宣伝にも非常に明白に現われている。民主主義のために世界を救え《メーク・ザ・ワールド・セーヴ・フォア・デモクラシー》、これがイギリスのスローガンであった。

また、ワイマル共和国は、ドイツを西欧に編入しようとする試み、失敗に終わった試みでもあった。そしてヒトラー主義はこの見地からすれば、政治的、社会的、精神的、文化的に、つまりあらゆる領域においての西洋への大いなる反逆であり、あらゆるヨーロッパ的、伝統的な価値の過激な否定である。すなわち、この異物は自ら進んで異物たろうとし、さらには逆に、自己の見解、価値観をヨーロッパに押しつけようと試みるのである。

以上のことから、いかなる対比が日本にも該当するか、国家主義のいかなる特色がドイツにのみ独特であるのかが明らかになるであろう。日本には一九一八年の敗戦を償う必要がなかった。また日本の大国への努力をヨーロッパにたいする、あらゆる伝統的価値にたいする大いなる反逆ともいうことはできない。しかしおそらくは日本にも爆発的な破壊の長い精神的、道徳的前史が、あるいはそういってよければ、政治的、社会的、精神的な誤った発展が、そしてまた、われわれのギリシャの精神的祖先たちがヒュブリス、すなわち国家的高慢と名づけているものがあったのである。

本書が日本において賛同をえ、しかもどなたか同学の士が本書の中に、日本にも大破局をもたらした国家の運命について思いめぐらし、その精神的原因を明らかにするための刺激を見出されるならば、著者自身にとってこれ以上の満足はないであろう。

良心の探究と自己認識と自己の過去を直視する勇気とによって、あなた方日本人がこの泉の中からあなた方伝来の勇気を再び汲みとり、よりよき未来への道を歩み続けて行かれんことを。

（訳者らへの手紙によれば、この序文は、一九六二年九月中旬、ミュンヘンへの転任直前に書かれたものである。）

# 第三帝国の神話

――ナチズムの精神史――

目次

# 第三帝国の神話

# 序



「書物ハソレゾレノ運命ヲモツ」と古人はいっている。ドイツが敗れ去って十二年たった今日私が出版しようとするこの書物は、一九三三年の夏と秋にロンドンで書かれたのであった。私はこの書物をイギリスで出版することにし、当時すでに表題も「第三帝国の神話」としてあった。表題の意味は明瞭であった。イギリスやその他の国々でも、あの「国民革命」の意義が理解されていなかった。ひとびとはドイツ民族の健全な政治的悟性を信頼していたので、「政権掌握」は精々ドイツの戦後史の短い一時の局面、いくらか長続きのするカップ一揆としか考えようとしていなかった。数週間か数ヵ月もすれば、すべてが元通りデモクラシーと議会主義的な自由主義の正常な軌道にもどるだろうと考えられていた。ドイツ人はロシヤ人でもイタリア人でもなかったからである。ひとびとは政治的、経済的、社会的、また道徳的、精神的な総体的危機がいかに深くドイツ民族を掘り起こし、揺り動かしていたかについて、完全に誤解していた。それゆえに、この国民運動がドイツ人の魂に、その現在と過去に、ドイツ人の歴史と精神史にいかに深く根ざしたものであるかを誤解するのも当然であった。ヴァンシッタートのような人々が、ドイツ人が生まれながらに倍もの原罪を負わされているといわんばかりに、ドイツ史全体を弾劾することになるのももちろん後になっての話である。ひとびとは、ヒェルスキ族の首領ヘルマン以来のドイツ史の推移のうちに、すなわちドイツ騎士団、皇帝党の皇帝たち、ルッター、フリードリッヒ二世のプロイセン、ビスマルク、ヴィルヘルム二世の軍国主義などのうちに、未だかつて断絶されたことのない獣性、蛮行、非道の連鎖を、キリスト教倫理と西欧文化への断えざる反逆を、つまり、ヒトラーとナチ体制にいたって頂点に達したにすぎないひとつの発展を見たのである。

大衆の熱狂を伴ったナチズムは、あるいはドイツ史のはかない表面的な一局面にすぎなかったかもしれない。しかし、ヒトラーをして権力を握らしめたあの「国民運動」と千年王国とは、それにもかかわらず十九世紀、とくに二十世紀におけるドイツ民族の発展に陰に陽について廻った数々の思潮、運動、幻想、神話などの帰結であり、ドイツ人のあらゆる願望の夢、悪習、退化の総合なのである。私は総合といったが、おそらくはカタルシスといってもよかろう。

一九三三年から一九三九年まではイギリスのどの出版社も本書を公刊しようという決心をつけてはくれなかった。初め本書はドイツびいき、またはヒトラーびいきとさえ思われた。なぜなら、著者がドイツの動きに対する無理解で粗雑な弾劾にかかり合おうとしなかったからである。その頃ひとびとはヒトラー・ドイツと妥協しうると信じ、自分たちの危険な態度を認めなかった。戦時中、本書の原稿はパリーにかくされていた。その間に英仏両国はこの「国民革命」とヒトラーがヨーロッパに対して何を意味したかを身をもって知るに至った。ひとびとがドイツについて、ドイツは一九二九年から一九四五年に至る時代を非常に意識的に体験したので、ドイツでは一九一八年から一九三三年に至る国家社会主義、あるいは国民運動に関してはほとんど何も新しいもの、未知なものについて語ることはできないと前提する理由はあった。

ところが私は一九四七年から数年間ドイツに暮らしてみていくらか教えられる処があった。たいていのドイツ人はこの二十五年間に自分たちの中で、自分たちの周囲で、また自分たちと共に何が起こったのかよく知っていないように私には思われるのである。忘れてしまったのか、始めから知らなかったのか、あるいはおそらく今となっては知りたいとも、事実を事実と認めようとも思わないのかもしれない。ひとびとはドイツの歴史記述がこの間隙を埋めるというその差し迫った課題を十分に認識していたと主張することはできないのである。

ドイツ人の忘れたく思う気持ちは生理的にはたしかに理解できることである。それどころか、それは健康な反応である。忘れることができるというのは肉体的必要である。忘れることができてこそ、そもそも人間は生きていくことができるのである。しかし、欲すると否とにかかわらず、千年王国、ヒトラー、ナチ戦争、ダハウとアウシュヴィッツは、フリードリヒ二世やドイツ音楽やビスマルクと同じく今やドイツ史の一部なのである。ドイツ史のこの時期との対決、明確な客観視を、ドイツの公衆、特に知的なドイツは回避しないであろう。歴史的事実を無邪気なものにしてみせたり、それに逆ねじをくわせたり、あるいはそれを簡単に否定し去ったりすることによってはそれはなされないのである。忘却することではなく、克服することが大切なのである。

おそらく現在は、カタルシスとして、また警告として、この三十年間のワイマル共和国の、第三帝国の、ナチズムの嘘偽りのない歴史を書くべき時であろう。ヒトラー主義は死んだ。総統官邸の瓦礫の下にナチズムも埋まっているのだろうか。それとも、あの「国民革命」とナチズムとがその力を汲み取ってきたもろもろの憧憬、傲慢不遜、幻想、伝説、神話、また古来の国民的な怨恨は、依然として地下にくすぶり続けているのであろうか。それを明らかにするには、おそらく完全な歴史的検討、すなわち十九世紀の初めからこの錯誤の発展を導いて来たすべてのものに対する客観的な検討が必要であろう。これこそドイツ史学界の大御所、フリードリヒ・マイネッケの遺言であったのである。

従って本書を自覚とカタルシスのための案内者として、今日ドイツの公衆の前に提供することはおそらく立派な意義を有するであろう。一九一八年から一九三三年にいたる国家主義に関する文献の研究である本書は第三帝国の前史の解明のための、精神的な前史のための一つの寄与となるであろう。たしかに一九三三年以来この種の総括的叙述がいくつか出てはいる。すでに一九三二年には最近物故したヴァルデマル・グーリアンがワルター・ゲールハルトというペンネームで「ドイツの未来を論ず」を公刊している。これは時代の直接的な体験に基づいて書かれたもので、やや不統一の嫌いはあるが、研究者には不可欠のものである。しかしこの書物は、当時のドイツに直接居あわさなかった者にとっては恐らくほとんど理解できないであろう。

一九三九年にはソルボンヌ大学のゲルマン学教授ヴェルメーユ氏が、「一九一八年より一九三八年に至るドイツ革命の理論家たち」と題して第三帝国の前史に関する彼の講義を公刊した。しかし、この書物はラーテナウ、カイザーリング、トーマス・マン、シュペングラー、メラー・ヴァン・デン・ブルック、「行為《タート》」誌のグループ、アルフレート・ローゼンベルク、ギュンター・ダレ、フェーダー、ライ、ゲッベルス等々の著作と思想を順を追って解説したもので、私見によればこの試みは成功したものとは言い難い。なぜなら最初の三人は新国家主義とはほとんど関連をもたず、そしてナチ主義者自身もせいぜい国家主義的思想の恥知らずな利用者にすぎないからである。方法論的にもこのヴェルメーユ教授の書物は失敗である。というのはこれらの著者のあとを追って進んで行く場合、種々の交差、退屈な反覆、および基礎的な面での見透しの欠如は避けられないからである。より分り易くするためには、範囲をもっと限定し、ドイツ精神史との関係がもっと明快に描きだされなければならないのである。

また私がオクスフォード大学教授ローアン・ドー・バトラーの「一七八三年より一九三三年に至る国家・社会主義の諸原因」のような列挙の歴史的方法を用いなかったのには十分の根拠がある。バトラーはナチズムとドイツ史との関連を明確に示し、ヘルダー、フィヒテ、ノヴァーリスから保守的なロマン派、サヴィニー、リスト、ラガルド、トライチケ、ランプレヒト、デューリング、ロールバハから大ドイツ主義者に至り、ヒトラーに終わる国家主義的な理念の歴史を述べている。

しかし、一九一八年から一九三三年に至る新国家主義を理解するためには、国家主義思想のあらゆる代表者、一七八三年以後のあらゆる先駆者を含める必要はない。新国家主義に直接影響を及ぼした者を選ぶだけで十分なのである。歴史の各時代は過去の継承者ではあるが、過去全部の継承者ではない。しばしばわれわれは祖父の遺産を引きつぎ、それを手に入れて自分のものにする。しかし父の世代に抵抗して生きる場合にはとくに、父の遺産には手を触れずにそのままにしておく。ヴィルヘルム時代の思潮は新・国家主義に毛嫌いされた。トライチケ、愛国的な自由主義者たち、ランプレヒト、ナウマンらの思想は新たな生命に支えられることはできなかった。また一九〇〇年から一九一八年に至る大ドイツ主義は大部分が生命のない無用の長物たるに止まった。われわれは自分たちの祖先の中から選び出す。しかし勝手に選び出すのではない。

特異な状況、つまりその特殊な必要、要求、希望、幻想を伴った情勢が、内面的な親和力からわれわれがいかなる運動、著書、著者にまで遡るかを――しばしば直前の世代、あるいはそのもう一つ前の世代を越えてそれを行なうのであるが――決定する。一九一八年から一九三三年に至る国家主義には、フィヒテ、ラガルド、コンスタンチン・フランツの方がトライチケ、ナウマン、クラースよりも遙かに近い関係にある。

非常に豊富な国家主義の文献を整理し選択することがそもそも困難な課題である。このことはアルミン・モーラーも認めており、彼自身も自分の分類に十分満足してはいない（『保守革命、一九一八年―一九三二年』一九五〇年）。この時期のつっこんだ研究にはモーラーのこの傑出した著書はつねに不可欠のものである。実際この書物は方法論を述べている卓越した序文の副えられた完璧な文献である。しかし通常の読者にとって、それどころか大学教育を受けた読者にとってさえも、このあまりにも厖大な、ひとを混乱させる完璧さが役立つものかどうか、疑問であろう。また他面一九一八年から一九三三年までの国家主義の文献を「保守革命」という公分母で約してしまうことはほとんど不可能なことである。もっともそれは、モーラーが、必然的に保守主義的な理念のほとんどあらゆる歴史的形態を除外してしまうような、保守主義の根拠のない定義づけを行ない、それに反して西欧にとって革命的である「永劫回帰」というニーチェの理念をあらゆる純粋な保守主義の核心としていることを考慮してのことである。

ナチズムの精神的先駆者の最新の総括的叙述はジェルジ・ルカーチの「理性の崩壊」(ベルリン、一九五四年)である。それは一貫してマルキシズムの立場から書かれている。この書物では、一七八九年以降の非合理主義のすべての形態が、すなわち、シェリングもショーペンハウエルも、マクス・ウェーバーもディルタイもひとしくヒトラーの先駆者と宣言されている。あたかもすべてのブルジョワ的な思想、すなわち弁証法的唯物論からのあらゆる偏向、原始共産主義から封建制度、資本主義をこえて社会主義に至る全人類の直線的、進歩的な発展を学問的定説と認めないすべての史観は全く論理的にヒトラー的行動やアウシュヴィッツへとつながらざるを得ないかのようである。

これまでのどの総括的叙述も私に私独自の分類の仕方を断念させることはできなかった。私は時代順、著作家順に進んで行く代わりに、モーラーと同様、テーマに従って、つまり一つにまとまって第三帝国の神話全体を構成する部分部分の神話に従って素材を整理した。その場合には、新国家主義というこれらのテーマの内部で、歴史的先駆者たちを指摘し、それぞれの部分神話の発展の跡を追うことが必要である。またこの方法によれば、導きの像を生んだ政治的、社会的、精神的情勢に新たな解釈を加え、これらの部分神話がどのような課題、必要、関心事に解答を提供するはずであったかを指摘することが可能となる。

本書の原稿が書かれてから二十余年が過ぎているのであるが、本文に変更を加える必要はほとんどなかった。ただ時々数行書き加えるだけでよかった。もちろん、現在形または未来形の動詞を過去形に変える必要は時々あった。紙面の都合上、引用の箇所を一々挙げることはしないで、一人の著者または一つの思想グループの思想を概括的に叙べなければならなかった。その際数頁にわたって間接話法で書くのが文体上面白くないと思った時は、直接法にしてしまったこともしばしばある。そういうことをする場合には、本来、叙述されている著者のものである思想を読者が私のものとする危険ももちろん起こってくる。しかし注意深い読者にとっては私が私自身の名前で語っている箇所を見つけ出すことはさほど困難ではなかろうと思う。

本書は私にとって第二の母国語であるドイツ語で書かれた。本書の文体はこの難かしい国語の高度の要求と法則を十分には満たしていないであろうが、その点寛大なお許しを願いたい。とくにドイツ語を自由に操った少年時代このかた、今では随分長い時が経っているのだから。とはいうものの、内容にたいする誤解の生じえないように、できる限り明瞭な表現に努力はしたつもりである。

ベルリン自由大学歴史学教授である畏友ワルター・ホーファー博士に対して、この場所をかりて、博識なご忠言を感謝したいと思う。

ベルリンにて　一九五六年夏

# 第三帝国の神話

「第三帝国はドイツ革命の神話となった。」
エトガー・ユング

今日——第二次大戦が過ぎ、千年王国が没落した今日——一九三三年の初めの数ヵ月間ドイツ国民の大部分がいわゆる国民革命をいかなる感激をもって迎えたかを、ドイツ人が、また他の国民がよろこんで思い返してみようとするかどうか、これは疑問である。しかしながら、あの春の数ヵ月におけるヒトラーの政権掌握ほどに、深く一つの全般的運動がドイツ国民を把えたことは、ドイツ史上稀有のことであるということが一つの事実であることに変わりはない。

つい先頃まで、ひいきの政党や民主主義の未来への信念のためというよりは、むしろ昔ながらの習慣でカトリック中央党あるいは社会民主党に賛成していた国民のあらゆる層は、決着が行なわれるや否や新しい体制に結びつくことを躊躇しなかった。それはひよりみ主義からばかりではなかった。この大転換、かねてから論ぜられ、書かれていたこの国民革命はドイツ国民の未来の新たな朝焼けを意味するのだという確信からでもあった。

一九三三年の三月選挙が早くも弾圧とテロルの開始という空気の中に終了したことは疑いを容れない。また、負債にあえぐ東エルベのユンカー連の策謀がヒンデンブルクの邸において、「ボヘミアの上等兵」を首相に任命しようという元帥の決心に影響を与えないではいなかったということも確かである。また、組合と労働者階級の対抗馬として、大衆の煽動的指導者を久しく求めていた各方面の大企業家から出る金が、再三再四ナチ党に活力を与えたことも衆知の事実である。しかし、以上すべてのほとんどエピソードに似た個々の事実は、それらがどれほど重要であるにしても、当時それらのもとで革命的な事象が実現されたところの高揚と熱狂とを説明することは少しもできない。

この頃の諸問題をよりよく解明するためには、社会学的な見方、「革命的情況」の分析の方がむしろ適しているのである。当時国外に移住していたマルキストの幾人かもこれを試みている。しかしその結果は必ずしも人を鼓舞するようなものではなかった。なぜなら、純粋に経済的な分析とそれに伴う「経済人《ホモー・エコノミクス》」というやや原始的な心理学とによっては、貧民化した中産階級と没落して先鋭化した農民とが、労働者のプロレタリア的マルキスト的な列に加わることをいとも簡単に拒絶するということがどうして起こるかを説明することはできないからである。十九世紀および二十世紀初頭のマルキシズムのドグマによれば革命の担い手たりうるのはプロレタリアートのみであった。しかし、中産階級とプチ・ブルジョワがその受動的、防禦的な態度を脱して、彼らなりに政治的に革命的になるということ、それどころか権力にたいしてさえもたじろがないということは、すでにイタリアのファシズムがこれを証明していたのである。純粋にマルキシズム的な分析では、一グループないし一国民がその置かれた状況下においていかなる心理的な反応を示すか、いかなる理念、夢、スローガン、導きの像が民衆の運動に伴うものであるか、言葉をかえていえば、いかなる一つの神話、あるいはいくつかの神話がその運動に内容と方向を与えるかは確信をもって予言することはできないのである。

このことがおそらくジョルジュ・ソレルや後にはヘンドリク・ド・マンのような社会主義者に正統マルキシズムの正しさを疑わせたのであろう。正統マルキシズムは過去の歴史的な大事件、あるいはまた現在の社会的な力学を十全に把握することはできないと、彼らには思えたのである。

ヘンドリク・ド・マンやその他の社会主義者は現代の心理学や、さらには精神分析学までもとり入れて、人間や労働者を、また彼らが心から望んでいるものをよりよく理解しようとしたのであったが——それらのものは確かに自由主義的な、あるいはマルキシズム的な経済学の「経済人」というもっぱら物質的な関心よりもはるかに複雑であり内容豊かである——ジョルジュ・ソレルは彼がニーチェや、あるいはさらにより多くベルグソンに学んだ時すでに同じ道をとったのである。

すなわち、ソレルの社会的な神話の理論とその歴史的役割は、ベルグソン哲学をまって始めて理解できるのである。

ベルグソンはその最初の重要な論文「時間と自由」で人間の自由な行為を論じている。彼によれば人間が一生のうちに自由に行為することはきわめて稀であり、しかも人間が、習慣に支配されたり、またほとんど自動的に外的な印象に反応したりするのでなく、自己の中へ沈潜し、自己の中から、自己の精神と道徳の総力をあげて行為を始める瞬間においてさえもそうなのである。「自由な行為とは自己を所有することであり、自己を純粋な持続の中へ戻すことをいう。……われわれが重大な決定をなす瞬間は全く独特なもので、一民族の歴史の中での決定的な状況と同じく、反覆して現われることはすくない」(一九一、一九六頁)。こういう意味の瞬間は、ドイツの精神科学ではディルタイ以来「体験」とよばれ、われわれの未来の生活の方向を規定するのであるが、これらの瞬間の中にわれわれは同時にすでに、運動や行為の発端をなしているところのさまざまな像からなる人工的な世界の投影図を画いているのである。これらの像、つまりこれらの観念的表象は人工的な性格のものであるにもかかわらず、われわれの心的生活に新たな方向を与えるのに、従ってまたわれわれの行為に決定的な影響をおよぼすのに寄与する。

この行為の心理学はソレルによって歴史の領域に適用される。「人工的、空想的な世界は、個人の場合は一般に何の痕跡も残さずわれわれの意識から消失する。しかし、大衆が熱情的な運動に没頭する場合、一種の全体像が発生し、それが一つの社会的な神話をなすに至る。」換言すれば、もろもろの社会集団、あるいはあらゆる国民は、重大な危機に直面する時、空想的な世界を作り上げる。そしてその空想的な世界は、現在の否定、彼らの憧憬と夢、彼らが自己のうちに感じとる可能性、彼らのダイナミックな力などから作られる。この革命的な神話は事物の現状の叙述でもなければ、一旦革命が遂行された暁のそれでもなく、一個の全体意志の表現である。それゆえにまた神話は、学者や詩人などが静かな書斎の机上で考え出し創り出したユートピアとは根本的に違っている。神話はむしろ行為に導く像であり、指導理念であって、これが社会集団ないし大衆の確信となっていくのである。

この意味のもろもろの神話が原始的な種族や民族にのみ固有のものでないことは明らかである。社会運動に伴って大衆を鼓舞するこの種の集団表象は全人類の歴史の中に認められる。それは純粋に物理的あるいは経済的な過程の精神的な随伴現象であるにとどまらず、それが社会的な運動に与える方向によって、影響を与え合い、社会的、政治的な事象に関与する。すなわち、この種の集団表象が歴史を創るのである。

原始キリスト教はこの種の黙示録的、社会的なヴィジョンを知っていた。「旧約を読むことによって精神的な栄養を汲みとった宗教改革時代の新教徒も、昔約束の地を征服した者たちの行為を模倣しようと努め、攻撃に移り、力によって神の国をこの地上にうち建てようと欲した」（ソレル）のである。

フランス革命は、これを鼓舞した神話がなかったならば、単なる無益の殺し合いに終わり、ブルジョワジーによる権力の血まみれの奪取に終わったであろう。十九世紀の歴史の中の政治と社会の強力な動きも、民主主義思想に宗教的ともいうべき熱情を与えた自由、平等による進歩という背後の神話がなかったならば、われわれには到底理解しがたいであろう。

純粋科学であると自称するマルキシズムといえども、大衆に及ぼすその影響と力とは、剰余価値と計画経済の理念とに関する創始者マルクスの複雑な思想によるのではなくして、正義という輝かしい理念によるラディカルな転覆というほとんど黙示録的なヴィジョンに、つまり、純粋な経済学とは完全に無縁である道徳的な衝動と力によっているのである。

ソレルのつくりあげた神話の理念は、純粋に合理的な思考法よりもおそらくより深く、われわれに先頃の、あるいは現在のいくつかの運動の動きの本質を解明し、その原動力を認識させるであろう。

ソ連の第一次五ヵ年計画、「ピァティリエトカ」もまた何にもましてソレル的な意味での神話であった。もちろんこれはまず偉大な現実家たちによって考え出され、しかるのち専門家が完成した生産計画であった。しかしそれにはまた違った面もあった。それは幻想、空想力、偉大とヒロイズムの精神へのアピールであり、信仰であり、希望であった。それは、大衆に苛酷な現実を忘れさせ、大衆の苦悩と甚だしい犠牲に意義を与えるための神話であった。

新たな信仰がまさしく二十年代の末、三十年代の初めに必要であった。その頃にはプロレタリアートの世界革命の神話が色あせ始めていたのである。新たな神話にはさきの神話に比してさらに幾つかの長所もあった。これはもはや受動的に待つことを意味せず、あらゆる能動的な力を眼ざまし、その力に手近かな目標を与えようとした。すなわち、自国における社会主義の建設であった。

天文学的な数字をひねくり回すこと、戦闘的な言語、映画、演劇、劇場、文学、子供向きの絵本、すべてが英雄的なものの雰囲気を盛り上げ、巨大ではあっても同時に具体的な目標のために、エネルギーの総動員を実現するのに寄与しなければならなかった。

当時は、現在と違い、ソ連国民はほとんど愛国心に訴えることをせず、また聖なる母ロシヤの偉大な過去に向かって呼びかけることもなかった。イワン雷帝の精神もピョートル大帝の精神も引用されることはなく、ロシヤの中世の戦士、聖者、英雄については何も語られなかった。汎スラヴ主義者の「第三のローマ」、スラヴ民族の連帯精神もこの神話には何の役割も果たさなかった。

現代ロシヤの、特に一九四一年以後、「大祖国防衛戦争」の間、プロパガンダの主要テーマであった神話のこれらの特徴はすべて、第二次大戦前に現われたものであり、新たなスターリン崇拝と全く同様に、ファシズムとナチの理念を意識的に模倣し自分のものとしたものであった。そしてこれらの理念の大衆への深刻な影響力はクレムリンの指導者らが驚歎せざるをえないほどのものであった。

第一次五ヵ年計画は人間の非合理的な力に働きかけて、これを動員するものであるが、それはただ未来にのみ向けられている。それは進歩の神話の特殊な新しい形式である。

それに反して、中欧では、第一次大戦とその結果によって、生活のあらゆる面における自然必然的な進歩への信仰が、つまり十九世紀の俗化された社会宗教が、先ず教養層において、ついで大衆において深刻に揺さぶられた。それゆえに、西欧の幾つかの国民が、彼らに新たな希望を与えることのできる他の導きの像を探し求め、神話に憧れたのも驚くには当たらない。その際彼らはしばしば自国の歴史に、過去の偉大さに、自分の種族の徳性、永遠に変わらぬ力に眼を向けた。未来はその際彼らには絶対的に新たなもの、無よりの創造とは考えられず、国民的な再生として、伝説的、歴史的な偉大、生の源泉、固有の実体への回帰として考えられた。

この過去への呼びかけはイタリアのファシズムにおいて重要な役割を演じた。古代ローマの束桿斧、年々行なわれるローマ建国記念日、シーザーとそのルビコン渡河の故事を思い出させる首府ローマへの行進、神なるシーザーの像の下でのアジ演説、マキャベルリの「君主論」の序文などは感激を呼び起こさせるシンボルである。ひとびとはすべての行為、たとえばムッソリーニのジェスチュアにさえも、自分を超時間的なものの中へ高める神話的な意義を与えた。彼らはローマの古き偉大に助けを求めた。このことは、かつて六百年前、コラ・ディ・リエンゾがローマ市民に誇りと未来への信仰を復活させるために、遺跡や教会に見られる碑文の意味を解読してやったのと同じであった。

こうした過去の動員の目的は、古代ローマの遺産を全イタリア国民のため復活させ、昔の軍人道徳と政治道徳とを理想的な目標として掲げることにあった。すなわち、各人は、個人の犠牲なくしては強大な国家は存在しえないこと、個人は社会なくしては無を意味すること、個人は国家において、そして国家によって始めて自己を実現し、人格となるのだということを知らねばならない、というのである。ひとびとはこの理念を基礎として新たな社会倫理を築こうとした。それは国民感情と国民生活一般の新たな形式であって、個人主義、民主主義、自由主義の時期を克服するはずであった。そしてこれらの個人主義、民主主義、自由主義はすべて、一七八九年の原則のうちに要約されると、ひとびとは断言したのであった。

ファシズムはその理論家の側からすれば、単にイタリア内部での一国民革命ではなかった。イタリアのファシズム革命は彼らの考えでは全ヨーロッパ的な広がりを持っていた。フランスとパリーとが一七八九年以来、他の諸国民の範例となったと同様に、ファシズムのローマ、その国家形態および社会体制は、二十世紀のヨーロッパと文明世界の範例となるべきであった、したがってローマへの武装行進は、保守的な思想家連が何百年も前から待ちに待っていた偉大な反革命の発端であった。ファシズムの理念は、ヨーロッパの精神と肉体の中で民主主義の神話にとってかわるはずであった。伊太利ハ教訓ヲ垂レル《イタリア・ドケト》、というわけである（メラー・ヴァン・デン・ブルック）。したがって、五ヵ年計画とファシズムのイデオロギーの中には、ソレル的な意味の神話に比すべき特徴が幾つか現われている。その二つともが人間内部の非合理的な、ほとんど宗教的な力に働きかけ、政治的な行為に導き、そして歴史を創造する集団表象を形造っている。その二つともが悲惨な現在からの脱出を助け、同時に、現在に神話的な偉大さを与えようとする。

このことはナチズムにおいてもっとはるかに明瞭に現われる。というのはナチズムにおいては、神話が時間的に革命に先行しているからである。ソ連の五ヵ年計画は数年来権力を握っていた政府によって大衆の中に投げこまれたものであり、十月革命に新たな意義を、ソヴィエト共産主義に新たな目標を与えるという使命を持っていた。それはまた、すでに獲得していた権力を維持する手段でもあった。イタリアにおいては果敢な少数党がまずクーデターによって権力を奪い取ったのである。当時の彼らの唯一のプログラムは「イタリアをファシストに、戦争の世代に、青年に！」というスローガンに要約することができた。ファシズムはその精神の根を突撃隊《アルディティ》の国家主義に、若い世代の行動主義の中にもっていた。その政治思想の領域における特異な旗印、すなわち、その反民主主義、団体精神、国家観、国民観、ヨーロッパ反革命の担い手として自らに与えた役割などは、革命の後にようやく、革命そのものにより高い意義を与えるために創作されたものであった。これに反して、ドイツの「国民革命」は、かねてからはるかに広い層の国民を把えていた。ヒトラーと彼の党は、数年前からとはいえぬにせよ、数ヵ月以前から「期待の中に」、一つの神話の雰囲気の中に、すなわち第三帝国の神話の中に生きて来た大衆の信頼と希望の波に運ばれて権力の座についた。ジョルジュ・ソレルは、ある国民における神話発生の根拠は、崇高さとヒロイズムを感じることのできるその能力の如何にある、と説き、さらに、ドイツという国は神話の発生に恰好の土壌であると述べている。ソレルは書いている、「ドイツ人はまったく異常なほどに崇高の感情で養われてきた。まず、数次の解放戦争に由来する書物によって、ついで、これらの戦争につづいた古い国民的英雄讃歌にたいする偏愛によって、最後に、日々の憂いからはるか遠く逃れることを目標とする哲学によって」。

ソレルはこのことによって、なぜマルキシズムという黙示録的な神話がとくにドイツの労働者階級をとらえることができたかを説明しようとしているのである。しかし彼の挙げている例は、実は、崇高さとヒロイズムを感じる能力に恵まれたドイツ民族は、彼らのもっとも古い夢や伝統的な憧憬に呼びかけ、彼らのもっとも貴重な幻像を再び呼びおこす国家主義的な反マルキシズム的神話の方にむしろ伝染しやすいことを示しているのである。おそらくフランスの生んだもっとも偉大なドイツ研究家と思われるシャルル・アンドレルはこのことをつぎのように表現している。「ドイツ民族以上にこっけいなほどに回顧的才能に恵まれ、小学校時代から頭の中に昔の偉大さの伝説が一杯に詰めこまれている民族はない。そういう夢は時とともに姿をかくしてしまったのに、ドイツ人には、その夢の一つたりとも数世紀の塵の下に決定的に葬ってしまおうという決心はつかないのである」(シャルル・アンドレル「汎ゲルマン主義の源泉」一二頁)。

もし、ヒトラーあるいはナチズムが、第三帝国の神話を考え出したとか、それを無から創造したとか考えるならば、それは誤りである。この神話はすでに早くから、地下に、ひそかに、ドイツ民族の中に生きていたのである。しかもほかならぬ大学出身の教養層の中に生きていたのである。大学こそは一世紀以上も前から愛国心とナチズムの第二の故郷であった。新国家主義のテーマのうち二、三のものは、ナポレオン戦争と王政復古時代のロマン主義の哲学者や詩人にまで遡り、またあるものは十九世紀の間に、あるいはヴィルヘルム二世治下に発展して、第一次大戦前に汎ゲルマン主義の精神的基盤を構成している。さらにまたあるものは、一九一八年以後、まったく新たな政治情勢の下に、在来はほとんど気づかれていなかった新たな社会問題の故に発展した国家意識を反映している。

換言すれば、ドイツの国家主義を理解するためには、ドイツ国民が自分自身について、また世界と歴史の中での自分の位置と役割について描く像をつねに明確に見、同時に国民意識の新旧の形態を区別し明らかにすることが必要である。このヴィジョンの大部分は幻像であるかも知れない。だがこのヴィジョンは神話の中へ入りこんでいるのである。「このヴィジョンは大学や、その他の学校を通じて、また、その主題の単調な反覆の結果、はなはだ深くドイツ国民の中へ浸透し、その結果ドイツ国民は習慣の力にたよってそれを真理と思うまでになってしまった」のである(アンドレル「源泉」一二頁)。

ワイマル体制下の言論出版の自由と政治の民主化によって、国家主義的な宣伝は、帝国時代には一部の者にしか触れ得なかった理念を大衆の中へもちこむことができるようになった。こうして過激な国家主義のイデオロギーが真の政治的、革命的神話となることができた。再びひとびとは、まちがいなく大衆に影響を及ぼすことの明らかな、古い理念と像に結びつけられたのである。

われわれをかつては欺いたが、今となっては気ちがいじみたものに思われるナチズムの数々の理念、公式、スローガンも、政治的理念の歴史を明確に思い浮かべてみるならば、もっと理解しやすいものになってくる。政治的理念の歴史は、ナチズムと同じ思考過程が違った形ですでになじみのものになっていたひとびとに、こうした気ちがいじみたものが反響を見出しえた所以をも理解させてくれるのである。

ドイツは第一次大戦後に国家主義思想の復活を体験した。この新国家主義は、一つの政党とか一つの運動とかいうものでなく、もっと内容に富んだ、複雑な、広汎なものであった。もっともこの場合われわれは、国家主義という概念を前世紀の末ごろモーラスやバレスなどが定義づけたような深い意味でいっているのである。すなわちそれは、国家的危機に際して叫ばれる単に国家への愛とか愛国心とかいうものではなく、一つの積分的原理である。それは、あらゆる物質的、道徳的、精神的な問題を、最高の価値、すなわち、絶対と称される国家の観点からのみ見ようとする試みなのである。

この種の国家主義は、二十年代の末に以前にもましてドイツ人の精神生活に侵入した。最後には文学、哲学、教育、倫理、さらには神学や宗教までが、この観点からのみ評価されるに至った。かくて国家主義そのものが宗教となり、国家ないしドイツ国民は神秘的、神話的なより高次の現実となった。メラー・ヴァン・デン・ブルックはすでにその数年前に、こうしたあらゆる夢想や憧憬を総括する魔術的な公式を発見していた。すなわち「第三帝国」である。

この公式の魅力の強さを完全に測り知るには、ケルト語に語源をもつこの「帝国《ライヒ》」という美しい言葉が、ドイツ語では礼拝と宗教の響きをもつことを思いださなければならない。それは聖書の中にも、日々の祈りの中にも、すなわち「み国の来らんことを《ダイン・ライヒ・コメ》」のうちにも見られる言葉である。この言葉には魔法がかけられている。この言葉は、聖アウグスチヌスの「神の国」の夢を、紀元八〇〇年の聖夜における戴冠式を、数代にわたるオットー皇帝を、バルバロッサとルードルフ・フォン・ハープスブルクを思い出させる。ライン河に沿って立つすばらしい数々の大寺院、ローテンブルクの由緒ある市民の住居、ニュルンベルクの職匠歌人、同業組合、ドイツ騎士団とその本拠マリーエンブルク、リューベックとハンザ同盟の威勢、ヴォルムス国会におけるルッターなどが、すなわち、美化された何世紀にもわたる絵巻が、この「ライヒ」という言葉が発せられるとき、ドイツ人の心に浮かび上がってくるのである。

第三帝国の夢はヨーロッパの長い精神史の流れのなかに繰り返し登場している。ジョアッキーノ・ダ・フィオーレの第三の福音の説がそれであり、トルコ人のコンスタンチノープル征服、すなわち東ローマ帝国滅亡の直後に南スラヴの一僧侶が、モスクワは神の選び給うた地であり、ここに第三のローマが誕生するであろうと書いた第三のローマ説もその一つである。この人の心を鼓舞するヴィジョンは、汎スラヴ主義者ドストエフスキーの燃えるような魂の中にもう一度復活し、やがてこれをメラー・ヴァン・デン・ブルックが採り上げ、新しい解釈を加えて、純粋に政治的なものに変えた。それが二十年代の末にドイツの国家主義によってさらに発展させられ、さまざまな新しい形態をとるに至った。従って、第三帝国は、ある者にとっては、ドイツ民族精神の表現としての新たな真にドイツ的な国家であり、ある者にとっては、ドイツの同胞、同じドイツ民族への愛の上に築き上げられた新たな社会主義的共同体であり、またある者にとっては、キリスト教精神によって更新されたドイツであり、最後にまたある者にとっては、エホバよりもオーディンに似ている神に祈りを捧げる碧眼でブロンドの自由なドイツの農民の種族が住む国土なのである。しかしそのいずれのひとびとにとっても第三帝国は、よしんば他の諸国民にたちまさってはいないまでも、それらに伍する、偉大にして強大であったかつてのゲルマニアの像なのである。

第三帝国の神話、言いかえれば、それが寄り集まって第三帝国の神話の全理念を構成するところの部分神話が、政治的ジャーナリズムの中でとったさまざまな形態を描写すること、これが本書の内容をなしているのである。第三帝国のこれらのさまざまなヴィジョンは、往々にして互いに矛盾し合い、相互にしりぞけ合う。だが往々にしてまたそれらはあい並んで登場し、そしてある意味ではナチズムがそれらのヴィジョンの総合をなしているのである。しかし第三帝国の神話を、ゴットフリート・フェーダーのナチズムの綱領や、アドルフ・ヒトラーが「我が闘争」と題した読むにたえないあの書物のなかからとりだそうとすることは、もちろんほとんど意味をなさないであろう。「総統」がランツベルクの静かな監房でまとめ上げたといわれるこの奇怪な書物は、獄舎の壁によってだけへだてられている大衆を前にしての長ったらしい演説、すなわち大衆の反応を精確に知っており、いかなる感情、いかなる本能に語りかけるべきかを心得ている煽動家の演説に外ならない。大衆を迷わすには、ル・ボンの言葉をかりていえば、「決して証明したりしないで、誇張し、主張し、反覆し、同時に名誉と名声と神と祖国に語りかけ」さえすればよいのである。またヒトラーは、そのためには、よしんばそれ自身どれほど矛盾にみちたものであろうとも、理念を最も素朴な形で、民衆に投げ与えなければならぬということも心得ていた。その場合、ある理念の位階的価値は問題ではない。なぜなら、大衆の渇望しているものは決して真理ではないからである。「我が闘争」は、精神的、知的価値を要求しうるような政治的イデオロギーの範疇というよりは、むしろはるかに群衆心理学のそれに属するものである。いいかえれば、これは最も悪しき意味のプロパガンダである。

また政権掌握以後に雨後のたけのこのように現われた無数の「ナチズムの世界観」や「解釈」を分析することも無益である。今われわれの興味をひくのは、追随者や同調者の書き散らしたものではなく、国家主義の先駆者たちの著作、すなわちナチズム革命以前、まだ海のものとも山のものともつかないたんに精神的な世界の中を漂っていた頃の第三帝国の神話の主題と発展である。

新国家主義思想の変転の研究は、われわれに、どうして理性的な教養あるひとびとが一種の精神的な誠実さをもって革命を受け入れることができたか、それどころか、早くからテロルの傾向を現わしていた革命を是認することさえもできたか、あるいはまたこれらのひとびとが、すこしも抵抗の意志を見せていなかった敵に対する戦闘方法や蛮行を黙認することができたかを明らかにしてくれる。いうまでもなくビスマルク以後「市民の勇気」はドイツ人の特別な特徴ではなくなっていた。当時すでに外国にとってナチの主要な特徴であり内容であったテロルと蛮行は、まだ多くのドイツ人の眼には、その意図と意義がはるかに深い処にあるところのあらゆる革命の随伴現象と考えられていた。

従ってあのあらゆる蛮行にもかかわらず、非常に多くのひとびとの眼には、一九三三年の政変は依然として第一次世界大戦の終結このかた、また十一月革命以後、ひたすら待ち望んでいたドイツ民族の再生、国民的な革命と見えていた。

国家主義者の思想的財宝にとって、この思想の精神的創始者であるメラー・ヴァン・デン・ブルック以来共通しているもの、またその特徴をなすものは、次のような否定的な事実である。すなわち、この思想は、現実の歴史の批判的な研究に発しておらず、あるいは社会の発展の細心な分析の上に築き上げられていないということ、またそれは、当時の政治的、社会的混乱の真の根源を探ろうとする努力を行なっていないということである。むしろそこで問題とされているのは、現実によって押しつめられ進退きわまった時の、純粋にイデオロギー的な反射、すなわち哲学的な、ほとんど形而上学的な反応である。

幾人かのこれらの空論家たちは、こうした精神的な姿勢をも率直に認めている。しかしそれは弁明するためなどというのではなく、この姿勢を誇り、実証的な素朴な真理に対する「プラグマティック」な態度を提起するためなのである。すなわち「現代においては神話学者が歴史家にとって代わる、神話的真理が歴史的現実に優先する」としたのである（ハンス・シュヴァルツ「リング」誌、一九二八年）。
大胆にも、「福音書に始まって社会契約論に至るまで書物が革命を造った」と書いたボナールなどのように、われわれは書物とその政治的事象への影響の意義を過大評価してはならない。シュペングラー、エトガー・ユング、メラー・ヴァン・デン・ブルック、シュターペルのあらゆる著作、「リング」誌、「タート」誌なども、バレスやモーラスの著作と同様それ自身の中からは断じて民族運動を生み出しはしなかった。しかし、ひとたび革命的情勢が、政治的、社会的ないし経済的原因から発生するならば、書物の中に書かれている理念が、「分散している意志の方向を結晶点に統一し、かくして、明確さを求めながらも共通の目標を与えられていなかった、まだぼんやりした意志の力を集約する」（アンドレル、同書、五三頁）ことは起こりうる。しかもこれは歴史上しばしば生じたのである。本書の意図は、以下の章においてワイマル共和国の政治的、社会的、精神的発展の余すところない歴史を記述することに在るのではなくして、ただ国家主義的なイデオロギーの明確な像を描き得るための基本線を明らかにするにとどまる。

このように本書の限界が定められた上は、われわれは国家主義思想の主要テーマ、すなわち、寄り集まって第三帝国の神話を構成する部分神話を簡潔に要約することができる。第一の神話は、新たな国家に関する神話である。二十年代の末頃ワイマル体制は重大な危機に陥っていた。もともとこの体制は決して人気のあるものではなかった。共和国という政治形態は大きな幻滅であった。ワイマル憲法はすでにヒトラーの現われるよりもずっと前から多かれ少なかれ無力になっていた。そうでなくてもひとびとは、政党政治——というよりはむしろ政党的無法——に厭気を催していた。国家は国防軍に対して、また部分的には官僚に対してもその権威を失なっていた。この現実の国家の危機が、ドイツの本質により適した、そして国民の力を力づよく総括し、ともかくも政党の上に立つであろうような国家についての新しい理論を生みだしたのである。

二、三の理論家、例えば身分国家の理論家であるオトマー・シュパンなどには、この新しい国家は独裁的な形態をとるべきものと考えられていた。他方、ソ連とイタリアの例は、二十世紀の新たな問題と要求を克服するためには、国家権力をあらゆる生活領域に拡大すること、すなわち全体国家が最善の解決策であることを証明しているように考えられた。カール・シュミットはその最も重要な先駆者と見なされうる。この二つの理念がエリートの国家、指導者国家というはるかに具体的な形式の中に要約されているように思われる。

経済的・社会的危機が第二の神話に、すなわち、特殊にドイツ的な社会主義という神話に道を拓いた。この社会主義はマルキシズム的でも、ボルシェヴィキ的でもなく、小市民を母胎とした倫理的社会主義であって、とくに青年の共鳴をうるように思えた。この神話の最も尖鋭な最も興味ある表現は「タート」誌上に現われた。

それと同時に、もはやキリスト教的ではなくなっていた大衆、あるいは微温的なキリスト教徒であった大衆の中には、精神的・宗教的な危機すなわち信仰の危機もあった。新たな信仰が今やキリスト教にとって代わらねばならなかった。人種の神話、一新したドイツ人の生活の基礎と源泉とみなされた世界観がこの役を果たすことになった。保守的なひとびとの眼には、宗教的な更新はただプロテスタンティズムの、すなわちより精確にいえば、ルッター主義の再生の中にのみ実現され得るものであった。このルッター主義はキリスト教のドイツ的形式とみなされ、やがてはおそらくカトリック教会をも包摂し、もちろんローマとは分離した、共通の偉大なドイツ・キリスト教的国民教会を建設しうるものと考えられた。多くのプロテスタントの側から新たに勃興するドイツに托された希望、すなわち、彼らの最も優れた代弁者の一人の言葉を借りていえば、「国家主義の神学」（シュターペル）とも言いうる希望とは、このようなものであった。

この第三帝国のプロテスタント的なヴィジョンと好一対をなす今一つの神話がある。それはドイツ史の中に深く根を下して、ロマン主義に至り、さらにそれを越えて中世にまで遡るものである。すなわちドイツ国民による神聖ローマ帝国という神話である。この神話は他のいくつかの神話とは異なり、革命前の混乱期にはさほど著しく出現はしなかったもののようである。しかし、ワイマル共和国に内心なじめない気持ちを抱いて対立し、しかも公けのカトリック党、すなわちカトリック中央党に賛同することもできなかったカトリック的な保守派のひとびとは、カトリック的伝統の精神の中に、このようなドイツの再生を夢みていた。彼らにとっては頭をもたげてくる第三帝国は、第一帝国の栄誉ある伝統への復帰、あるいはむしろ再結合であった。この神聖ローマ帝国こそキリスト教界の護りの力であり、西欧の国々の轍叉《かなめ》であったのである。

第三帝国のこのほとんど皇帝党的な見解――その代表者たちはローマやウィーンや西欧と緊密に結びつけられていると感じていたが――にはもう一つ別の見解が対立している。すなわちその眼を東方へ、バルト海沿岸諸国へ、スラヴ諸民族へと向ける帝国という見解である。これは教皇党的なヴィジョンということができよう。新国家主義の多くのテーマと同様に、これもまたメラー・ヴァン・デン・ブルックがすでに明確に表現した。それは西方からのドイツの離反を弁護し、その代わりに、「社会主義的な外交政策」、「若い諸民族の戦線」を要求している。

さらに今一つ、「ドイツ的様式と芸術」の神話についても語ることができよう。それはもちろん純粋に政治的あるいは社会的な類のものではないが、ドイツ人の国家主義的な思考の中で数世紀の長きに亘って、不吉な営みを続けており、とくに一九三三年以前の数年およびこの年以後に、芸術、文学そして文化の分野において味気ない果実を実らして来たのである。

最後に、他の神話の理解に部分的には役立つ今一つの神話、すなわち「新たなドイツ人」の神話についても語ることができるであろう。

## 十九世紀ドイツの国民感情

ドイツの新国家主義の個々の神話を詳論する前に、まずこの百五十年間のドイツの国民感情の展開を一べつしておく方がよかろうと思う。それは同時に、古い自由主義的な国家主義とヴィルヘルム時代の汎ゲルマニズムとを、新国家主義から区別することにもなると思われる。

十九世紀の末以来、ひとびとは国家主義と軍国主義が保守的、反動的な思想と緊密に結びつき、他面では自由主義と民主主義が平和主義と諸国家間の関係の平和的調整の理念と直結していると考えることに慣れていた。その際、このような理念の結びつきは、ヨーロッパの歴史においては、元来まだ日の浅いものであるということは忘れられていた。衆知のように、フランスの民主主義は十八世紀末から十九世紀なかばまでは、非常に戦闘的であり、また外交政策上攻撃的なものであった。一方フランスの保守的な政党と政府とは、神聖同盟から一八四八年後の反動期までは民族協調を弁護していた。十九世紀の末にいたってようやく戦線の明瞭な変化が見られた。政治的な自由主義と、当時抬頭してきて民主主義運動の最左翼となった社会主義とは、イデオロギーの上では強くインターナショナルな立場をとっていた。

フランスではすでにドレフュス事件が全く明瞭にグループの再編成が行なわれていることを示した。新国家主義はフランス人の著作の中ではバレス、特にモーラスのものに表現されていた。モーラスが敵として戦ったものは、共和国、民主主義、議会主義、自由主義、社会主義、平和主義など「愚劣なる」十九世紀のあらゆる偶像であり、その精神的担い手と見なされたプロテスタンティズム、ユダヤ教、フリーメーソンであった。彼は軍の先頭に立ち、権威ある国策、厳格な社会秩序、王位と祭壇にたいする畏敬、王の帰還などを要求した。モーラスは明晰な思索と緊密な構成によるこの理論を「完全なる国家主義」と称した。

ドイツの政治思想の発展はこれと相似の線をたどった。前世紀のなかばまでは、ドイツの国家主義は自由主義的、民主主義的な、それどころか時には急進的で共和主義的な理念と相携えて登場した。これに反して、王党的な保守主義は愛国心や、国民のあまりに動的な理念や、国民的統一の夢などに対して敵意のこもった不信の眼を以て臨んだ。なぜなら彼らが革命とジャコバンの根源であることを自責したのは当然であったし、それ故にまた国民のこういう愛国心の現われを時にアンチクリスト的、汎神論的、異教的であると弾劾したからである。

こうした戦線の配置はドイツの政治思想の歴史に基づいており、一定の政治的情勢に対応していた。すなわちそれは、ナポレオン戦争とウィーン平和条約とから生まれたドイツのロマン主義的な国家観と政治的情勢との結果であった。

フランス革命、革命戦争、ナポレオンの遠征は、高らかなラッパの響きによって、ドイツの国民感情をその眠りから呼び覚ました。その眠りはこれまではフリードリヒ大王などの行為によってほんの束の間中断されたことがあったにすぎなかった。もちろんその間にドイツの精神生活は力強く動き始めていた。新風をはらんだ著作活動がレッシングやシラーのドラマに、ゲーテの抒情詩に、カントやフィヒテの哲学に現われていた。個性的で内容も豊かな国民的著作のこの開花は、ドイツ人に自国民の創造力と天才への新たな信頼の念を与えた。それはドイツ国民に今後与えられるであろう偉大な役割への自信であった。政治的な領域では、当時ドイツ国民はまだ寸断され分割されて、なんの力ももたなかったけれども。

今やドイツ文学とドイツ哲学は、それ自身、全ドイツ人に共通であり、全ドイツ人が誇り得る宝物、遺産として、精神的統一の中心点となることになった。「ドイツ文学はわれわれの統一の最も本質的な契機の一つとなった。われわれは統一を文学という形で今更のように真に自覚したのであった」(ランケ「分裂と統一」一六〇頁)。

内容と内的傾向からすれば解放戦争までの著作は、その範例をゲルマン的なものにとったにせよ、古典的なものにとったにせよ、世界市民的、人道主義的であった。国家主義的な調子のものはきわめて稀であった。例えばレッシングが太陽王ルイ十四世の時代のフランス演劇を攻撃するのは、それがフランス的あるいは非ドイツ的であるからではなく、レッシングがディドロやマルモンテルと同じ新たな美学的尺度をそれにあてがうからである。それを彼の愛国的感情の故としたのは、後世の文学史である。

それ故に、ドイツ文学史上の巨匠たちの大部分の者が、ヘルダーにせよ、クロップシュトックにせよ、カントにせよ、ヴィーラントにせよ、フィヒテにせよ、フランス革命を新たな人類の朝焼けとして歓迎したのもほとんど驚くにはあたらない。多くのひとびとは、自由主義的な立憲的な王権がロベスピエールのテロルの前に屈しなければならなかった時も、革命的な確信に対する忠誠を変えなかったし、他のひとびとは、ナポレオンのうちに古代の英雄の再来、近代精神の権化を見ていた。クロップシュトックが国民議会の敵となり、ベートーヴェンがエロイカ交響曲への献辞を引き裂いたのは、ほかでもなく彼らが自由主義と人道主義的な理想にあくまで忠実であったが故である。ベートーヴェンの献辞は自由を愛する青年将軍、第一統領ボナパルトに捧げられたのであって、戴冠した皇帝ナポレオンに捧げられたものではなかったのである。

フィヒテと初期ロマン派はさらに一歩を進めた。彼らにとっては民主主義の理念、真の共和国はヴァルミーの戦役の頃にはまだそうであったのとは違って、フランス革命の陣営にはもはや見出されなかった。自由は他の陣営に移っていた。すなわちドイツの、他の諸国民の、人類一般の自由の陣営に移っていた。コルシカ人ナポレオンの軍隊のくびきに対して立ち上がることが問題であった。フィヒテらの国家主義は自由を愛する精神から発したものであり、共和主義的な情熱と人道的な世界主義と手を携えて進んだ。フィヒテは全ドイツ国民に向かって語りかける。フィヒテはドイツ人全体の運命を人類一般の運命と同一視し、ドイツ人に、「かつて地上に出現したことのない」真の正義の国を明示しようとする。彼は、古代国家の存続に不可欠であった奴隷としての人間の多数の犠牲をともなわない市民の自由の理念に、「人間の顔をもったすべてのものの平等の上に築かれる自由」に熱狂する(フィヒテ「国家論」四、四二三頁。七、五七三頁)。人類という観点に立つ時、各国民は自己の問題を自由に規制し、自ら処理しなければならない。人類という観点に立つ時、ドイツは自己の自由と、独立と、政治的統一とを闘いとらねばならない。なぜならフィヒテによれば、絶対的な世界主義なるものは存在しない、世界主義は現実においては愛国心と一致しなければならないからである。

たしかにフィヒテは、ドイツの共和国としての統一を、たとえ愛国的な王侯らの手からでも受け取るにやぶさかではなかったであろう。「ドイツを救うために専政者を与えよ、それが誰であれ、わが王はこの功績をたてるがよい。そしてその専政者の死後は元老院を与えよ」(同書、七、五五四頁)。従って当時の愛国心はしばしば明らかに王家に向けられていた。フィヒテよりもはるかに冷静な思想、感情の持主であったシュタイン男爵ですら、一八一二年には次のように叫んでいる。「私の祖国はただ一つである。それはドイツである。私の願いは、ドイツが強大になり、その自立と独立と国民性を再び獲得することである。私の信念は統一である。この偉大な発展の時にあっては、私にとって王家は全く何の関心をも惹かない。王家はたんに道具たるに止まる。」老ブリュッヒェルはさらに尖鋭な言葉で語っている。「武器を執らんとする全国民の意志に抗する如き王侯は追放せよ。」

プロイセン国家を救うために、必要な自由主義的改革を実現するために、農民解放のために、国民皆兵制を敷くために、ドイツの愛国者たちは、ベルリンにおいて王に強制を加え、特権階級やユンカーと激しい戦を交じえねばならなかった。何故ならあらゆる保守的なひとびとは、これら一連の改革のうちに「愛国心とジャコバン主義」の亡霊を見ていたからである。

従って自由主義と国家主義との間には、王政復古と神聖同盟の数年前から、すなわちメッテルニヒ時代の前から、すでに理念の緊密な結合が存在していたのである。しかし暫くの間、大臣や王侯たちの正統主義が愛国者の自由主義と同盟を結んだこともあった。解放戦争時代がそうである。彼らの共通の敵はナポレオンであった。しかしそこには最初から分裂が現われている。愛国者たちはドイツ国民の圧迫者であるナポレオンと戦った。あるいは、フランス人が一七八九年の自由主義的な革命的な理念にたいする忠誠を失なっていた限りにおいて、フランス人を敵として戦った。そして彼らはドイツの統一を願っていた。それに反してメッテルニヒと諸侯は、ナポレオンをコルシカ生まれの簒奪者、古き正統の秩序とアンシャン・レジームとの敵、言葉をかえていえば「革命の権化」とみなしたが故に、彼と戦ったのである。

平和条約が締結されるやいなや、たちまちこの同盟は瓦解した。「ヨーロッパは再び二大陣営に分裂した。一方に正統政府の連体があり、一方に自由と統一を求めて叫ぶ国民があった」(マイネッケ)。

ドイツにおいては、一方に理想主義的な愛国者、大学の教授と学生、啓蒙されたブルジョワジーがあり、彼らは帝国の統一と再興を求めて努力した。他方には、メッテルニヒと官僚と諸侯とがあり、彼らは、かつて簒奪者ナポレオンに協力したことがあるだけに、一層正統主義擁護を装った。

ところが突然、これらの愛国者たちがすべて余計者となり厄介者となった。彼らはその責任を果たし終えたのに、相変わらず国民の権利とかあるいは国民の主権についてさえも語り、政府に、それらが苦境にあって与えた自由主義的な約束を思い出させた。多くのものが国外に逃れて、そこに保護を求めなければならなかった。たとえば、その「ラインのメルクール」をナポレオン自身が「第五強国」と称した、当時最大のジャーナリストであったゲレスがそうであった。ホフマン・フォン・ファラースレーベンはイギリスの地であのドイツの歌を書いたが、それはワイマル共和国の時代になってようやく公式に国歌となった。

プロイセンさえも、すなわちニーブールの言葉でいえば、「孤立した国ではなく、学問、軍事、行政の分野で傑出した全てのドイツ人に共通の祖国であった」このプロイセンさえ、自国の自由主義を断乎として拒否し、シュタインのもろもろの改革を押し返し、ベルリン大学の創立者であるヴィルヘルム・フォン・フンボルトを罷免し、アルントをボン大学の教職から追放することを最も緊急のこととしたのであった。共和主義者フィヒテも、もし長生きをしていたならば、どういう目にあったことであろうか？　プロイセンは、この国の幾人かの官吏の望んでいたようには、「自由主義の体系を実行に移し、支配者に対して民衆の側に立つ」勇気を持っていなかった。

ところがこれがメッテルニヒ時代には、多くのドイツの愛国者たちの夢であったのである。彼らの眼には、プロイセンは依然としてフリードリヒ大王の国であった。すなわち寛容と清廉有能な行政の国、シュタインとフンボルトの国、プロテスタンティズムと自由主義の権化であった。それに反して、反動的カトリック的オーストリアは、正統主義と神聖同盟の国であり、保守的ロマン主義の第二の故郷であった。

たしかにロマン主義的保守主義はもともと北方に発したものであり、そのうち二、三の者は最後はミュンヘンやウィーンに避難所を求めねばならなかったのであるが、ノヴァーリス、シュレーゲル、クライスト、アーダム・ミュラー、ヤルケなどのような、プロテスタントや改宗者によって代表されるものであった。ベルリンでは一八一一年キリスト教的ゲルマン的な円卓会議が創設され、カトリックとプロテスタントのロマン主義者が一堂に会した。その理念はヴィルヘルム四世を囲むラドヴィッツやゲルラハ兄弟の一派、J・K・シュタールの保守主義的立憲主義、およびサヴィニーの史的法律観という形で発展した。君主政体の原理、諸侯の正統性は、彼らの見解によれば無条件に国民に優先するものであった。なぜなら「国民感情は決して最高の価値ではない」からである。彼らにとっては、シュタイン男爵やハルデンベルクなどの国家主義的自由主義は啓蒙主義の産物であり、反キリスト教的であった。アルントやヤーンの国家主義的急進主義は、彼らにサンキュロット主義やジャコバン主義を思い出させた。時々彼らは驚くべき烱眼を示して、二十世紀の国家主義を予感しているようにも思われた。「これらの誤解された言葉（国家、国民、国民性）はひそかに自然の実在、あるいは偶像に転化する。それには神権や人権は適用されず、それはそれらの独自な不可思議な特性にしたがってモンスター、あるいはレヴィアタンとして評価されなければならない。このようにして、汎神論にはぐくまれて、私の兄レーオポルトのいう愛国心という悪徳が生まれるのである」（ルートヴィヒ・フォン・ゲルラハ、一八六七年、四月。二、二九七頁）。

あのロマン主義的、保守的な王が、一八四八年に革命の先頭に立って戦おうとはあえてしなかったことに、またプロテスタント的であり自由主義的であると考えられていたプロイセンが、フランクフルトのパウロ教会において、その自由主義的な友人たちに深刻な幻滅を味わわせなければならなかったことに、何の不思議もなかった。プロイセンのために帝国の統一を作り出すということ、この理念は決して嫌悪されてはいなかった。しかしひとびとはプロイセンを帝国に解消したり、あるいは、民主主義的な自由主義への譲歩を代償として優位を獲得し、同時にプロイセンの社会的、政治的体制を断念したりする用意はなかった。

まことに一八四八年という年は、ドイツにおける理想主義的な自由主義の、すなわち教授と啓蒙されたブルジョワジーの自由主義の最大の敗北の年である。ひとびとは権力をもたない理念は政治的には何の意味もないということを認識するに至ったので、それ以後多くのドイツの自由主義者たちは、どういう仕方でそれが成立するかにかかわらず統一を歓迎する態度に変わった。ひとびとは、諸侯を無視して、統一帝国を樹立したいと考えていた。しかし諸侯は軍隊をもっており、彼らにとっては帝国よりも王冠が大事であった。しかし、諸侯自身、革命によって不安定になっていたのであるから、彼らを説いて統一帝国に同意させることができなかったであろうか？　そうすることによって、それぞれの王家の忠実な臣下である、正統主義者および、それと同時に幻滅した自由主義者たちをも、獲得することができたのではなかろうか？

それがビスマルクに残された事業であった。ひとびとはドイツ人の国民感情に眼を向けなければならなかった。しかしそれは「ドイツにあっては種々の王家の領地を基礎として築かれている地方的国民性」をこえたものでなければならなかった。これは諸侯がすべてドイツ人であって、イタリアの専制君主たちがたいていはよそ者の外国人であったのとは事情が異なっていただけに、一層必要なことであった。

国民感情を燃えあがらせ、国民を統一へ導くには、内乱や革命よりはやはり外敵への戦争の方が疑いもなくはるかに好都合である。しかも、これに勝利を得さえすれば、プロイセンの社会的、政治的体制は少しも危険にさらされることなく、反対に、プロイセン軍、プロイセン国家は、「ドイツに解消する」どころか、新しい統一ドイツのまぎれもない中心となり、ライン沿岸とバイエルンの宿敵たちも熱狂して新しいドイツ帝国でのプロイセンの優位を受け入れるであろうと考えられた。

ビスマルクの辣腕は、南部ドイツと西部ドイツのプロイセンびいきの自由主義者を自分の計画の味方とし、しかも同時にプロイセン内部においては、頑固に保守的な政治を追求することに成功した。ゲルラハ兄弟一派から現われたビスマルクは、やがてそのロマン主義的、正統主義的理念を捨てさった。ラドヴィッツからは、彼は、国家的統一の理念をもっぱら自由主義にのみ委ねておくべきではないということを学んだ。彼はプロイセンにおける自分の君主に関してはその神の恩寵による王権を信じていたにもかかわらず、他のドイツの諸侯の正統性、例えばハノーヴァー王のそれは彼には大して強い印象を与えてはいなかったように思われる。

一八七一年のドイツの統一と帝国の樹立とは、国民の革命的な闘争や自由な決意の成果ではなかった。それらはビスマルクの、プロイセン国家の、プロイセン軍とドイツ軍の事業であった。すなわち、それらは「鉄と血」から生まれたものであった。

この時以後、すなわちフランクフルト議会とビスマルクによる帝国樹立以後、ドイツ人の中には、議会的方法と民主主義一般とにたいする一種の軽蔑の念が歴史的沈澱物として残ったのである。

またこの時以後、権力にたいするほとんど宗教的な崇拝が尾を引いている。もちろん帝国の樹立はドイツの国民感情の進展に強力に貢献した。最近五十年間の夢は実現した。ブルジョワジーと知識層とは自由と統一とを望んでいた。今や国民的統一はプロイセンの指導のもとに現実となった。そして長年のあいだ国民感情は「飽満」した。経済力の増大と精神的なことがらにおけるある種の自由とが、ドイツ人に、彼らの父親たちが自由を別なふうに、すなわち議会と責任内閣とをもった完全な政治的民主主義的自由の基礎の上に考えていたことを忘れさせた。

大ブルジョワジーの新たな富と、若い大学出身者たちの国家と行政面での新たな可能性とは、ブルジョワ層を古い地主階級、軍、上級官僚へ接近させた。そしてこのことが彼らに政治にたいするある種の影響力——この種の影響力を、イギリスやフランスのような国民国家においては、彼らの身分的同僚であるブルジョワジーは議会と憲法にたいして獲得していたのであった——を確保した。ドイツのブルジョワ層の自由主義は主として経済の領域に集中された。政治的、民主主義的、社会主義的な自由主義の古い遺産はしだいに左翼へ、すなわち自由思想家、進歩的なひとびと、特に抬頭してくる社会民主主義へ移っていった。

このようにして第二帝国においては、古い型の自由主義と国家主義的自由主義とがしだいに分離していくのがみられた。国家主義的自由主義は王権神授の君主たちおよび保守主義者と和解していた。ヘンドリク・ド・マンの適切な公式によれば、「自由主義的国家主義は権威主義的国家主義へと変化していた」のである。まずプロイセン人であり第二にドイツ人であると自負していたプロイセンの保守主義者ですら、帝国が主としてプロイセンの軍隊に支えられていることが明らかとなるや、帝国の傘下に入った。しかもビスマルクは一八七八年に、エルベ以東の農業を外国からの激しい自由競争にたいして擁護した保護貿易政策に再びもどっていた。新たな帝国においてさえも、プロイセンの保守主義者たちは、その半封建的な立場を保持することができたのである。政治的影響は、彼らが了解をとげ、あるいは血縁関係を結ぶことのできた西独の大ブルジョワジーと分かちあわねばならなかった。文化闘争の期間が国家主義と自由主義との最後の同盟の時期となった。

プロテスタンティズムの古き闘士たち、すなわちポーランド王位の継承者でもあったザクセンの選帝侯たちがカトリックに改宗して以来、プロイセンはドイツにおける第一のプロテスタント強国にのしあがっていた。たしかにプロイセンは、ほかでもなく、宗教改革の時代にドイツ騎士団とその領地の還俗によって生まれたものである。したがってプロイセン国中至るところの新教徒の共感をあてにすることができた。その上十八世紀においてはドイツ人のなかの啓蒙された層は、温い驚歎の眼差をもって「ポツダムの哲人」王の下でのプロイセンの運命を見守ったのである。それゆえプロイセンは、実は社会的、政治的機構においてはいぜんとして保守的、反動的、権威主義的であったにもかかわらず、最も進歩的、プロテスタント的、自由主義的国家と考えられていた。

元来植民地から発したこの典型的にドイツ的な新教国家は、ルール河、ライン河、モーゼル河沿岸のかつての領主司教の領地を併合したことによって、しかもこれらの領地はしばらくの間、フランス帝国に属していたことがあるという理由も加わって、新たな問題に当面することとなった。というのは、ほかでもなく、一八一五年以後の数年間に、カトリック教の精神生活の革新が起こっているからである。ライン諸国はもちろん古いフリードリヒのプロイセンには正反対の立場にあった。すなわち、ライン諸国は政治的、社会的な面においては自由主義的であったが、精神的、宗教的、文化的なことがらにおいては極端に保守的、反近代的であり、国家のあまりに厳格な世俗的権威に反対であった。帝国内のヘゲモニーをめぐるプロイセンとオーストリアの闘争においては、古い皇帝都市と司教領都市の市民、農民、ぶどう栽培業者たちはもちろんウィーンの皇帝、すなわちカトリックにして使徒なる皇帝陛下の側に立った。そして一八四八年にはプロイセンからの分離と、オーストリア公のライン諸国の王の任命が要望されていたのであった。

ケーニヒグレーツの戦いはオーストリア、西ドイツ、南ドイツにたいするプロイセンの勝利であっただけでなく、またプロテスタント帝国の出発でもあった。

すでに一八一五年以来とくにケルンの教会論争以来、自由主義的な官僚をもち、文化面において自由思想的、自由主義的な姿勢をとったプロイセン国家と、プロイセンとははなはだしく事情の違うラインラントとの間には、明らさまな緊張がかもしだされていた。ドイツ以外でも非常に多くの官房をおびやかしていた教皇無謬のドグマは、プロイセンにおいて、古くからのプロテスタント精神、反ローマ熱を再燃させることとなった。とくに自由主義者にとってはこれがつまづきの石となった。すなわちそれは、良心の自由、学問と研究の自由にたいする干渉、近代文化一般への攻撃であったのである。さらにまたこれは、ドイツの国家主義者たちにとっては、近代国民国家の主権への他国の支配者の干渉であり、国民の道徳的自律の否定であった。ルッターやフッテン以来の古きプロテスタントの本能がこの時、再びよみがえってきたのであった。

もちろんこの長い闘争も和解によって終わりを告げることとなった。やがてカトリック教徒とビスマルクとの間には妥協が成立した。プロイセン首相ビスマルクは抬頭する社会民主主義との戦いにあたって、カトリック教徒との共同戦線を断念することはできなかったし、それどころかビスマルクは最後にはオーストリアとさえ再び手を握った。他方、プロイセンもドイツ帝国もカトリック的なドイツの存在を認めざるを得なかった。そしてこのカトリック的ドイツは、ローマから分離されることなく、新しい帝国内において今や一つの位置と一定の影響範囲を承認された。ひとびとは、このカトリック的なドイツに、その独自の宗教的、教会的、文化的、社会的生活を形成する自由を認めざるを得なかったのである。

かくしてカトリック教徒はしだいに国民の生活の中へ溶けこんでいった。一九一八年、例外法の最後の部分が取り除かれ、宗派の平等がついに現実となった。ヴィルヘルム一世はまだ自分が先ず第一にプロイセン王でありプロテスタントの支配者であると自負していたが、その孫ヴィルヘルム二世は専らドイツ皇帝たらんと欲した。

だがそれにもかかわらず文化闘争いらい、一種の苦味が、すなわち、この「帝国の敵」であるカトリック教徒に対する不信の念が、とくに北方および東方の純粋にプロテスタント的な諸州に残った。これら諸州のひとびとにとっては、ドイツ精神とプロテスタンティズムは分かち難い一体をなしていたのである。外ならぬこの古き反ローマ熱に向かって、一九一八年以後の新国家主義、とくにナチが、反中央党、反カトリックの闘争においてアピールすることとなった。

ビスマルクは今一つのグループをも、「帝国の敵」として憎悪の的とし国家主義的情熱の手に引き渡そうとした。すなわち、古き自由主義者、「隠れた共和主義者」である。

自由の精神をもち、進歩的であったひとびとは、依然として一八四八年の古き理念に忠誠を守っていた。彼らは国家主義的自由主義者の権威主義的、保守的国家主義および帝国主義への変貌に追随しなかった。彼らにとって進歩とは、新ドイツ帝国の経済的膨張とその世界貿易への参加であるだけでなく、さらに彼らは、ドイツが議会主義的体制へと移行し、ドイツの政治生活を前進的に民主化し、社会改革を行なうことをも望んでいた。フリードリヒ・ナウマン、マクス・ウェーバーらは、経済的成果を国内の変革のための健全な基礎として歓迎した。なぜなら、あらゆる階級、とくに政治に関心をもつ大衆をも国家の同等な一員となしえないならば、外に向かった膨張も危険にひんするからである。外に対する強国としての大発展と国内の改革というのが彼らの合言葉であった。

問題は、労働者大衆をしてその将来の任務の準備をなさしめること、彼らを教育すること、国民の生活と政治的な責任に関与せしめることであった。一八四八年に、そしてまた権力による帝国創建の後に怠ったことを、今や遅れぱせながら取り返さなければならない、とマクス・ウェーバーは考えていた。すなわち、それによって高揚されるであろうことを信じて、国家の運命を託することのできる国民的民主主義を育成することであった。

第二帝国の社会的、政治的機構はこの発展を容易ならしめるようには思われなかった。権利の平等に基づいて、国民の政治的生活の中へ労働者を融けこませることは、昔ながらの伝統的な反民主的な偏見と衝突した。鉄血宰相の社会主義者に敵対的な法律は労働運動の粉砕に成功せず、彼の社会立法も労働運動と権威主義的体制とを和解せしめることができなかった。反対に、労働運動は永遠の原則的な対立に押しやられた。そしてこの対立は一九一四年の戦争勃発まで続くこととなり、不可避的な階級闘争というマルキシズムのテーゼを強化せざるをえなかった。結局ただ革命だけがこの状態に終止符を打つことができたのであった。

またこの状態は、ドイツの社会主義が英仏のそれと較べてより強くマルキシズム的となった理由を説明する。たしかにカール・マルクスの理論はイギリスの発展の観察から生まれたものではあるが、イギリスよりもむしろドイツの事情に一致するように思われた。ドイツにおいては半封建的な状態の中から、非常に進んだ形態の資本主義、すなわち、資本の集中、カルテル経済、独占経済が急激に発達していた。他方では甚だ急激に厖大なプロレタリアートが生まれていた。ブルジョワ階級には、封建制度の残滓を振るいおとし、国家の運命を自分の手に引き受けるだけの時間的余裕がなかった。迫り来る労働者大衆とその社会的、政治的要求に答えようとすれば、ブルジョワ階級は部分的には古い封建的な階層とさえも衝突しなければならなかった。また、あらゆる国々において温健な民主主義の堅実な社会的基盤となっている独立した小市民も形成されてはいなかった。小市民の成立していたドイツのいくつかの地方においても、それは急激な社会的、経済的発展に取り残されることとなった。

ブルジョワ層のうち社会主義へ移って行った者は、ヴィルヘルム時代のドイツにおいては、裏切者、背教者と見なされ、「良き社会」から締め出された。ビスマルクによる社会主義者の迫害は彼らに国賊、国民の敵の烙印を捺した。それ故にまた社会民主主義はそれ自身、ブルジョワ社会、半封建国家、軍隊、教会、官僚を敵視する一つの世界となった。社会民主主義はその労働組合、文化団体、新聞によって、またそのすぐれた規律によって、やむことをえず国家の中の一つの国家となった。その国家の中では、あたかもヴィルヘルム二世がその国民的、ブルジョワ的、封建的世界においてそうであったように、アウグスト・ベーベルが独裁権を揮っているかのごとくに見えた。そのドグマとその未来の夢とを以て彼らは公けの国家の片隅で、一種の対立教会、対立国家となった。「一国の中の二つの国家」というディズレーリの言葉は、十九世紀なかばのイギリスよりも、ヴィルヘルム時代のドイツにははるかに適中した表現であった。

ビスマルクとヴィルヘルム二世は、他の二つの「国賊」、すなわち、カトリック的な国民部分および進歩的な民主主義者とは了解をとげていたのであったが、一九一四年まではドイツの国家主義者はいずれも社会主義者を「裏切者と祖国なき輩」の徒党と見なしていた。ヴィルヘルム時代には、良きドイツ人とは、常に政府の側に立ち、ヴィルヘルム体制の政治形態、およびその権威主義的、王制的形態を、またそのブルジョワ的、封建的な組織を自明のこととして承認し、議会主義的、民主主義的な統治様式を下等なものとして軽蔑することを意味していた。

もちろん、一九一八年以前にもすでに国家主義的な反対派は存在した。ドイツ海軍協会、全ドイツ主義団体およびその他の諸団体は国家主義的な目標を追求してはいたが、決して議会政党として自己を構成しようとは考えていなかった。彼らは保守的な、また国家主義的、自由主義的な団体として、無責任なプロパガンダを展開することに重点を置いたのである。そのうえ彼らの目標は文化政策的、外交政策的な性質のものであった。彼らの中には、ドイツ帝国は今やビスマルクの小ドイツの外にいるドイツ人をも包含するに足る程に強力になったと考える者もあった。そして彼らは、フランドル人、南アフリカのオランダ人、ハープスブルク家の帝国（オーストリア）のドイツ人を併合しようとした。またある者は、今や強国ドイツは、大艦隊の建造、植民地の獲得によって世界の強国となり、自由主義と民主主義に帝国の礎をおびやかされているように思われるアングロサクソンたちを追いこし、世界に覇を唱える時だと考えていた。

ビスマルクがまだ帝国の手綱を握っていた間は、これらの団体の理念も控え目であったが、弱体な後継者たちの治世になると、彼らはやかましく叫びたて、フリードリヒスルーに隠棲する老公ビスマルクを引き合いに出した。内政面では彼らは、さらに厳格な権威ある政策を、それもとくに「ドイツ化」されたがらない少数民族、すなわち、ポーランド人、デンマーク人、「フランスびいき」のエルザス人、ロートリンゲン人などにたいして要求した。ユダヤ人にたいしても全ドイツ主義団体は敵対的な立場をとっていた。しかし彼らの攻撃がビスマルク帝国の資本主義的な組織、階級的な社会機構、憲法の形式に向けられたことはごくまれであった。また彼らは、ビスマルクが、確かに民主主義への好みからではなく、帝国議会のために、新帝国の憲法にもりこんだ普通選挙権と闘うこともしなかった。

帝国議会は一九一八年以前はまことに奇妙な機関であった。それは西欧的な意味では議会ではなかった。たしかにそれは立法機関であり、多数によるのでなければ法案は決議できなかった。しかし政府はその中から選出されるのではなかった。首相は議会によって選ばれるのではなく、皇帝が任命した。そして不信任投票が彼を倒すことはできなかった。換言すれば、議会は政府を監督する権限を持たなかったのである。このことは将来に悪結果を残すことになった。何故なら、このようにして諸政党は責任をとることができなかった、というよりはむしろ本来まったく取る必要がなかったからである。また、議会も、支配者の無責任な政治によって、その権限を拡大するチャンスにしばしば恵まれたにもかかわらず、その努力をしなかった。ビスマルクは国家の権力を委ねることのできるように、議会と政党を教育する必要を感じていなかったのである。

更にまたすでにその頃幾つかの悪習慣が行なわれるようになり、後に、ワイマル共和国の不幸を招くことになった。ビスマルクは自分の立法と予算案のために議会を必要としたので、諸政党は党と党の社会的な担い手との利益を引き出すことができた。このような条件下では、国民中の大きな才能をもったひとびとが次第に議会へ打って出ようとしなくなったのも怪しむにはたりなかった。この点から見れば、一八七一年以後のどの帝国議会も、ドイツ中の精神的、政治的エリートを包括していたあのフランクフルト議会と自分を比較することは決してできなかった。

それ故に国民の眼には帝国議会は、政治生活の中心とも、ドイツ統一の象徴とも、種々の自由の保証とも、国民主権の表現とも見えなかった。いわんや国家の具体的表現では決してなかったのである。

帝冠と軍隊と官僚とが、議会と政党の上に位する国家であった。そしてこの国家は国民から発したものではなく、神の恩寵によるものであった。それは神の任命による政府であり、ルッターの教えた如くそれに服従する義務があるのであった。国家への反抗は犯罪であり、神への抵抗であった。

大多数の国民は国家に対してほとんど無限の信頼を置いていた。皇帝とその任命するひとびとが政治を行ない、「国民がその仕事にいそしむ間に、支配者としての義務を行なう」(ヴェルメーユ)と彼らは考えていた。この非常な信頼を動揺せしめ、政府が、その自称しているように、誠実に行動しているのかどうかという疑いを起こさせるためには戦争が必要であった。そしてこの体制を崩壊せしめるためには敗戦が必要であった。

# 国民感情と第一次世界大戦

一九三九年九月の大戦の勃発がドイツ国民からは唯一種の圧迫感をもって受け取られたに反し、一九一四年八月には未曽有の熱狂がドイツのあらゆる層、あらゆる党派を捉えたのであった。ビスマルクの後継者らが外交上の失策を犯し、またヴィルヘルム二世が時折煽動演説を行なっていたにもかかわらず、政府はドイツ国民に、ドイツに「陽のあたる場所」を与えまいとして意識的に長い準備をして来た敵たちに対して、防衛の戦争をしなければならなくなったと信じ込ませることに成功した。

つい先程まで「裏切者、祖国なき輩」の烙印を捺されていた社会主義者さえ、自分の義務と考えた事柄を誠意をもって実行せんものと政府の周囲に群がった。アウグスト・ベーベル自身数年前に、防衛の為の戦いとあれば、特にロシヤのツァールの圧制と戦うのであれば、手に銃を執ることを辞さぬと宣言していた。国会では社会主義者は戦時公債に賛成し、しかも代議士で最初に戦死したのは志願兵のユダヤ人の社会主義者であった。かくて社会主義者は無条件に国民の中へ、そして国家の中へ融けこんだ。実際開戦直後数週間の間は党派の区別はもはやなく、あるのはドイツ人だけであった。ドイツ帝国の社会的、政治的構造は、この大戦がもし一八六六年や一八七〇年の戦争のように短時日のものであったならば、おそらく戦争にも耐えることができたであろう。迅速な勝利は、疑いもなく軍の、プロイセン士官団の、権力主義的な体制の、君主国の、上層階級の威信をさらに高めることができたであろう。

ドイツの戦争計画を粉砕したマルヌの戦闘の後に、早くも識者に明らかになったことは、この戦争は長期戦となるであろうということ、しだいに消耗戦、経済物量戦に、すなわち、国民全体をその圏内に引きずりこみ、前線銃後の区別もないような戦争に転化するに違いないということであった。兵士についで戦時産業の中で働く労働者が最も重要なファクターとなってきた。

古めかしい権威一点ばりの国家も、今は政治的、社会的見解の相違を問わずあらゆるひとびとに呼びかけて、この大事業への自発的な協力をこわなければならなかった。エーベルトとシャイデマンや労組の指導者は、大衆を味方につけようとする国家の要請に応じた。敗戦の時期があれほど延ばされたのは、一部は彼らの努力によるものであった。軍が依然相当な大戦果を挙げたために、国民の統一と勝利の確信は一九一七年まで、それどころか一七年以後も保たれたのであった。

国民大衆もはじめは熱狂していた。そして勝利による好都合な戦争終結が可能とみられていた間は、非常な忍耐力で戦争と苦難とに耐えた。封鎖と日々の犠牲による長期間の圧迫の下でようやく大衆は戦争継続に疑いをいだきはじめ、やがて、久しく抑圧されてきた不満が一九一七年冬の数ヵ月に表面に現われてきた。「まだ明白な表現を発見していなかった内にこもった憤りが大衆をとらえた。それは将校や実業家や、戦時利得者にたいする、目標も政治的な力ももたぬ暗い原始的な憤りであった」(ヴェルメーユ)。その頃、政府への信頼がようやく薄れ始めた。なぜなら、政府は先にイギリスを戦列の外におくことに失敗し、イタリアをさえ敵側に廻してしまい、また始めに無制限潜水艦作戦を行なっておきながら、再びこれを中止して、結局はアメリカをも戦争に巻きこむに至ったからであった。その上、軍や大産業家の廉直も疑いの眼で見られ始めた。

その頃すでに、このような非常時における真に民主的な体制の大きな長所も現われてきた。英・仏には内閣の危機もあったであろうが、内閣の危機が民主体制を動揺せしめることはなかった。これに反し、ドイツの重大な政府危機は、帝国の政治的体制と社会的基盤とを道連れにしないわけにはいかなかった。

連合軍の宣伝はこのドイツの状勢を大いに活用した。たしかにこの宣伝の大衆への影響は後に喧伝された程に大きくはなかった。連合国側との交渉が不成立に終わった後で、ルーデンドルフは一九一七年の宣言文で「連合国はドイツの絶滅を望んでいる」と断言した。ロイド・ジョージはこれにたいして、「連合国の目的は、ヨーロッパをプロイセン軍国主義の獣的な欲望から護ることである。ドイツ民族の消滅あるいは絶滅が決して連合国の意図になることは、本来まったく表明するを要しないことである」と反駁した。この言葉は疑いもなく政府と国民の間にくさびを打ちこもうとする試みであった。しかし、分裂の真の根拠はドイツ国民そのものの中にひそんでいたのである。

すでにずっと以前から、プロイセンの二、三の保守的なひとびとは、この戦争の後にくるであろう社会的、政治的事情の変化を唯嫌悪の念をもって待ちうけていた。労働者階級と社会主義者とが国家の中へ融けこんだことは、このひとびとに一つの政治的立場を与え、それが特権階級の頭痛の種となった。この変化が起こったのは特にプロイセンであった。何故なら、塹壕で血を流した男に、すでにとっくに帝国内で与えられていた平等の選挙権を、プロイセン内で拒否することはとうていできなかったからである。外ならぬプロイセンにこの選挙権が導入されたことは、工業国となり、大量のプロレタリアートを生んでいたことと相まって、この国の政治的、社会的機構を根本的に変化させ、ユンカーの特殊な地位を破壊しないわけにはいかなかった。

かつてシュタイン男爵の「ジャコバン主義」を攻撃したあのユンカー、ルードヴィヒ・フォン・デァ・マルヴィツの精神的後裔ともいうべきオルデンブルク・ヤヌシャウは、一九一七年十二月十二日、すなわち国を挙げての戦争最中に、ダンツィヒで、「もし普通選挙権がプロイセンに行なわれるならば、われわれはこの戦いに敗れるであろう」と断言した。宰相ベートマン・ホルヴェークと皇帝とは「一九一七年の復活祭教書」で、必要な改革を約束したかも知れない。——しかし保守的なひとびとは一七八九年八月四日も人権も欲しなかった。彼らは自分たちの身分的利益を国民の福祉の犠牲に供するつもりはなかった。戦時補給局長官であったグレーナー将軍は、彼の出したある覚え書きを機縁として、重工業経営者の希望で、ルーデンドルフによって、——グレーナーはルーデンドルフとは異なり、すでに早くからもはや勝利の確信をもっていなかった——罷免せられた。グレーナーはその覚え書のなかで、戦時利得の削減と戦時工業経営を国家管理の下に置くための全権委任とを提唱したのであった。以上すべての経過は勝った場合を考えると非常に特異な展望を与えるものであった。ある者は戦争の犠牲を引き受けねばならなかったのに対し、ある者には、勝利の果実であるバルチック方面の侯国やブリエー鉱山が眼先にちらついていたのである。

戦時の疲弊が高まり、講和条約の可否が問題になり始めたとき、こうした皮算用はあやしくなってきた。勝敗の決着はまだつかないままであった。しかしドイツ軍は敵国に深く入りこんでいた。政府は一九一六年十二月、連合国と交渉を始めようと努力した。

しかしそれと同時に、ひとびとが、国民に対する如何なる無責任と信頼の欠如とをもって行動してきたかが明らかとなった。一九一四年以来、ひとびとは国民に事実を告げるのを怠っただけでなく、その上空想的な幻影で国民を欺いていた。国民には、マルヌの敗北もその軍事的、政治的結果も知らされていなかったし、一九一六年及びその後には、二面作戦を勝利をもって戦いぬくことの困難さが明確に表明されたことも一度もなかった。オーストリア＝ハンガリーの状勢について、同様にまた潜水艦戦の失敗、とくにアメリカ介入の重大さについては、完全な沈黙が守られた。国民の間では社会的、政治的上層部に到るまで、政府が悲惨な敗戦を如何にして回避し得るかを問題にせざるを得なくなった頃にも未だ、勝利近しと信じられていた。

この奇妙な心理的情勢は、エールツベルガーが一九一七年七月国会の第一委員会で、国力尽きたオーストリア君合国の厭戦気分を述べたチェルニン・メモランダムを朗読した際に、多数の政治家をとらえた苦痛に満ちた驚き、驚愕をも説明してくれる。つい先程まで最も熱烈な合併論者の一人であったこの男は、同盟国側が決定的な勝利を得ることがもはやできなくなったからというので今や和解の平和を求めた。政府は実情を熟知していたが、一般の国民は今ようやく疑いを抱き、夢から覚め始めた。もちろん社会主義者にはストックホルムでの第二インターの会議において、ベルリンや参謀本部の公的宣伝とは全然異なる光の下で、外国側から情勢を観察する機会が与えられていた。

しかも、連合国側の宣伝はドイツに比して問題なくはるかに優秀であった。それは、諸国民の平和への憧憬にマッチした導きの像を作り出すのに成功していたのである。連合軍の戦いは物質的な利益のためばかりではない。ベルギーの解放、民族自決権、自由、正義、国際間の連盟のための戦いでもある、というのであった。同盟国側はこの神話に太刀打ちできるどんな総括的な理念を持ち得たであろうか。ドイツ、オーストリア両国は、ドイツ民族の生存と自由のために戦うべく、やむなく戦争をしている、と相も変わらず繰り返すだけであった。さらに時には、ドイツが戦を仕掛けられたのだと説明することもできた。緒戦の勝利にいささか酔っていた国家主義者の中には、大衆の空想力を燃えあがらせるような奇抜なプランを考え出した者もいた。フランスの一部、ベルギー、ポーランド、バルチック海沿岸諸国と合した大帝国とか、北氷洋からバクダッドまでの経済圏、美しい植民帝国、全海洋の征覇等々であった。ヘルフェリヒは、年々多量の賠償物資を支払う義務を負った敗戦の衛星国群に囲まれた大ドイツを夢みた。知識層、大ドイツ主義者、大企業家、フーゲンベルク一派の国家主義者らが、このとてつもない夢に一役買っていた。

このような状況の下では、エールツベルガーが豹変し、「白い」平和という自分のテーゼを受け入れて実行に移せと政府に要求したことが、爆弾の如き衝撃を与え、忽ち国民精神への裏切りと見なされたのも不思議ではない。

それどころか後には、エールツベルガーは、ドイツの戦争目的を論議し始めることによって、精神的な戦線の統一を危険にさらした、否破壊したのだと主張するものさえも現われた。しかし彼の議会での表明にはいうまでもなくつぎのような言葉がつけ加えられていたのである。すなわち「他国が、ドイツ及びその同盟国を脅し、侵略と、抑圧を企図する場合においては、ドイツ国民は、ドイツ及び同盟国の生存と発展の可能性が確保されるに到るまで、戦をやめることはないであろう」と。議会において二一六票対一二六票で採択された平和決議は、ドイツ国民の厭戦の表現であって、その原因ではない。しかしこの時以後、「彼は敗戦思想を醸成し、連合軍の手先になった」として絶えず敵視されることになった。しかし実際は、ドイツ人は幻想と神話を一杯につめこまれていたので、単純な真実にも耐えられぬまでになっていたのである。

ルーデンドルフは、エールツベルガー決議に続くこの政治危機を利用して、彼の軍事独裁をいやが上にも確固たるものとした。かつては、老獪なビスマルクが君主と軍に自分の意志を押しつけた。ついで、ヴィルヘルム二世が憲法に則り自らは責任を負うことなく宰相らに命令を発した。そして今やその最後の仕上げが行なわれたのであった。すなわち、元帥は乱暴にも皇帝を政務から追い払い、宰相の首のすげ変えは実際は参謀本部が行なったのである。

国家主義的自由主義者と保守主義者がベートマン・ホルヴェークを余りに弱腰だとして反対し、平和決議をした諸派が、彼には外交による平和の意志なしと非難しただけではない。また軍の最高指令部からすれば彼は「もはやその任に堪えなくなった」のであった。軍の最高司令部は、自分たちを全力を挙げて支持することによって、戦争を勝利をもって終結せしめ、国民の信頼をもう一度獲得し、国民精神を再び覚醒せしめるような政府を求めた。何故なら銃後を支配する精神は、戦争遂行のためには前線の士気におとらず重大であったからである。ヒンデンブルクのプログラムは、国民の全生活、すなわち経済的、軍事的生活を、唯一つの指導の下に収めることにあった。従ってそれは各個人の生活に立ち入り、政治的自由を更に制限しなければならなかった。そして一方では、戦時産業は更に大きな利潤をえ、ユンカー、実業家、大ブルジョワジーはヒンデンブルクのプログラムから最大の利益を引き出すことになるのであった。

ルーデンドルフは、如何なる犠牲を払ってでも勝利を得ようと熱望している大実業家、合併論者の側に立っていた。彼の見解によれば、決定的な勝利のみがドイツの奴隷化を免れしめ、ドイツにその軍事的安全を保証する国境を与えることができたのである。

国会の議決ののち、合併論者は軍の賛成を得て改めて宣伝戦を開始した。古いスローガンや合言葉で抵抗の精神を再び覚醒せしめ、最高の緊張にまで燃え上がらせることを彼らは期待した。祖国党がティルピッツによって創建され、今後の政府が白い平和を提案したり、あるいは、勝利の暁に弱腰な平和を提案するのを妨害しようとした。

しかし、軍の独裁も合併論者の思想も、深まってゆく士気の退廃を押し止めることはできなかった。ロシヤの崩壊、ブレスト=リトウスク条約の締結、カポレットのイタリア敗北などは、一時状勢を好転するかに思われた。しかし国内の疲弊はこれらによって拭い去られるものではなかった。一九一八年一月、開戦以来始めて、戦争にあきた工業労働者が大規模なストライキに突入した。戦争はいつ果てるともなく続くように見えた。そして彼らは政府が真に講和を望んでいるのかを問題にした。ルーマニヤとロシヤとの平和締結は、当時の帝国の権力者の講和に対する考え方を示していた。しかし自らの軍指導権を握っていたボルシェヴィキたちはまた、いざという時にはいかにすれば戦争を終結し得るかをドイツの労働者に教えていた。ボルシェヴィキの細菌は戦線でも国境でもさえぎることはできなかった。

一九一八年一月以後は、徹底的な消耗に至る前に一挙に勝利を得る以外に崩壊を避ける道はなかった。ほんの暫くの間は、この可能性がまだ残っているように思われることもあった。西部戦線における春と夏のルーデンドルフの攻勢は数週間成功を続けた。やがて、足踏みが続き、ついでドイツ軍の暗黒の日、八月八日が来た。その日までは勝ち戦であった。軍隊はこの数年外国の地に塹壕を構えていた。だがこの日以後、徐々に、しかも絶え間のない退却が始まった。ルーデンドルフは平静を失なった。彼は講和を望んだ。もはや勝算はなかったからである。宰相ヘールトリングは、連合軍と交渉せよという命令を受けた。ルーデンドルフは焦り、九月二十八日には戦争の終結を求めた。かくて彼は十一月革命のまる五週間前に敗れ去ったのであった。だがもちろんこの事実も、彼が後に「背後からの短刀の刺殺」を云々することを妨げはしなかった。戦は敗れた。同時に第二帝国の権威主義的体制も終わった。上層階級、大実業家、領主、軍は半世紀に亘って民主化、議会主義に抵抗を続けてきていた。彼らがドイツ民族を恐るべき袋小路に追い入れた今、彼らは議会と国民に責任を転嫁することを、最上の策、最大の急務と考えた。彼らは自分のひき起こした戦争と自分らの招いた敗戦の清算を議会と国民に一任したのである。ルーデンドルフ自身が国会の諸派の領袖から編成された議会による政府を強く要求した。こうすれば国民の精神的統一が一朝にして成り、打ちひしがれた国民に活を入れ、抵抗へと呼び覚すことが出来るとでも考えたのであろうか。数週ののち、彼は「国民総動員《ルヴェ・アン・マス》」について語った。しかし、ジャコバン的愛国心が、旧体制の敗軍の一元帥の言葉によって魔法のように呼び出せるものではなかったのである。

古い権力者たちが突然、しかも恐ろしく気前よく、「帝国の敵」に譲歩し、「あらゆる政党が、しかも驚くべき一致を見せながら、民主主義の徽章を帽子に飾ったという事実は、ウイルソンの明白な警告と大いに関係がある」（アンドレル）。彼らはこのように振舞うことによって、より寛大な講和が結べるものと期待した。数日前まではひとびとはこの教授であり使徒であるアメリカ人を物笑いにし、罵倒していたのである。しかし今ひとびとはそこに光明を見ていた。自由主義者の党が責任を引き受けた。彼らはそうすることによって哀れな祖国と国民に奉仕できると信じたからである。

ここにすでにワイマル共和国の悲劇全体の萌芽があった。一九一七年の講和決議に賛成したかつての「帝国の敵」である民主主義者が、今や殆んど無条件な降服に調印することとなった。そしてヴェルサイユ平和条約調印の責任が寛大にもこのひとびとに委ねられたのである。彼らは今や戦争と敗戦と革命と平和条約締結の結果をおのが身に負わねばならなかった。「国家主義的な」諸党派は、民主主義者が戦わねばならぬ困難をいやが上にも増大するために、今後手段をおしまぬであろう。そしてやがて、民主主義者は、ドイツ国民を「輝かしい時代」へ導かなかった、と罵倒され責任を問われることとなるであろう。

# ワイマル共和国と国民感情

十一月革命は、確固とした自意識をもち、自己の政治的意志を自覚した国民によってなされたとか、彼らは今や自分の責任を自覚して、自分らの発展の妨げとなっている古い支配形態を打破したとか、主張することはできない。その逆であって、一九一八年には古い権力が自ら辞退したのである。革命は戦い取られたのではなく、戦争に敗れた疲弊した国民によって、あるいは——このことの方がさらに重要であったが——国民の知りつくし、またそれまでは不動のものと思われていた諸々の制度と理念の世界が、突如として崩れ去るのを見た困憊した国民によって、革命はいやいや受け入れられたのであった。

第一次大戦中、ドイツは他の国民よりも苦しまねばならなかった。飢餓に苦しみながらも英雄的な勇気を証明した。それ故にドイツ国民は、勝利に対する道徳的要求権を有すると信じていた。それが今、すべてが崩れ去ったのである。昨日までは争う余地のない真理と考えられていたことが、一夜にして虚偽と変じたのである。ドイツ民族は、一世紀に亘るあらゆる生活領域における驚歎すべき進歩のおかげで、自己の道徳的、精神的、科学的優越を確信していた。ドイツは経済的にも政治的にも諸国民の先頭に立つはずであった。ところが今、苛酷な事実は、甘美な夢をかくも無残に否定し去ったのである。また一方、敵の連合軍側の理念——民主主義、議会主義、自由主義、自決権、民族連合——ドイツの指導層、知識層に嘲笑されていたこれらの諸原理が勝利をえたように思われた。おそらく、とひとびとは今自分の胸にいったのであった。何といってもこれらの理念は優れたものなのだろう。そしてビスマルク帝国が支えられていた理念よりは新しい時代の精神に相応しいのだろう、と。いずれにせよ、歴史がそのように決定したのである。「世界史は世界審判である。」そしてドイツ人は意識するとせぬとにかかわらずこの点では皆ヘーゲル主義者なのである。

さらにまた、ロシヤを手本としてそれ以後自由主義的進歩思想の代名詞となったこのような「西欧理念」は、国民的な伝統を、すなわち一八四八年のドイツ革命とか、パウロ教会のフランクフルト議会を引き合いに出すことができた。またこの新しい国家は国旗の色に黒＝赤＝金を選んだ。さらに共和国は、昔の先達の名を挙げることができた。すなわち、ワイマル宮廷に第二の故郷を見出した古典的理想主義、シラーやゲーテやヘルダーであった。かつてゲーテがイフィゲーニエやタッソーやヴォルテールのマホメットを上演させたこのワイマルの古い劇場に、ドイツ国民に新しい憲法を与える使命をもった議会が召集された。ワイマルが選ばれたことには象徴的な意義があった。このドイツの最も美しい伝統が、「ポツダム精神」、すなわち、プロイセン国家のエトスに対するアンチテーゼとしての新国家の証人となることになった。このポツダム精神から、ビスマルクの帝国は出現したのであったし、ほかならぬヒトラーが十四年の後にその第一回国会をポツダムの衛戍教会のプロイセン王墓の傍において開催した時、その拠り所としたのもこのポツダム精神であったのである。

少数の者は、君主政体と帝国のビスマルク的理念に忠誠の念を抱き続けていたが、国民の大多数は新しい国体を承認した。それどころかひとびとは新しい国家において、より緊密な統一、より固く結合された国家を強く望むことさえもできたのであった。十九世紀にドイツの統一に反対してきた連邦分立主義の領主たちはすでに消滅していた。今やドイツは直接ドイツ人の国民感情を、ともに国を築いて行こうという国民の意志を拠り所とすることができた。そして実際に、国民の政治的意向よりも王家に信頼を置いたビスマルクの暗い予言にもかかわらず、国家は深刻な動揺に堪えて生きながらえることになった。

ドイツは、とひとびとは一九一九年春に自分の胸にいってみたのであった。ドイツはウイルソンの十四箇条を恐れることはないではないか。民主主義に基づく議会による政府？　われわれもすでに何年もそのために努力してきたではないか。民族自決権？　もちろんわれわれはエルザスとロートリンゲンを失なうことになるだろう。しかしあいつらはドイツ国民の一員になるつもりは毛頭なかったのだ。またおそらくポーゼン州も失なうことになるかも知れない。しかしあいつらも殆んど百五十年の間ゲルマン化に巧みに抵抗してきたのだ。だが、また一方には、ドイツ人が居住していて、オーストリアの新しい、よそ者の後継国家の一つに属するよりは、疑いもなくドイツに併合される方を好ましく思う州や地方もある。民族連合？　もちろんドイツには平等の権利を基盤として、あらゆる国民と協調して行く用意がある。こうしてドイツ人はワシントン政府の新しい福音に、ヨーロッパの新しい憲章に率直に誠実に賛成の意を表することができた。降服条件は苛酷なものであった。しかし、平和条約を見れば、かつての、連合国側は皇帝とプロイセン軍国主義にたいして戦うのであって、ドイツ民族を敵とするものではないという宣言が、本気であったかどうかが判るだろう、とひとびとは考えた。

ヴェルサイユ条約はこの希望を真向から裏切ることになった。エルザス、ロートリンゲン、ポーゼン州だけではなく、上部シュレジエンの一部、ダンツィヒ、ポーランド回廊、シュレースヴィヒの一部、さらに人民投票による反対にもかかわらずザールまでがドイツから分離されることになった。そして他方では、国外のドイツ人の復帰は許されなかった。ズデーテンは新国家のチェコ＝スロヴァキアに、南チロルはイタリアに与えられ、全オーストリアは、ウイルソンがかねて新ヨーロッパの原則と宣言していた民族自決権の適用を拒否された。そのうえにさらに、陸海軍の制限、大幅な戦争責任約款を伴う賠償などの規定があった。

ヴェルサイユ条約は幼ないドイツの民主主義にとって、最初のそして最も苛酷な幻滅であった。ウイルソンの原則は、ドイツにとってマイナスとなる面では完全に行なわれたが、プラスになったであろうと思われる面では全く実施されなかった。国際連盟にたいする希望もやがて消えることとなった。元来、国際連盟は、平和的な手段によって、世界から不正を取り除くために考案されたものであって、武力によって作られた当時の状況を永遠の正義に高め、そして聖なる現状を監視するための、戦勝国の同盟となるはずのものであった。

若き共和国はその始めから、怖るべき荷物を担い、困難な問題を解決して行かなければならなかった。敗戦の後仕末をし、経済的、財政的混乱を克服し、同時に内乱を避け、というよりはむしろ内乱を抑え、そして対外的には世界中の憎悪がもたらした恐るべき孤立から祖国を救い出さなければならなかった。連合国から課せられた条件にたいする本気の抵抗などは、こうした状況のもとにあっては考えられえなかった。ドイツ政府は屈辱的な平和を受け入れるか、国家としてのドイツの存在を賭けるかという恐るべきディレンマの前に立たされていたのであった。

政府与党は国家主義者に劣らず、国家の疲弊を深く感じ取っていた。が、もちろん彼らは調印の責任を取らねばならなかった。全政党に共通に責任を取らせることも不成功に終わり、また憲法上の根拠と、短期間の最後通牒による時間の欠乏のために国民をして票決させることも不可能であった。右翼政党も、ヒンデンブルクや軍部もひとしくこの窮境を充分認めてはいたが、彼らはこの若い共和国が、最大の敗北と屈辱の時に生まれ出た事実を、その後も決して許すことはできなかった。ワイマル体制は、ヴェルサイユ条約批准の数週間後に生まれたという汚点を何時までも身につけていかねばならなかった。それは、ブルボン王家もその王位の復活をワーテルローの仏軍敗北に負うという事実に苦しまなければならなかったことに通じるものがあった。

対外政策は極めて弱腰で、ドイツにこれ以上に困難な打撃の加えられるのを避け、如何なる犠牲を払ってでも、ドイツの統一を守ろうということだけを考えていた。若い共和国に威信を加えようとする気配は――対内的にも――見られなかった。その点一八七〇年後のフランスの共和主義者の方がまだ気楽であった。彼らはルイ・ナポレオンの戦争には反対であったが、戦争が国民にたいする戦争となった時、自ら抵抗に立ち上がった。一九一九年のドイツの共和主義者は初め戦時公債に賛成していた。勝利のチャンスが少なくなって始めて、公然と戦争の続行と侵略戦争にたいする反対を表明した。彼らはブレスト＝リトウスク講和条約反対の声を挙げることも敢てせず、この期に及んで、と国家主義的な反対党は主張した、敗戦の責任とその結果を先の権力者に押しつけようとする。すべての客観的な歴史記述は、当時の与党、社会主義者、中央党、民主主義者、シュトレーゼマンの人民党などが、ドイツを内乱と政治的、社会的混乱から救い出すことによって、ドイツ国民のためにどのような功績を上げたかを認めておかなければならない。しかし彼らは感謝をあてにすることはできなかった。彼らに、あらゆる苦悩と不幸の責任があるかのように、彼らは十五年の間、罵られ、中傷されたのであった。

すでにビスマルクは「帝国の敵」たる中央党、民主主義者、社会主義者は、敗戦の後に民主主義的、議会主義的共和国を宣言するだろうと、予言していた。事実そのとおりになった、さらに、一九一七年の議会においてあの有名な平和決議を通過させたのもこの同じ「帝国の敵」であった。こう考えるひとびとの間から、第一の神話、すなわち「背後からの短刀の刺殺」伝説が成立し、共和国に向かってつきつけられたのである。

ドイツ国民は全体としてみると、一九一八年の夏以来の事件の経過を詳細に知ってもいなかったし、その意味を理解してもいなかった。八月八日、休戦を求めるルーデンドルフの次第に切実になっていく叫び、最初の議会政府の基礎となった諸条件、戦線の徐々ではあるがひき続く崩壊、これらすべては多かれ少なかれ気づかれないままに過ぎて行った。というのは、同じころ、ベルリンやドレスデンの広告塔はまだ確実な決定的勝利を告げていたし、純朴なミュンヒェンの市民たちは、ビールのジョッキを前に相変わらず合併論を戦わせていたのである。ところがそのころすでに、ドイツ政府は連合国に、ベルギー、北仏を返還すること、ポーランドおよびバルチック諸国に将来の運命を自ら決定せしめることを提案し、ヴィルヘルム街では、エルザスとロートリンゲンの人民投票を提案すべきか否かが論議されていたのであった。

一般のドイツ人には、ドイツの軍事的敗北のニュースは、十一月九日の反乱と休戦の報と同時にもたらされた。したがって、事件の順序を逆にして、革命に敗戦の責任を負わせることは容易であった。さらに、この伝説を作りあげるには、今一つの事実が好都合となった。

十一月に入ってドイツ軍はライン河を越え隊伍整然として帰還した。これは銃後の混乱や完全に士気を失なっていた兵営と異常な対照をなしていた。市長、政党の領袖、大臣、全民衆は、兵士たちが勝利者として帰還したかのように、しばしば音楽、演説、凱旋門をもってにぎわしく軍隊を迎えた。将軍たちは軍がフランス戦線で敗北したことを十分知っていた。しかしドイツ兵は自分の超人的な功業を誇ることができた。彼らの戦いぶりはみごとであって、自分たちが敗けたとは思っていなかった。

こうしてこの伝説は育っていった。何故なら、誰がいったい敗戦の責任者であったのであろう。もちろんそれは銃後であり、銃後の破壊に手をかしたひとびと、すなわち「何をおいても勝利を望まず、無責任に戦争目的についての論議をまき起こし、ドイツ国民に不満と不和の種を播いた反国家主義的勢力」であり、エールツベルガーとその一派であり、一九一八年一月のストライキの責任者とされた社会主義者であり、「勝ち誇る軍隊に背後から短刀を突き刺した」「十一月の犯人」であった。そしてこの連中が今政府を形成し、ドイツの舵を執っていた。ひとびとは、この連中はまったく意識的に敗戦を準備し、こうして権力の座についたのだと付け加えさえすればよかった。その上彼らは休戦に調印し、ヴェルサイユ条約を承認し、ウィルソンの希望どおり議会主義的民主主義を打ち立てたのだ。彼らは戦時中は連合軍と協調しておいて、今は妥協をこととしている。条約履行政策を行ない、国内では、連合軍の要求に抵抗することもできぬような力のない体制を作りあげた、言葉をかえていえば、当時エールツベルガー、シャイデマン、ラーテナウは、第二次大戦後にできた芳しくない表現をもってすれば、「連合国の大臣」であったのである。

共和国への敵意には他に幾多の理由があった。新しい体制は平等を根本原則として重視し、行政上の最重要のポストがいつまでも特権階級に独占されることをもはや許さなかった。おそらく新政府はいっそ後にナチがやったようにもっとはるかに徹底的な処置をとり、官僚の根本的な淘汰を行なった方がよかったのかも知れない。しかし新たな権力者は行政の円滑な運営にのみ腐心し、官僚、司法官を元の地位に留めておいた。その後彼らが、自分の党員の中で宗教的、政治的理由から、また社会的な身分の故に行政上のポストから遠ざけられていた者に、昇進の可能性を開いてやったことはいうまでもないことである。

共和国は国民が行政機関に親近感を抱くことを望んだ。そこで官吏は一般国民と同様政党に入党し、積極的に政治に参与する権利をえた。その逆に古い官僚は、昨日までは軽蔑の眼でみられていた政党の役員や労組の書記が官吏のポストに入ってくるのを見た。そのことによって彼らは、自分らの党派根性を傷つけられ、自分らの社会的同種性の意識をゆさぶられた。やがて、共和国でポストを手に入れ、出世街道を驀進するには、社会民主党か中央党、あるいは民主党の党員証をポケットに持っていさえすればいいといううわさが飛ぶようになった。かくして党派政治なる伝説が生まれた。

それだけではなかった。ドイツの、とくにプロイセンの官吏は、次官であれ、知事であれ、収税吏であれ、郵便屋であれ、自分は国家の代表であり、自分なりに、崇高な国家に参与しているのだという自負心をもっていた。ドイツの官吏は国家の僕であって、国民の僕ではなかった。もちろんワイマル共和国の僕ではなかった。忠誠の対象は、政党や議会やつぎつぎに変わる大臣や宰相を超越した国家という一種神話的な存在であった。

こうして、官吏や教授や外交官は、国家、ドイツ、民族の名の下に、しばしば新体制に反する行動を行ない、共和国への協力をおこたった。彼らにとっては、国家、ドイツの民族が不変の現実であり、民主主義的共和国はかりそめの無価値な現象としか考えられていなかったのである。

国防軍の態度も似たようなものであった。権威主義的な以前の権力者から軍隊を引き継いだ他の民主主義的な共和国も、軍を自分らの枠の中にはめこみ、軍に然るべき位置を与えるという困難事にぶつかった。しかし、ホーエンツォレルン家の大黒柱であり、かねてから保守的、貴族的な国家主義の温床であったプロイセン軍が相手となれば、二倍の慎重さが必要であった。元来、共和国がスパルタクス団や共産主義者たちと戦うために、昔の皇帝の軍隊から義勇軍を召集したときすでに事態はかなりこみいったものになっていた。後にこの軍隊で純粋に共和主義的な防衛力を育成することは不可能であった。フォン・ゼークトの国防軍は理論上は一切の政治から独立していたが、同時に、あらゆる「干渉」、共和主義的精神、あるいはワイマル精神の国防軍への流入をもそれは拒否した。したがって彼らは、共産主義者に向かって銃を射つことにはもちろんためらいはしなかったが、「国家主義的な」反徒を鎮圧することには二の足を踏んだのである。

憲法上、国防軍は宰相の命令を受けず、かつて王または皇帝にのみ属したように、今は大統領にのみ従った。ところが大統領は彼らの以前の長たるヒンデンブルク元帥であった。国防軍の旗の色は共和国の黒・赤・金ではなく、彼らがヴェルダンで、フランドルで、ポーランドで戦ったときの昔の色であった。国民の眼には国防軍は過去とのきずなであり、「常勝軍」という名誉の継承者であり、将来の偉大な軍隊の中核と映じた。国防軍のうちに「国民精神」がほとんど神秘的に具体化されていたのであった。

国防軍の社会的な構成要素もこうした展開の仕方の原因となっていた。貴族出身の将校の比率は、昔の帝政時代の軍隊よりも大きかった。そのうえ、民主主義的な、あるいは社会主義的な層の出身の青年は、共和国の軍隊に入ることを露骨に拒否され、したがって、衷心から民主主義的な体制の擁護に殉じようとはほとんど期待できないような人物が迎えられさえもしたのであった。

このように、ドイツの伝統的な二つの主柱たる軍と官僚とが、多かれ少なかれ共和国にたいして敵意を示したのは、国家主義的な精神を拠り所とし、多かれ少なかれこの精神を自己の独占と考えていたいくつかの社会的なグループに頼ることができたからである。

以前の保守主義者とユンカーは、常に帝冠への忠誠を誇りとし、その特権をホーエンツォレルン家に負うていたのであったが、何の反応もみせることなく王政の消滅を見送った。革命が鎮まり、危険が去ると、彼らは再び姿を現わし、国権党を組織した。以前ほどに王権主義的ではなかったが、彼らはそのドイツ的、国家主義的性格を強調し、自己流の見解による国民の利益を共和国にたいして擁護し始めた。彼らの理想はあいかわらず権威主義的、軍国主義的に整備せられた国家、ビスマルク的帝国であった。田舎紳士、年金生活の官吏、昔活躍した将校、北独、東独の大ブルジョワ、ルッター教会などがその支持者であった。前線兵士の団体である鉄兜団も、元来は新国家に忠誠を誓っていたのであったが、この党に加わった。

東独、北独の大地主は、新体制が主として労働者と都市をよりどころとしていたために、新体制に反対した。鉄兜団は、共和国には愛国心と軍国主義的精神が欠けているといって非難した。プロテスタント教会は、国教から他と同等の宗教団体に格下げされたために、あるいはまた共和国はあまりにカトリック教徒とローマ教会を重んじた――と彼らは言明した――がゆえに不満であった。そこで、数世紀来ルッターの精神に基づいて世俗の権威にたいする忠順を説き、国家への反逆を恐るべき罪とみなしてきたプロテスタントの牧師たちは、ワイマル共和国に反対した。そしてワイマル共和国を無神論的、異教的、反キリスト教的と呼んだ。「経済的に社会を支配する階級は、自己の政治的権力の独占が消滅せんとするや、国家の礎を掘り崩そうとする」とヘンドリク・ド・マンは書いている。

したがって、保守的な団体は、政府が彼らの一切の特権を廃止し、民主主義と自由主義をその信条とし、都市に依存していたために、政府に敵意を抱いていた。商工業の大ブルジョワはまだしも自由主義的、議会主義的な国家を我慢することができた。しかし、彼らの眼にはワイマル共和国は自由主義的、議会主義的であるのに加えて、社会主義的、マルキシズム的であると見えていた。

社会民主党は十一月革命のあいだ、指導的な党であり、ワイマル憲法の制定には主導権を握り、数年間は議会の第一党であった。しかし絶対多数を占めたことは一度もなかった。ブルジョワ政党である民主党や中央党、時にはシュトレーゼマンの人民党との連合によって始めて国家および諸州の発展に直接の影響力をもつことができた。このようにして、彼らの政治綱領——議会による政府、民主主義、言論出版の自由、政治的平等——は現実となった。しかし、社会機構のラディカルな革命的転覆を日程に上らせることはもはやほとんどできなかった。彼らは、ビスマルクの社会保証をはるかにしのぐはずであった社会主義の前進的実現のための政治的な枠をつくったにすぎなかった。事実、もともと共和国の新たな社会的立法は労働者に、以前には彼らのまったく知らなかったような経済的な保証、経営と社会生活に及ぼすある種の影響力を与えたのであった。

この社会的転回は実業家に危惧と危険を感じさせた。それは彼らの営業の自由の制限を意味した。彼らがまだボルシェヴィキ的な革命、あるいは国有化を恐れている間は、労組とその指導者と協調することができた。しかし、後には彼らはこの「マルキシズム的な」共和国を散々手こずらせるに到った。税金の不払、長期の滞納を、彼らは国家的な理由から、すなわち、国家の西欧への賠償支払を妨害するために行なった。「資本が差押え的な性格をもった税金によっておびやかされる場合には、資本は外国へ移るだけのことである。一筆書けば、資本は世界の果てから果てまで動かせる」と当時ライン・ヴェストファーレン新聞は書いた。戦中戦後に巨利を博した実業家に国家が借款を申し入れると、彼らは担保として国鉄を要求した。インフレーションによってさえ利得をあげたこれらの実業家たちは、ルール地方を占領されるような政策に政府を追いこみ、そしてそれが占領されると、その補償金を要求してこれを手に入れた。

彼らは中産階級をインフレーションという破滅の淵に引き込むことによって、新国家の没落を早めたのである。すでに戦前から、それほど表立ってはいなかったが、銀行と大企業の国策への影響力ははなはだ大きなものがあった。そしていま銀行と大企業とは、その代表者を議会や政党や経済評議員会のうちにもっていた。共和国は表面上ヴィルヘルム帝国時代よりもはるかに資本主義的であるように思われてきた。体制の敵たちはしだいにソレルの見事な公式をくりかえしはじめた。「議会主義と民主主義とは良心のない金満家の天国である。」

かくてワイマル共和国は一方からはマルキシズムと罵られ、他方からは資本主義とたたかれ、没落した中産階級からは、その両方だといわれるようになった。中産階級は不快の念をもって、富める者とプロレタリアの労働者を眺めた。労働者は労組に支えられてまだしも保証されていたのである。一切の不幸の責任は、国家、民主主義、ヴェルサイユ条約、自由主義にあるとされた。

社会主義者は、カール・マルクスの予言を実現するために、故意に中産階級の没落を招き、インフレーションを組織した、と非難された。なぜなら中産階級のプロレタリア化はプロレタリア革命の最後から二番目の段階として、労働者階級と独占資本だけを残すはずであったからである。そしてプロレタリア革命は、最後には、大収奪者である独占資本を収奪するはずであった。

かくて中産階級は、彼らをマルキシズムと資本から擁護してくれる強力な国家を望んだ。彼らは右傾し、最初は国家主義者に、ついで、ナチズムに眼を向けた。

社会民主党は年とともにかつての勢いを失ない、それ自身小市民化していた。社会的な面では資本主義と対立し、政治的な面では、数多くの敵を向うに廻して、民主主義的議会主義的な共和国を防衛しなければならなかった。彼らが第一回の大統領選挙では、彼らの支持者に、ヒンデンブルクに反対して、カトリック的ブルジョワ的なヴィルヘルム・マルクスに投票するように要求し、第二回の選挙では、ヒトラーに反対してヒンデンブルクに投票するように求めたのは特徴的なことである。彼らは議会においては、その社会的なプログラムをほとんど肯定することができなかったにもかかわらず、純粋にブルジョワ的な連合政府を支持せざるを得なかった。そして、ついにはブリューニングの半独裁政治までも支持せざるを得なくなった。それらすべては、最悪の事態を避け、何とかして既得の地位を守り、共和国を救うためになされたのであった。

ゼーヴェリングの言葉をかりていえば、「哀れな、引き裂かれたドイツ民族を一つの国民とするためには、国家を維持する一切の力を結集する」ことが必要であった。それゆえに、いわゆる革命的マルキシズム的な社会主義が保守主義者の言葉を語り、国家の維持に腐心したのである。ところが一方では、国家主義者や保守主義者、ブルジョワジーが革命的なスローガンを掲げて登場したのであった。青年たちが一方では共産主義に走り、他方では過激な反資本主義を旗印とする褐色のシャツの隊列に飛びこんだのも不思議ではないのである。

古くからの保守主義者フーゲンベルクの国権党は、大衆の怨瀰を利用すれば、権威ある国家を打ち立てることができると信じていた。しかし彼ら自身このワイマル体制内にその席を占めており、代議士も大臣も送っていた。もちろん彼らは「外国の支配」を、外国への隷属を、賠償を、ドーズプランを、ヤングプランを罵倒したが、議会では、ドイツの産業に不可欠の外国資本を導入するために、ドーズプランに彼ら自身賛成していた。彼らは自らが資本家であり、ユンカーと大産業の代表者であったのである。つまり、反動であったのである。

小市民大衆の立場は国家主義的、反マルキシズム的であったが、また反資本主義的でもあり、おそらくは社会主義的でもあった。いずれにせよ、彼らはファッショ的であり、革命的であった。新しい国家主義にとっては、ビスマルクや、ヴィルヘルム二世への、君主国への、かつての上層階級の優越への復帰は問題ではなかった。（パーペンはやがてこのことを身をもって知ることになるのである。）いま政権をめざしているのは、もはや保守的な国家主義ではなくして、軍国主義的な、そしていくらかジャコバン的な色合いをおびた小市民的シーザー主義であった。

ひとびとはもはや、第二帝国への復帰は望んではいなかった。ひとびとは第三帝国を望んでいたのである。

# 「ドイツ革命」の神話

「革命をかちとろうではないか！」
メラー・ヴァン・デン・ブルック

一九一八年が過ぎるとすぐに、十一月革命は、ドイツ人の全生活を根底から一新するほどの急進的な政治的、社会的転覆では決してなかったことが、きわめて素朴なひとびとの眼にも明らかとなった。ドイツ人が数世代にわたって夢みてきたのはまさしくそのような革命であった。すでにハイネは、ドイツにひとたび革命が勃発するならば、それに較べればフランス大革命なぞほんの無邪気な牧歌に過ぎなかったと言われるほどに徹底的なものになるだろう、と予言していたのであった。

急進的な社会主義者とスパルタクス団は世界革命を期待していた。モスクワの前例はもっと長い間ドイツ人の政治と精神に影響を及ぼすものと考えられていたのであった。しかしワイマル共和国に対する左派の批判に、やがて右派からもう一つの原則的な批判が加わった。右派は新体制を、「社会主義革命は資本主義的な共和国を建設したにすぎなかった」（メラー・ヴァン・デン・ブルック「政治的人間」八三頁）として攻撃を加えたのである。

こういう声は国家主義の陣営の中から、すなわち議会における公的なドイツ国権党よりもはるかに尖鋭であった新しい国家主義の陣営から聞かれたのである。尖鋭、というのは、彼らは十一月革命を押し戻して、昔のヴィルヘルム帝国に戻そうなどとは考えず、革命が不徹底である、むしろ中途半端なところで足踏みしているとして革命を非難したからであった。彼らによれば、ワイマル共和国は単に弱腰な妥協であり、ばかげた時代錯誤であり、自由主義的、民主主義的な体制のたよりない物真似にすぎない。こうした体制は、フランス革命から生まれたものであり、この大戦の意義と二十世紀の精神を理解した人間の眼には、とっくに時代遅れとなった自由主義と人道主義に立脚している。「元来すでに一八四八年に行なわれてしかるべき一九一八年の自由主義革命は、六十年も遅れて勃発したことによって、世界大戦がすでに全く新たな革命を準備していたのに、旧勢力の復活をもたらした。真の革命の何物かを知る者は、一九一八年の結果を拒否し、この新たな国家と戦うことによって、自己の体験を前進させた」(「タート」一九三一年、八月号、三三五頁)というのであった。

「塹壕における民族共同体の体験」は、一九二九年以後に神話的な広がりを見せることになり、ワイマル共和国との戦に生かされたのであったが、この体験へのアピールは、一九一九年から一九二四年にいたる初期の国家主義的な文書の中にはもちろんほとんど見られない。当時は戦争の直後であったため、「戦争体験」を英雄的な神話に仕上げることはできなかったのである。

しかし、すでに一九二〇年から一九二四年にいたるこの初期の数年の間に、シュペングラーとメラー・ヴァン・デン・ブルックが新国家主義の二、三の主要テーマを打ち出していた。二人がその出発点としたのは、ドイツ民族は、十一月革命が作り上げた政治的、社会的形態の中で生活を続けることに満足してはいない。何年か、あるいは何十年か、その真の目標に到達するまで、「革命はひとびとの胸の中で前進しつづける」であろう、ということにあった。そしてその真の目標というのはシュペングラーによれば、プロイセン精神に基づいた社会主義革命であり、メラーによれば、国家主義的保守革命であった。

当時は、二人のうちではシュペングラーの方が広く知られていた。彼の大作、「西欧の没落」の第一巻は終戦直前に出版され、戦争直後の最初の数年間に途方もない成功を収めた。しかし、この成功はその大部分が誤解に基づいていた。なぜなら、シュペングラーがジャンバッティスタ・ヴィコの精神によって創作したこの歴史哲学の広汎な総合は、すでに戦前に起草されたものであり、それのもっている厭世的な基調は、ドイツが権力の頂点に立っていた頃すでに支配的であったものだからである。敗戦後のドイツにおいて、すなわち一九一八年から一九二四年に至る間に、あらゆる価値の陰欝なたそがれの中で、この書物は厖大な読者を見出すこととなった。この読者らにとって、ドイツの敗戦とビスマルク帝国の没落は西欧の終末の徴であり、証明であった。すなわち、文化の終末、文明の始まりであった。ところがシュペングラーにとっては、フランス文化が西欧の最後の文化であったのであり、一八〇〇年のイギリスの優位とともに文明の時期が始まっていたのであった。

すでにニーチェは、大衆の支配によって没落するであろう西欧の高度の文化の終末を予言していた。ニーチェからシュペングラーはあの永劫回帰の理念をも受け継いだ。この二つの理念を彼は歴史に適用し、歴史を偉大なもろもろの文化のつらなりとして叙述した。その一つ一つの文化はそれぞれ完結したもので、上昇の段階をたどり、全盛期に達し、やがて文明の時期、崩壊の時期へと下降して行く。大都市と産業と資本主義と不信仰とニヒリズムのわれわれの時代は衰退の時期であり、ローマの帝政時代末期とほぼ一致する。信仰の時期、文化創造の時期はすでにすぎ去った。われわれは大衆と、大衆につきもののシーザー主義と、権威ある社会主義の時代に、精神的なプロイセン主義が台頭してくる青銅時代の歴史的風土に入りこんだのである。

この歴史形而上学の大きな政治的意義は、数世紀いらい人類は不断の直線的な進歩をとげてきたという思想に、従って十九世紀の宗教に逆行していることにある。それ故にこそ、この思想は最初から、ワイマル共和国の基礎と精神的背景をなす自由主義的、人道主義的、進歩主義的理念に対する鋭い批判を含んでいるのである。

シュペングラーが戦後最初の著書の中で、ワイマル共和国と十一月革命に対して態度決定を行ない、「ドイツ史上最も無意味な行為」ときめつけた（シュペングラー「プロイセン主義と社会主義」九頁）ことは、彼の西欧史観に完全に一致している。彼によれば、すでに一九一七年の平和決議とその後の十一月革命とは、プロイセンに対する国内のイギリスびいきの精神の勝利であり、これは「一八四八年のビーダーマイアー革命の亜流の輩と、ベーベルの鉄腕を欠いた社会民主主義の亜流の輩」(同書、八頁)によって行なわれたものであった。ワイマルの全組織、ドイツにおける議会主義的共和国の制度は笑うべき時代錯誤であり、歴史の歩みに対する反逆である。「ドイツにおける議会主義はナンセンスであり、裏切りである。イギリスは自分の国にだけ適した政治形態という毒を薬として与えた国々をすべて無力にした」(五四頁)。西欧全体において議会主義は衰滅しつつある。それどころかイギリスそのものにおいてさえそうなのである。

フランスでは革命と愛国心とは一致した。「祖国と革命とは、一七九二年には一致した。一九一九年にはそれは対立し合っている。……ドイツ革命の勃発は同時に祖国を敵に引き渡すことを意味した」(一八、一九頁)。

「国民の心の中でワイマルは裁かれている」とシュペングラーはさらに続けている。「だが欺かれてはならない。革命はまだ終わってはいないのである。」彼の意見によれば、革命はその決定的な形式を見出すまで、多分数ヵ月、おそらくは数年の間続くであろう。革命は偉人を生むであろう。そしてその人は革命の真の意義を把握し、革命を二十世紀にふさわしい新たな社会主義へ、プロイセン的な権威ある社会主義へと導いてゆくであろう。新たな国家、厳格な国家が建設され、そこでは国民の第一の僕たる官僚がブルジョワと資本主義に打ち勝つであろう。

三年後、シュペングラーの「プロイセン主義と社会主義」と全く同様に新国家主義のバイブルとなることになった第二の書、すなわちメラー・ヴァン・デン・ブルックの「第三帝国」が出版された。

メラーは十一月革命を否定したり、単なるナンセンスときめつけたりはしなかった。メラーは、十一月革命は今では既定の事実となった、それは悪をもたらしただけでなく、新たな積極的なスタートともなったという立場から出発した。「戦争には敗けることもありうる。敗戦は決して取り返しえないものではない。最悪の平和といえども決して決定的なものではない。しかし革命はかちとらねばならない。革命は一回限りのものである。革命はある国民が他の国民と決着をつけるような事柄ではない。革命は全く一国民に関わる事柄であり、当該する国民のみがみずから決着をつけなければならず、国民が自己の運命に自由に与えることのできる方向は、その革命の結果にかかっている。われわれはわが国の歴史上いまだかつて政治的革命をもたなかった。このことは、われわれが自己の歴史の半ばに今ようやくさしかかったことの証しであろう。イギリス人は清教徒革命と名誉革命を経験し、フランス人はフランス人の革命を行なった。両国民ともにわれわれよりも老人である。彼らは経験をつみ、試練を経、その人間はでき上がっている。彼らは革命によって政治的国民となったのだ。……われわれは、イギリス人がイギリス革命いらいもっている意識的、政治的、ブリテン精神と戦って敗れた。フランス革命によってフランス人に与えられた意識的、政治的、ガリア精神と戦って敗れた」(メラー・ヴァン・デン・ブルック『第三帝国』一五頁)。

故に、革命はメラーにとって「一国民の生活史の中で二度と回帰することのない瞬間」であって、国民は革命の中で復活するか、根底から改造されるかするのである。十一月革命もこういう瞬間である。それは静止させてはならず、それが明確な結論に達し、ドイツの政治的定有が国家的形態を取るまで前進し続けなければならない。「革命は始まったばかりなのである。」

それ故に、反動家が望んでいるように、革命を押し戻そうとすることは、ナンセンスである。「革命を押し戻すことはできない。革命は、まだ機を失しない限り、これに打ち勝つことはできる。しかし革命が一度事実となるや否や、政治的に考えると同時に歴史的にも考える人間にとっては、新しい事実となった革命から出発する以外にはない。この事実を除いて今や他の事実はないのである」(同書、二七頁)。

ここにメラーの批判が始まる。それはワイマル共和国の人道主義的、自由主義的なパトスに対してのみならず、精神的な内容も、基礎的な理念ももたないそれに先行するヴィルヘルム時代全般にたいして、すなわち最も悪質な、喧しく叫びたて、大言壮語するディレッタンティズムの時期、「唯物論的帝国主義」の時期であるヴィルヘルム時代全般にたいしても向けられる。「わが軍が四年の後、何百もの戦闘の中から帰還し、そしてこの軍隊に向かって、一人のユダヤ人の弁護士が、背後で崩壊を準備するのを助けてきた平和主義的な国民の代表者であり、全く非軍人的な男が、新たなドイツの革命政府の感謝と挨拶を、煽動的な嘘っぱちな、同時にお世辞たらたらで、しかも差し出がましくひとに指図する言葉とともに語った時、われわれはパリー広場であの不愉快きわまる光景を経験したのであった。われわれは最もいまいましい、最も屈辱的な、最も恥しらずな、この光景を経験したのであった。しかし、われわれが勝ったとしたら、どうなっていたであろうか？　われわれがブランデンブルク門で、もう一つの、避けることのできない光景を経験しなかったと誰に保証できるか？　ヴィルヘルム二世が忠誠なる幕僚を引具して登場し、銅像もどきの姿勢で、感謝に満ちた民衆と、その気息えんえんたる代表たちの祝辞を受けるのである。……ヴィルヘルムの復位などは最高のナンセンスにちがいあるまい」（二四、三〇頁）。

すでに過去のものとなった第二帝国へ復帰しようとするこの反動的精神とわれわれは戦わねばならない。なぜなら「反動的な人間は国内の危険である。議会主義的な国家にとってではなく、国民にとっての危険である」。従って反動的な人間と保守主義的な人間とを鋭く区別することが肝要である。「反動家とは、われわれが一九一四年以前に送った生活を、依然として美しく偉大、それどころかこの上もなく偉大であると考えている者をいう。保守主義者とは、この点ひとりよがりな自己陶酔にふけることなく、むしろ率直にあの頃はいとうべき時代だったと告白する者である」（一六九頁）。反動家とは、革命の意義を解せず、大解放戦争を夢想する輩である。彼らのいう戦いは、一方では宿敵にたいして、他方では労働者階級にたいして行なわれるものであり、こうして唯の一撃をもって、この両方の邪魔者を愛する祖国から追い払うというのである。この両者は、かつてわれわれが生活したようには、われわれをその中で——反動家のみが良き時代として常に回顧するあの古き時代の中で——われわれをもはや生活させてくれぬからである。……反動家は国民とプロレタリアートの中間に立つ。目前に迫っている解放戦争は、国民全体によってのみ遂行されうることを知らないからである。反動家は、解放戦争においては、同じように憎悪されているプロレタリアートが、今度は先頭に立って、この戦いを自分自身の社会的な戦いとして遂行するように予定されているということも、圧迫された国民の最も圧迫された部分であるプロレタリアートが遂行するこの解放戦争は、われわれを犠牲に供しようとする世界ブルジョワジーにたいしてわれわれが行なう戦いであるということをも、知らないのである」(一八四、一八五頁)。

先に指摘したように、メラーは反動の理念、というよりはむしろ理念なき反動の理念を国家主義と対比している。この国家主義は国家の理念を一切のものの上におく、それどころか君主制思想の上にさえもおく革命的保守主義である。「君主制と国家とはついに一致を見なかった。そして国民によって、危険な数時間、試練の数年のうちに、この一致がふたたび作り出されなければならなかった。……やがてヴィルヘルム時代にいたり君主制と国家はしだいに分裂していった」(一二〇頁)。

革命は一つ良いものをもたらした。革命によって得たものが一つある。それはドイツの政治的生活の深刻な編成替えである。「革命以後、われわれすべてに一つの変化が起こった。一つの決定が行なわれた。今やドイツ民族は、もはや他動的にドイツ民族のために解決されることはできず、ドイツ民族が自ら解決しなければならないような課題の前に立たされている。革命はひとびとを互いに近づけた。革命はひとびとと相互の間に結び付きを与えた。そうした結び付きは、以前の社会からは生まれることのできなかったものであり、その中で今ようやく共同意識が、すなわち運命的な連帯感が現われてきているのである。この連帯感の中でわれわれは今始めて民族が国民たらんとしていることをおぼろげに感じとるのである」(三一頁)。

この新たな国民感情を、共和国や議会主義や、あるいは民主主義への愛と考えるのは、もちろん見当はずれである。よしんばドイツ民族の政治生活が、今後共和国の枠内で完成されることが、あるいはあるとしてもである。だがドイツ民族が民主主義で満足するかどうかも甚だしく疑問であるよう思われる。というのは、この民主主義はドイツ民族の意志から生まれたものではないからである。ドイツ民族が自由に自力で民主主義を選ぶことを決めたのではなく、それは外から命じられたものである。つまり、西欧を範とする民主主義的な政府とのみ取引きし、平和を締結しようと欲した敵によってドイツ民族に強制されたものなのである。それにもかかわらず「われわれは元来民主主義的な民族であった。……民主主義の基礎は血であって、契約ではなかった」(一一一頁)。民主主義の基礎は種族制度であり、組合であり、共同社会であり、同志的連体であり、自治であった。それは成熟した純粋の民主主義であった。それは民族の自己の運命への関与に外ならない。民主主義のこのドイツ的形式は、身分国家へと長じることのできたものである。しかしイギリスから人工的に受け入れられた議会主義は、ドイツにおいては未来をもたない。「ドイツにはその伝統がないからである」(一一九頁)。

メラーによれば、民主主義は、ストイシズム、献身の精神、不動の偉大な愛国心を意味することができ、それによって、そしてそれを通じて民族は偉大となることができるのである。——諸国民はこれによって強大となった。ただしそれは、民主主義が国民の深い断乎たる意志の具現である場合に限る。——ドイツにおいては、民主主義の未来と「その存在の権利は、かつて君主制が民族にたいして果たした役割をドイツ民族を出発点として国民のために果たしうるか否かにかかっている」(一一九頁)。イギリスとフランスの例から推して考えれば、ドイツの民主主義は国家主義的にならねばならない。さもなければそれは存在することはできないであろう。

ところがワイマルの民主主義はそうする代わりに、平和主義的、国際的、要するに自由主義的であった。「自由主義がドイツの民主主義者を破滅させたのである」(一二一頁)。それ故に「民主主義はもはや革命ではない」(一二〇頁)。それが革命であったことはおそらく一度もなかった。なぜなら、十一月に立ち上がった大衆にとっては、自由主義的、議会主義的な共和国は全く問題ではなく、彼らは社会正義を欲していたのである。彼らが追求したものは社会主義の実現であった。プロレタリアートは国民の中の自己に相応しい地位を求めたのである。

第四階級のこうした熱望はマルキシズムの出現よりも古いものである。マルキシズムが、ヨーロッパの精神的、政治的なもろもろの伝統に無縁な、根なし草のような一人の人間の頭の中で、形を得たということこそが、ドイツにおける社会主義の悲劇であった。「この男はユダヤ人としてヨーロッパの一異邦人であったにもかかわらず、ヨーロッパ諸民族の事件に割りこんできた。彼はヨーロッパ人と歴史を共にせず、ヨーロッパ人の過去は彼の過去ではなかった。この現在をも規定している伝統を彼はその血の中にもっていなかった。彼はこの数千年ヨーロッパ人とともに生きてこなかった。彼の感じ方は彼らと異なっていた。彼の考え方は別のものであった」（三八、三九頁）。従って彼が、さまざまな国民の深いほとんど揺るがし難い存在、独自性、わがままに対して正しい感情をもつことができなかったのも驚くには当たらない。

その代わりに、マルクスは唯物論者として、経済的事実、階級のみを見た。そして諸国民の戦場である世界史は、彼には絶えざる階級闘争の歴史となった。彼はプロレタリアートに呼びかけた。「何故なら、プロレタリアートには、いずれの国においても各国民間の対立は止揚されているように彼には思えたからである」（三九頁）。必ずしもすべての国民が同じように、マルクスの教義と、世界プロレタリアートの国際的な階級共同体の幻影とに感染したわけではなかった。「国民が強固な政治的伝統を持つ国では、ヨーロッパの精神、二千年の過去の精神がマルクスに敵対した。マルキシズムは、若い、柔軟な、自己の意志をもたぬままに動いている、いまだ自己の使命を意識するにいたらない民族、すなわちドイツ民族やロシア民族にその力を振るった」（四〇頁）。

七十五年以上の間、マルクスのこの誤った教義が、ドイツの社会主義者の精神と頭脳を支配し、現実にたいして盲目にしてきた。古典的なマルキシズムは、ヴィルヘルム二世治下のドイツの人口過剰がおのずから帝国主義を生みだしたということや、健全な社会主義は、貧困にして人口過剰な国民が同等の機会に恵まれるときにのみ可能であるということや、また、あらかじめもろもろの民族にとって、正義と平等の権利とが存在するのでなければ、個人を社会的に公正に扱うことは不可能であるということを決して理解していなかった。

世界プロレタリアートの連帯感にたいする信頼の念から、一九一八年には世界革命が期待された。久しく夢みた社会革命が今や現実となるはずであった。しかしドイツのプロレタリアートは、あらゆる進歩にもかかわらず、国家が、階級とそのいわゆる国際的な利害の共通性よりも、遙かに強力な現実であることを発見せねばならなかった。しかし、今や経済状勢によってドイツ人の生活上の必要物となった社会主義は、マルクスの教義の崩壊後も生き続けるであろう。「マルキシズムの終わる所に、社会主義が、すなわち、ドイツ的な社会主義が始まる。それは、人類の精神史の中であらゆる自由主義に、すなわち十九世紀の不気味な力であり、結局社会主義もそれによってその足もとを掘り崩され、崩壊させられたあらゆる自由主義に、今もって議会の中にもぐりこみ、民主主義と自称している西欧精神のあらゆる自由主義にとって代わることをその使命としているのである」(六八頁)。

哲学的自由主義は、議会主義、マルキシズム、平和主義、民主主義、の公分母である。それは、すべての健全な活動や政治運動、さらには十九世紀の保守的な思想や、二十世紀におけるその政治的、ドイツ国権党的な後継者にまで浸透し、あるいはこれを抑圧した。「自由主義は、今日のドイツの青年が嫌悪と不快と一種独特の軽蔑の気持ちで背を向ける世界観、いな、観念世界である。なぜならば、彼らが世界を眺めるその固有の仕方にとって、これほど正反対で、同時に不快なものはないからである。自由主義的な人間の中にドイツの青年は敵を見る」(六八頁)。

新しい国家主義のイデオロギーの中で、自由主義は、人種神話の中でのユダヤ人と同じ役割を演じている。フリーメーソンはメラーにおいて、ローゼンベルクの空想の中の「シオンの賢者たち」と同じ位置を占めている。自由主義は若い保守主義者たちにとって、世界史における崩壊と解体の原理である。

「自由主義はもろもろの文化を破壊した。自由主義は宗教を絶滅した。祖国を破滅させた。自由主義は人類の自己解体であった。原始人は自由主義を知らぬ。……多民族国家における主導的民族は絶えず自由主義を抑圧してきた。……自由主義は、もはや共同社会ではなくなった利益社会の表現である。自由主義は成り上がり者の党である……彼らの究極の思想は、民族、言語、人種、文化の区別が止揚され、除去され、完全に抹殺されている大規模なインターナショナルをめざしている」(八四、八二、八三頁)。

この種の自由主義はいつの時代にもみられた。「ギリシャはこの自由主義のために亡んだ。自由主義的な人間が現われたことによって、ギリシャの自由が失なわれたからである」(八四頁)。その源はギリシャの啓蒙思潮にあった。すなわち、人間が万物の尺度であるとしたソフィストであり、エピクロス派であった。彼らは元来政治家ではなかったが、政治的崩壊に精神の領域から手をかしたのであった。ついでローマにおいて古代世界の自覚がめばえた。「古代世界の意識はローマの全士官を規定した。そして最後のローマ皇帝にいたるまでそれによって導かれた。ローマは主導的民族の都市であった」(八五頁)。

われわれの西欧文化圏においては、教会と国家とのゴシック的な結合が中世千年にわたった古代の解体に終止符をうった。「近代的な自由主義の成立は、個人が中世の束縛を脱したときに始まる。自由主義者は後になって、それは個人が中世の束縛から解放された時に始まる、といった」(八六頁)。

この近代自由主義の段階はつぎのようなものである。異教的なルネサンス、個人主義的な人文主義、ついで実験尊重の合理主義、そして最後に、平板で破壊的な唯物論哲学をもった啓蒙思潮でその頂点に達する。「この全発展過程は西欧のできごとであった。それはイギリスとフランスのできごとであり、反論を覚悟の上でいえば、またドイツのできごとでもあった。しかしイギリス人とフランス人はその血液の中に解毒素をもっていた。彼らは政治的な国民であったのである」(八七頁)。「イギリス人はつねに自由を論じた。しかし彼らは他人の自由にはすべて反対して自分自身の自由のために行動した。彼らは早くから、独特の思考法を作り上げていた。それは概念のすり変えにもとづくもので、問題となっている事柄にそれから引き出される利益を優先させるのである。……自由とは何ぞやという問題が提出されたとき、ホッブスは『自由とは力である』と答えたのであった。これは現実政治家の、実証主義者の、トーリー党の第一人者の答えであった。ホッブスによってイギリスは啓蒙思潮にたいして自分を守った。啓蒙思潮はこの国では何ら害を及ぼさなかった。そこでイギリスの思想家は安心して自由主義的な思考にふけることができた。力とはそもそも何か、という問いにたいして、あらゆるイギリス人の中にひそむ政治的な背徳家は、これまたあらゆるイギリス人のなかにひそむ自由主義的な道徳家を安心させる答えを見出した。『力とは正義である。』この答えがなかったならば、良心に責められて、いかにホイッグ党といえども安眠はできなかったであろうが、この答えがあったがためにぐっすり眠れたというわけである。……その答えに偽善はなかった。ただ偽善の役割を果たしただけのことであった。それどころか、むしろそこには、生得の残忍さをもってことにつき進む驚歎すべき素朴さが現われていた。彼らは自己の権利は主張し、他人の権利は無視したのである」(八七、八八頁)。

自由主義の歴史はフランスではいくらか違った経過をたどったが、ここでも強力で尊大な、しかし本能的に確信している国家主義という解毒素があった。「フランス啓蒙思潮はより精神的な根をもっていた。それはすでに中世の合理主義、パリーのスコラ派の決疑論の中にあった。だが人生観としては、それもやはりルネサンスに発している。しかしながら人文主義は、人間の尊厳から人間の権利が生まれた！という誤解をもたらした」(九〇頁)。この人権、すなわち、自由こそ、後にフランスの啓蒙主義者によってもっとも声高く要求されたのであったが、彼らは人間は単なる物質であり、機械である、と主張することによって、実際は人間からあらゆる人間の尊厳を奪ったのである。あの素朴な男を発見した十八世紀の貴族的、啓蒙主義的な社会全体が、今や、自分たちが精神的に準備してきた革命の犠牲になった。しかしこの革命とともに、ついに新たな人間が登場してきた。「別な人種が現われた、……新たな国民感情が完成された。それは残忍で獣的な性格を帯びていた」(九二頁)。ところで革命の自由主義者、ジロンド党員たちが自らこの革命の最初の犠牲となって倒れたのはこれまた偉大な皮肉の一つである。

それにもかかわらず、十九世紀においては、自由主義者は、一八三〇年の七月革命後に、一八四八年の二月革命後に、そして最後に第三共和国において勝った。だがその間に彼らは財産のもっとも頑強な擁護者、決定的な国家主義者となっていた。その弄する言辞においては自由主義的であり、自由、民主主義、人類を口にしたが、無遠慮にも人類のより高次な利害をフランスの政治的利害と同一視した。「フランスは『人類』の問題を取り扱う、と自国民にも他の諸国民にも誓った」（九三頁）。ガンベッタにせよ、ブーランジェにせよ、またクレマンソーにせよ、美辞麗句の自由主義者たちは自国民のまったく現実的な利益に奉仕した。

以上がイギリスとフランスにおける自由主義の分析である。イギリス人とフランス人は、意識的な概念のすり替えによってこの精神的な運動を現実の権力に奉仕させることを心得ていた。しかし「ヨーロッパの自由主義は別のものである。ドイツの自由主義はそれとは違うのだ」（九三頁）。ドイツでは自由主義運動は真に真面目に受け取られ、この点ではは るかに「進歩」していた西欧を一種の劣等感をもって眺めさえもした。「対等の資格をもって文明史に参画し、自由主義化した諸国民の仲間に受け入れられるに値しまたふさわしくなりうるには、まず西欧人のあらゆる理念をわが国に導入し、西欧の制度をわれわれが模倣しなければならぬとでもいうかのような妄想がドイツに行きわたった。こうしてわれわれも自由主義の道を歩んだ。われわれの利益のためでも、われわれの名声のためでもなく、われわれの破滅のために」（九三、九四頁）。

「ドイツの十九世紀は自由主義のものであった」（九六頁）。最初はそれは、「理想主義者や学生や一八四八年の愚直な民主主義者の関心事であった」（九七頁）。ついでそれは、ウイルソンとかかり合い、敗戦と崩壊という結果を招いた新しい自由主義者の関心事となった。「われわれには一七八九年の理念を、すなわち、自由と平等と友愛を問題とする動機があるのだ」（九八頁）。なぜなら、連合軍は一九一九年にこの理念に基づいて何をしたのであったか？　「友愛？　諸国民の連帯の精神はヴェルサイユで一撃をうけ、たちまちその打撃から二度と立ち上がれなくなった。自由？　戦前のわれわれは地上で最も自由な国民であった。今日われわれほどに束縛をうけているものはない。われわれは国内でも国外でも縛られている。一国民の自由を現状の自由をもって測定するならば、われわれの自由はもっぱらわれわれの作った憲法という紙の上に存在している。それに反して、この自由の行使に関しては、われわれは完全に敵の意志に依存している。……われわれはわれわれの敵がつねに賞として賭けたもの、すなわち、それらのもとで世界大戦が遂行されたあの誇大なスローガンを大真面目に受け取っていた。敵どもは必要に応じて自分たちには有利に、われわれには不利にあのスローガンを持ちだしてきた。そしてドイツの自由主義は喜び勇んで仲介にのりだし、その結果、ついにドイツの自由主義的なひとびとはすべてわれわれドイツの問題に背を向け、われわれは、ドイツと戦うためにわれわれの敵たちがよりどころとした理念を正しいと考え、結局、われわれ自身よりもそれらの理念を信頼するようになった」（九八、九九頁）。

「ドイツの青年は欺瞞の根源を感じとっている。彼らは西欧がわれわれに約束した自由を与えないで、奪い取ったのは欺瞞であったということを、嗅ぎ出している。自由主義は自由とは何のかかり合いもないのである」（一〇〇頁）。

今や、青年を助けて、自由主義に対する闘争、自由主義の精神的基盤、とくに啓蒙思潮とその知的な萌芽にたいする闘争を全線にわたって再開することが必要である。メラーは自由主義にたいして、新たな保守主義、真の、基礎的な保守主義につき進もうとする。それは、民衆を誤解したメッテルニヒやゲンツの正統主義ではなく、あるいは自分も「進歩的な」自由主義的な理念の影響をうけたJ・F・シュタールなどの立憲的保守主義でもない。それは、国民に発する非ブルジョワ的、反資本主義的、社会主義的、革命的な保守主義である。

保守的な人間を、革命的な人間および反動的な人間と区別するものは何か？　「革命的な人間は、世界は今後永久に、自分がそれによって世界を転覆させたところの政治的見解によって規定されるであろうという性急な見解をもっている。反動的な人間は、世界を普通りのものと想像している。保守主義者は、世界をなるがままのものと見ている。保守的な思考はすべての人間関係に永劫の回帰をみるが、それは同一の事物の回帰の意味においてではなく、絶えず存在していて、ある時は際立って現われ、ある時は後退するが、元来存在し、人間の内部に横たわっているが故に、繰り返し出現する事物の回帰という意味においてである。……保守的な思考は事物の永続について、それがあらゆる時間的な変化を超越して世界を支配する法則であると説明する。保守的な思考は、つねに同一であるもの、すなわち人間的な事柄、魂に関する事柄、性的な事柄、国家的な事柄などが存在することを承認する。…　…あらゆる時間的な変化を超越する超時間的な不変のものが存在する。そしてその超時間的な不変のものは、空間が時間を包括すると同じく、時間的変化をそのうちに包括する」(一六五、一六八、一七九、二一〇頁)。

保守主義者の考えによれば、いずれの革命の後にも、この革命の内部に、生に均衡を与える力がふたたび現われてくる。それは、革命もまた古い形式を打破したあとで、生に不可欠な新たな政治的形態と新たな秩序を創造せざるを得ないのと同様である。それ故に、進歩について考えることも誤りということになる。というのは、保守的な思考とは静的な思考であって、動的なそれではないからである、すなわち、生成よりも存在に優位を認めることを意味するからである。「保守的な思考そのものは空間からのみ理解されうる。しかし空間は上位の概念である。時間は空間を前提とする。空間は自主的である。空間は神の如きものである。それに反して、時間は従属的である。時間は地上的である。空間は『永続し』、時間は『経過する』」(一八〇頁)。

進歩思想によって生きる党派と、かつて存在したものを再び復興しようと望む反動的党派の上に、メラーは第三の党を置く。この第三の党は真の保守主義の意味において、精神的な革命をひき起こす使命をもち、国家のあらゆる問題を新たに考え抜かねばならない。「第三の党は第三帝国を欲する。それはドイツ史の連続に立脚する党である。それはドイツをドイツ民族のために維持せんと欲するあらゆるドイツ人の党である」(二二九頁)。この精神的更新は国家なる概念をその出発点とする。「この意志は国家主義的と名づけられる。しかしそれぞれの国家は価値の共同体である。それぞれの国家はその固有の評価の意識、その固有の使命をもっている。ドイツ人の使命は数千年来『帝国《ライヒ》』と呼ばれる。保守的な人間は第三帝国を考える。それは古くして偉大なドイツ的思想である。この思想はわれわれの第一帝国の崩壊いらい現われてきた。それは早くから、千年王国の期待と結合していた。しかしその中に一つの政治思想がつねに生き続けている。それは未来にかかわる思想であったが、第二帝国の終末というよりはむしろドイツ民族がはじめてこの地上においてその使命を達成するであろうドイツ人の時代の夜明けとかかわっていた」（六頁）。

ハンス・エーレンベルクは後にメラー・ヴァン・デン・ブルックを「世俗化した形而上学者」と呼んだ。彼はその政治的著作の中で、音頭をとり、念入りに楽器を吟味しただけで、メロディーらしいメロディーを奏でなかったというのである。事実彼の政治論的著作は数年の間大衆にほとんど知られないままであった。雑誌「良心」と「リング」を中心に集まった小人数の保守的な団体が、彼のうちにきたるべき革命の予言者をみていたにすぎなかった。一九一八年から一九二三年までの多事な数年の後、すなわちインフレーションがおさまり、ルール占領の時期がすぎると、共和国の状態は安定しはじめた。数年の間シュペングラーやメラー・ヴァン・デン・ブルックなどの新国家主義は声をひそめていた。第三帝国を呼号したこの人物の死後四年、ドイツが新たに非常な苦境に陥った一九二九年に至ってはじめて、政治的、社会的にメラーやシュペングラーの思想の復活と一層の発展のために好都合な風土が訪れた。一九二四年には行きづまっていた革命が再び動き出し、今回は国家主義的、あるいはおそらく社会主義的な段階に入り始めているように見えた。二人の先駆者が予言していた通り、革命はたしかにひとびとの心の中で一層熟していた。精神的な主導権は右翼にあり、革命の神話は国家主義の陣営に移っていた。国民革命の理念はドイツの知識層、とくに元来いつの時代でも革命的な素質をもっている青年を熱狂させるようであった。現在の

「無秩序」を一掃し、永遠の秩序を再建する革命、すなわち、革命的な諸条件の下で、しかも革命的な手段を用いて保守的な目標を追求するという理念は、現在に不満な多くのひとびとに反響を見いだした。たしかに革命という言葉には、一七八九年以来、ド・メーストル以来、正統派とロマン派の保守主義者以来、何かサタン的なもの、悪魔的なものがつきまとっていた。それは神の永遠の秩序に対する反逆を意味していた。ところが、一九一八年以後、この言葉は、革命によって偉大さを再建し、生を価値あるものとし、生きるに値するものとすることのできる条件を作り出すことが問題となってくると、この言葉は英雄的な響きをおび、何か偉大なもの、許されたるもの、それどころかおそらくは、必然的なもの、神の欲するものとなった。

一方、メラー・ヴァン・デン・ブルックがその到来を望んだこの革命は単なる政治的、社会的な蜂起のようなものではなく、思考、心的態度、社会的エトス、つまり精神生活全体の根底からの転回であった。この種の変革はドイツ史上しばしば経験された所であり、そしてそれらは、ほとんどつねに深刻かつ徹底的であることをその特色としていた。「ドイツは」とスタール夫人は書いている、「思想の最も偉大な大胆さを服従への最も偉大な感覚と結合する」と。シュトゥルム・ウント・ドラング以来、ドイツ観念論哲学の時代以来、ロマン派以来、そしておそらくはルッター以来、ドイツ人は芸術と哲学と宗教の領域において、ヨーロッパの偉大な抗議者《プロテスタント》、革命家を自任してきた。まさにこの理由からひとびとは、しばしばこれにつけ加えて、ドイツ民族は社会的、政治的性質の血まみれな、犠牲の多い革命を経験せずにすむであろうというのをつねとしたのであった。精神の再生が今や再びはじまりつつある、「ヨーロッパ史上かつて見られなかった大規模な保守的革命が、ますます多くの自由を求める努力にとって代わり、新たな束縛を求める革命が」とフーゴ・フォン・ホーフマンスタールはすでに一九二七年、有名なミュンヒェンでの講演で叫んだのであった。

その間、ドイツの国家主義者はまた、イタリアのファシズム革命の成り行きを興味と同感をもって見守り、それを二十世紀の曙として歓迎していた。彼らはイタリアのファシズム革命を、偉大な反自由主義的反対潮流の理念の実現であり、社会主義と国家主義の総合と見なしたのであった。

ドイツ人が何か偉大な国民解放の転回を思う時、全く自然にドイツ人、とくにプロイセン人の眼前にうかぶドイツ史中のもう一つの例は、一八一三年の蜂起に先行するシュタイン男爵によるプロイセン国家の諸改革とフィヒテの「ドイツ国民に告ぐ」に具体化されたあの精神的、道徳的革新の数年である。このほとんど奇跡にも似た再生が、一九一八年以後多くのドイツ人にとって輝かしい範例となったのは自然の勢いであった。「わが国の現状は一八〇六年の敗北後のプロイセンの国状に似ている。当時、一八〇六年から一八一一年の短時日に、シュタイン、ハルデンベルク、シャルンホルストは、将来のための偉大な基礎を築き、それが嵐を呼んだのであった」(「行為《タート》」誌)。また、シャルル・アンドレルの言葉によれば、当時、「死滅することを欲しないドイツ魂は、偉大な宗教運動によって、ドイツ魂の基礎を永遠なるものの中に置く」ことを決意したのであった。ドイツの再生には当時すでに精神の改革、宗教的蘇生が先行していたのである。

大学生にとって、ドイツの青年一般にとって、メッテルニヒに反抗して立ち上がった者も、のちにビスマルクに歓声を送った者も、一八一三年の蜂起はつねに美しい導きの像であり、理想的な戦争であった。繰り返し彼らは「解放戦争の神聖な気分」によって鼓舞されたのであった。

第一次大戦後の十年間は、青年はこの種の「神聖な気分」を発見するのにもはや百年をさかのぼる必要はなかった。多くの年長の者にとっては、陶酔的な熱狂をもって迎えられ、党派や階級や宗派のあらゆる垣根を吹きとばしたあの一九一四年の戦争勃発は、共通の体験となっていた。年少の者にとっては、若い志願兵連隊が、「ドイツ、世界に冠たるドイツ」の歌の下に、敵の第一線に突入し、これを奪取したランゲマルクの突撃が英雄的な神話となっていた。

しかし、はるかに深刻な政治的影響を及ぼすことになった真の「戦争体験」は、これとは全く異なったものであった。それは一九一四年の元気潑剌とした戦争や熱狂とはもはや全く無縁である。それははるかに即物的な、しかもはるかに厳粛な、苛酷なものである。それは塹壕の中で、灰色の、残虐な、ほとんど手仕事風な近代戦の「鋼鉄の嵐」の中で結ばれた戦友愛である。それは、一つの世界が亡び、新たな世界が生まれてくると感ぜられた一九一七年の兵士の、不断の危険と死の共有であり、献身である。そこでは、一九一四年八月とは全く別の意味で、階級の差別はすべて消えさり、人間だけが、良き兵士、良き戦友だけが残ったのであった。こうして、新たな国民意識が形成された。それは王や皇帝への忠誠とか、王家への愛着とはもはや何のかかわりもなかった。またそれは、ヴィルヘルム時代の銃後の盲目的な愛国心とも全く無縁であり、向い側の塹壕にひそむ男に対する野蛮な憎しみの歌をも知らなかった。恐ろしい生を堪え抜くには、ひとはより美しく、より崇高な、より精神的な祖国を信じなければならなかった。のちにひとびとは、真の国民は祖国を離れた塹壕の中にいた、といったのであった。疑いもなくイギリスやフランスの兵士も同じ夢を夢みていた。戦争が終わればおれたちはより良い、より美しい生活の中へ、生まれかわった祖国へ、「英雄の住む国へ《イン・ナ・カントリ・フオア・ヒアローズ・トウ・リヴ・イン》」帰還するのだ、と。戦場の精神を故郷へも移植し、それによって生活を革新することは不可能だったであろうか？　こせこせとした階級闘争のない、あらゆるエゴイズムの排除された生活は不可能だったであろうか？

たしかに、戦争直後の、崩壊と窮乏と絶望とスパルタクス団の騒擾とインフレーションの日々の中で聞くことのできたのは、戦争を忘れ去ろうとし、世界革命や、こんご諸国民の間に支配的になるであろう永遠の平和を夢みるひとびとの声だけであった。

ようやく何年かの後、再び平和な環境になれ、戦争の恐怖から立ちなおって、内的にそれから遠ざかった時に始めて、あの悲劇的な大戦争が文学の対象になった。ドイツではレマルクの「西部戦線異常なし」がその起因を与えた。当時この書物は、失なわれた世代の眼に映った戦争を描いた唯一の書、戦争の苦痛、苦悩、悲惨の讃歌として、国の内外を問わず称讃せられた。しかし、すでにその頃、同じ世代のフランスのある批評家は、レマルクの描いた戦争は、若い世代の体験した戦争では決してなく、人道的、平和的な人間が一九二八年に回顧的に眺めた戦争であると述べたのであった。

何故なら、この戦争の中にはまた多くの他のものもあったからである。犠牲と英雄的な勇気、暖かい真の不動の戦友愛、恐ろしい荒涼とした戦争の風景の中でその任務を果たす鋼鉄の意志があった。それがまた多くのドイツの青年の答えでもあった。彼らは近代戦の冷酷な残虐さや恐怖を決して否定しはしなかったが、しかし、彼らは平和主義者によってこの体験が中傷されたり、この体験がドイツ国民の意識から失なわれていったりすることを欲しなかったのである。彼らはあの塹壕の中にこそ、犠牲と英雄的行為の美しさや、絶対の服従と共通の目標への隷属の意義と価値とを発見していたのであった。

一九一九年から一九二四年に至る間の人道的、平和的な表現主義の作家にとっては、戦争は新たな平和な時代の開始、あるいは世界革命の曙であった。一方、一九二九年から一九三三年に至る間の若き国家主義者にとっては、戦争体験は道徳的、精神的な国家再生の実現可能な出発点であった。

こうして、当時の戦争文学は政治的に新たな意義を帯びるに至った。ワイマル共和国に投げつけられた非難は、共和国が戦線で形成されたこの新たな国民感情に無知であったということ、銃後に残るか、スイスへ逃げていた平和主義者の言葉しか語らないということ、塹壕の若い世代の意志と思考と感情とを理解することができなかったということであった。しかも、一九一七年の近代戦中、前線において決定的な印象をうけた世代が、今ドイツ国家の運命をその手に握る年齢に達していた。今ドイツがはまりこんでいる危機の時期は、戦争と同じく、鉄の規律、共同の目標の下への絶対の服従を要求した。国民を破滅から救うためには、服従に対する理解、前線の精神が、全国民をとらえねばならなかった。市民は兵士に譲らねばならなかった。多数決と妥協の精神、議論による政治は、権威に対する感覚に、兵をひきいる術を心得た指導者たち――兵士たちは当然彼らに従うであろう――への自発的な服従に対する感覚に席を譲らねばならなかった。前線兵士の共和国、真の民族共同体がその目標であった。

当時三十歳以上のひとびとにとって戦争体験、あるいはヴェルダン戦が果たした役割を、より年若いひとびとにとっては、義勇軍における生活の体験が果たすことになった。この若いひとびとは進んで闘争にわが身を献げ、進んで大戦の際の将校の部下となり、忠誠を誓ったのであった。彼らの多くはフィンランドやリーフランドやエストニアの戦友と肩をならべ、あるいは白ロ軍とともに、その勇敢さと革命的情熱が、より良きより正しき人類の秩序を築き上げようとする熱烈な意志が、しばしば人を驚歎させずにはいなかったボルシェヴィキを相手として戦った。

上部シュレジエンにおけるコルファンティのひきいる軍隊との戦い、すなわちアンナベルクの戦は、後に義勇軍のランゲマルクとなり神話となった。義勇軍の一青年将校――シュラーゲター――は後にルールの闘争に際しフランス軍に射殺され、しゃにむに国民的抵抗の象徴に祭り上げられた。義勇軍とその行動を称える書物の中には、繰り返し市民にたいする軽蔑が響いている。兵士が祖国を救うために進んで生命と財産を賭けているのに、市民はひたすら安全と平安のみを願っているというのである。

これらの若き国家主義者はしかし、古いタイプの愛国者や君主主義者と混同されるのを好まない。「われわれは反動家ではない。われわれは熱烈な革命家である。われわれは革命を押し戻そうとするのでなく、促進しようとするのだ。われわれは資本主義の敵である。われわれはわれわれ流に保守的であるが、ヴィルヘルム主義の精神へ帰ろうとするのではない。われわれは君主国を拒否する。君主国の理念に殉ずることは皇帝にはできなかったということが、ついにわれわれ兵士には証明されたのである。皇帝と帝国とが戦争に敗けたのであるから、われわれはそのいずれをも欲しない。」

こうして、世界大戦についての、またバルチック方面や上部シュレジエンでの戦争についての文学は、メラーの著作と同一線上にある政治的意義を帯びた。ただしそれは遙かに具体的であり、遙かにいきいきとしており、読者に遙かに近づきやすかった。そして、一九三〇年頃にメラーとシュペングラーの国家主義的な理念がその中で復活を体験した風土を作るための道をひらくのに貢献したのであった。

メラーの思想の他の一面を、ハンス・グリムが大長編小説「土地なき民」によって物語の形でドイツの大衆に近づけた。「故郷と狭隘」から逃れでたドイツ移民、コルネーリウス・フリーボットは、世界中どこへ行っても、なかでも南アフリカで、イギリス人に出あう。すでにずっと以前に世界を征服したイギリス人は、彼に向かって、ドイツ人は遅刻者であり、ドイツ人は国民としてプロレタリアであると、それとなくいうのであった。大戦後ドイツへ帰ったコルネーリウス・フリーボットは社会主義者になる。しかしそれはインターナショナルな、あるいはマルキシズム的な社会主義者ではなく、もろもろの民族にとっての同権、自由な発展の可能性という社会主義が存在するにしても、現在存在しうるものは、個人にとっての社会正義、昇進の可能性という社会主義のみであるということを理解した社会主義者であった。「社会主義は民族とともに始まらなければならない。」

この作品には一つの表現が繰り返し現われるようである。すなわち一九三三年以前の数年間に、あらゆる種類の新国家主義に共通な政治的導きの像となった「民族共同体」という表現である。ひとびとがこの言葉によって言おうとしたことは、おおよそ次のようなことである。緊密な、暖かい共属の感情、民族の全構成員の非常に深い連帯意識。従って共同の生活というこの基礎の上では、あらゆる社会的、政治的、宗教的、文化的差別もほとんど消失するか、あるいは少なくとも無意味なまでにその価値を失なう、ということなどであった。

共同社会というこの理念に利益社会という精神史的にはより古い概念が対置された。利益社会とは、物質的、政治的性格の全く特定の目標に到達せんがために、意識的、自発的に相互に協定を結ぶ個人の集団であるとされた。

とくにルソーがその「社会契約説」の中でのべている国家の起源についての古典的な学説もたしかにこの理念に基づいており、そしてこの学説が自由主義の基礎になっている。こうした利益社会と共同社会の対照が、ドイツの社会学の一般的な言語慣用の中へ入りこんできたのは、マクス・ウェーバー、とくにテンニェスの著作によるものである。すでにヘーゲルは、とくに経済の建設、商工業、個人の物質的繁栄に努力する「市民社会」を、倫理と自由の礎である国家と対立するものと考えていた。しかし、利益社会と対照して用いられる共同社会という言葉は、個人のすべての意識的な生活に先行し、それによって個人が始めて人間となるような現実、すなわち運命的共属を現わしている。

新国家主義のこれらの根本概念を十分に把握するためには、この新たな政治運動の背景となり、さまざまにこれを促進した二、三の同時代の思潮に言及し、簡単にその輪郭を画くことが適切であろう。

それらのうちで、最も重要なものの一つは、疑いもなく社会学である。長い間歴史哲学、法哲学、政治学と混淆《こう》されてきたこの学科は、ドイツでは、自立的な科学として地歩を固めるには二、三の難点があった。社会学もマルキシズムの例にならって、たんなる経済学の従属的な一分科にとどまるという危険をおかした。それにもかかわらず社会学は、大学に学ぶ青年たちの二、三の偉大な教師、教育者、たとえばディルタイ、トレルチ、マクス・ウェーバー、レーオポルト・フォン・ヴィーゼなどによって陽のあたる所に位置を占め、大学内に市民権を獲得した。社会学は、これまで伝記学、国民経済学、文学史、精神史、神学、純粋史学にゆだねられてきた政治的、歴史的、文学的、美学的、宗教的、哲学的諸問題に近づくための新たな、独自な方法となった。社会学は人類の発展に全く新たな展望を与えることができ、その分野ははなはだ広くかつ多方面であったので、若い熱狂者らは社会学を「中心科学」そのものと考えようとするほどであった。

マルキシズム、あるいはむしろ研究方法としての史的唯物論がこの新たな社会学に重要な基礎工事を施した。衆知のように一八四八年の共産党宣言によれば、経済の構造、生産様式が唯一の真の現実であり、人間社会の根底、史的発展の原動力であり、一方、一時代のすべての社会的、精神的な諸現象、すなわち倫理、法律、哲学、神学、芸術などは、物質的生産様式を反映する上部構造を現わしているにすぎない。史的唯物論は、労働に関する単なる仮説としても、社会生活の種々の面相互の関係の研究としても、歴史主義と全く同様に、ほとんど必然的に極端な相対主義に通じている。換言すれば、古典的な自由主義的な思想も、その根本理念も、絶対と考えられたその価値も、史的唯物論によって問題とされる。なぜなら、古典的な自由主義と、それから発した政治思潮はその主要理念を、経済的社会学的な基礎的現実の上にのみ築かれた上部構造とは決して理解しておらず、普遍的に人間的な、ブルジョワあるいは労働者の努力としてでなく、人間そのものの努力として把握していたからである。人間がその権利と理想と人間性を自覚するためには、長期間の「人類の教育」を必要とするということは、もちろん承認せられた。しかし人間が一度この高さに達したならば、自由とヒューマニティーとはつねに未来への途上における導きの星であるに相違なかった。史的唯物論は古典的自由主義的な人間像の破壊に多大の貢献をしたのであった。

新たな社会学は自己の流儀に従ってこの仕事を続ける。新たな社会学も、経済を原動力とはもはや見なさないにしても、精神生活をもはや独立のものとしてではなく、その時期の社会生活全体への関連において眺める傾きを持っている。社会学の思考過程は、個人の価値の蔑視に容易に通じる。ところが古典的自由主義にとっては、この個人が社会生活の実体なのである。自由な人格への個人の発展こそ古典的自由主義にとって、結局国家および社会の目標であり意義である。個人の自由な人格形成が、国家と社会に始めてその存在権を与えるのである。

十八世紀の社会学が、十八世紀の心理学と全く同様に、思想的構成物であるのに反し、新たな社会学は、人間社会、あるいはその一部を実証的な、自然から与えられた、不可分の要素と見なすことから出発する。このことが最も明白に現われているのは、その最も極端な代表者の一人であるデュルケムの場合である。この理論家は個人から出発することを全く拒否する。「およそ社会的な事実はその独自の法則をもち、個人の分析を個人とは決して認めないのである。……個々の人間の精神という理念は、人類社会に先行する人間という理念と全く同様に一つの幻影である。」

従って、社会は個人以前に存在し、個人をこえた形成物であり、時間的には個人の意識に先行し、それを構成する個人の単なる総計とは全く異なる存在である。かくていわゆる社会契約は神秘的、形而上学的な性質の純粋に法律的な構成体となり、決して社会の本質を表現するという功績をもたない。むしろ人間の社会は、個人に対して強制される集合観念によって結合される。「適合の精神はあらゆる社会生活の根本条件である。……人間社会は精神と道徳の領域における最高の現実である。われわれの見るところでは他のいかなるものも持つことのできないような創造力を持つ。」こうして、デュルケムにとっては、社会は法の源泉であるだけでなく、あらゆる倫理、あらゆる精神生活の、それどころか理性一般の源泉である。非人格的、客観的な理性は集合思想の別の表現に外ならない。かくて、ポリスはもはや理性の娘ではなく、理性と倫理がポリスの娘なのである。

宗教も、いや宗教こそは個人に発するものではなく、社会的な性格を帯びている。すなわち「聖なるものは社会《ル・サクレ・エ・》的なもの《ル・ソシアル》である」。原始社会だけでなく、近代社会も宗教的性格の集合観念によって結合される。マルキシズムにとっては生産様式が社会の実体をなすものであるが、デュルケムにとっては宗教的な要素があらゆる社会の中核である。そして社会を内側から変革するためには、その集合観を改変し、社会に新たな信仰を押しつけ、新たな神話を創り出さなければならない。

デュルケムおよびフランス社会学派が、ドイツの国家主義の発展に及ぼした直接の影響はほとんど証明できない。エトガー・ユングが、聖なるものは社会的なるものと同一であるという有名な命題を時おり引用しているだけである。それにもかかわらず、デュルケムの思想は「ドイツ国民革命」の多数の理論家の言説に繰り返し姿を現わしている。

この立場に力を与えたのは第一次大戦と戦後の体験であった。個人の形而下的な存在、その経済的、社会的幸福だけでなく、その精神的、文化的運命もまた国民の運命と緊密に結びついているということが、すべてのひとびとにほとんど決定的に明らかになっていた。全国民の幸福や不幸における連帯のこうした日常的な直接の経験は、経済的、社会的、精神的な集団的力に較べれば個人はほとんど無に等しいことを教えたのであった。

それ故に、社会学の新たな思想が逆に政治運動に影響を与え、非常に容易に採用されたことは怪しむに足りない。すでにモーラスなどのフランス国家主義は、主としてオーギュスト・コントの実証的社会学に基づいていたのであった。ただ国家主義の場合、当然国家という概念が「社会」にとって代わり、個人に形態と形式を与え、精神的な、また宗教的なあらゆる価値の源泉となる上位の存在とならなければならなかった。

ドイツの国家主義はこの社会学的な視野からほとんど同じ結論を引き出している。エトガー・ユングの国家主義はまだキリスト教的、全人類的な思考の枠内にあり、またそうした限界をもっていたが、彼の場合、それは次のように表現されている。「地上における最高の価値とみなされるものは、共同体であるか、あるいは個人である。ところで、神は、神と結びついている人間を造っただけではなく、神自身自然をも自分の精神で満たした。そして人間社会もその自然の一部である。それ故に、共同体における生活は、個人が神に直接に結びついているのと同様に、神的なものである」(E・ユング「劣れる者たちの支配」五七頁)。

しかしたいていの国家主義者は集合主義の方向においてユングよりもいくらか前進している。「生の実体をなすものは自由な人格ではなく、民族である。個人主義にとっては個人が、社会主義にとっては人間社会が、国家主義にとっては民族が、歴史の中の創造的要素である」とシュターペルは書き、さらに次のように言っている。「民族は神の創造する手の中から直接造られたものである……ドイツ民族は神の理念である。」

従って、新国家主義のさまざまな変種に応じて創造的な民族性が先験的な、あるいは内在的な宗教的実体となり、あらゆる精神生活、すなわち芸術、科学、宗教、法律および国家がこの実体の現象形態となる。この神話的な見解は、アルントやヤーンのほかにパウル・ド・ラガルドをも始祖とするものであるが、十九世紀の他の集合主義的な思潮、すなわちヘーゲルの思想に由来する国家神秘説や、民主主義的集合主義や、社会主義的な集合的神秘主義や、人種の神秘主義などと容易に結合しうる。

一見すれば、ほかならぬドイツにおいて、個人の蔑視と団体や社会的なものの偏重とを目ざす思潮が、ほとんど一挙にして優勢をえたことは、ひとを驚かすかもしれない。何分にも、十九世紀を経て、二十世紀に至るまで、ドイツを宗教的、哲学的な事柄における極端な徹底的な個人主義の第二の故郷と見ることに全世界が慣れていたのであるから。ルッターは近代個人主義の父と見なされていたし、ゲーテやフンボルトやシラーのドイツ古典主義の宗教は、個人への深い畏敬の上に築かれていた。ドイツ観念論の倫理学は人格の道徳的、美的完成という理念を中心の問題とする。シュライエルマッヘルの宗教は個性および個性に独自で独特なものの育成である。フィヒテにとっては自我があらゆる哲学の出発点であり、中心であり、目標である。ニーチェにとってさえも個人はその道徳と真理と運命をもつものである。

ドイツの精神生活にはつねに反自由主義的、反個人主義的な思潮が流れていたということは、忘れられがちである。そうした思潮はドイツ精神史に欠けているどころか、トレルチの如きは、あらゆる歴史的、政治的、倫理的な問題において、ロマン主義の時代はカントと古典主義の時代よりもドイツ人の思考に深い影響をおよぼし明確な跡を残したと主張するまでに至っている。「ロマン主義は真の転回を表現している。それは市民精神と普遍的、平等主義的な倫理学に対する革命であり、とくに西欧の科学的、数学的、機械的精神と、自然法および普遍平等な人間性という抽象とに対する革命である。」

言いかえれば、保守的な反革命と、ある種の集合主義とは、ドイツ人の精神生活における絶対的に新たなものではなく、歴史の中にその先駆者をもっているのである。啓蒙思潮とフランス大革命を克服すると自称している新国家主義が、十九世紀初頭の数十年に、フランス大革命とその政治的な結果を新たな思想によって阻止せんとする理念を、非常な聡明と努力によって蒐集した世代の思想に遡ったのは自然である。

ノヴァーリスやシュレーゲルらの前期ロマン派はまだ古典主義時代の個人主義に拘束されており、それどころかそれを極端にまで押し進めている。ところが、彼らはすでに国家、社会、民族のうちに一種独特の個性、神の精神の直接な個性化を認め始めている。従って国家、社会、民族はもはや単なる個人の集合より以上のものである。この意味でフランス大革命の偉大なる敵であるバークが読まれるのである。そして彼らは、前期ロマン派にとって全く独自な一つの誤解によって、事実の大地に両足を踏ん張って立っているこのホイッグ党員を、すなわち伝統と有機的に生長した諸制度とに対するセンスをもっているこのホイッグ党員を、保守的なロマン派、中世的封建主義の擁護者にまつりあげたのである。

さらに、ロマン派のひとびとの闘争の対象とされたのは、フランス大革命の精神的基盤、またはそれと見なされるもの、ルソーの社会契約説、議会主義、主権在民であり、さらに遡ってはロックの、またデカルトさえもの古典哲学であり、自然法、アダム・スミスの経済学であった。この大きな精神的反革命は同時に理念史に対するドイツ独自の貢献と感じられている。

後期ロマン派は精神的、政治的生活の集合主義的見解の方向においてさらに一歩前進している。民謡、民族芸術、古い習慣や習俗の熱心な研究は彼らを民族性の発見へ導く。民族性はあらゆる精神生活のみならず、政治的形式や、法律や、社会制度の永遠に新たな泉と見なされる。それらはもはや立法者のきわめて意識的な合理的な創造物ではなく、むしろ民族の魂の放射であり、ほとんど一個の自然であり、自然の超理性的な英知をそれらは自然と共にするのである。「少年の魔笛」やゲレスおよびグリム兄弟のおかげで民族性という概念は愛すべき、詩的な、親しみ深い響をもつにいたった。この概念は民謡、民族芸術のみならず不壊の、新鮮な、自然に近い社会的な生活を意味する。すでに十九世紀の前半に、政治闘争において、独自に有機的に生長した民族意志が、数学的な選挙と議会によって表現される人民主権という新しい概念に対置された。有機的な諸制度が、書かれ「作られた」憲法の上に、そして古くからの慣習法がナポレオン法典の上に置かれる。

一八三〇年頃にはこの健全で強靱な社会生活の最後の残存物、すなわちその服装、風俗、習慣に固執する農民、職人とギルド、中世にまで遡る「古き良き法律」と制度の残滓が感歎され、賞讃される。工業化、余りにも急激な人口の都市集中、不健全なプロレタリア化、生活様式全般にわたる合理化をもたらした「進歩」の一世紀のあとで、民族性という古い夢が新たな力を得て再び浮かび上がる。自然への、母たちへの復帰としての民族性が一九二〇年頃青年運動の理想となり、後に政治的、社会的な神話となる。同時代の政治的、社会的な生活領域に浸透したすべての人工的なもの、合理主義的なもの、議会主義、資本主義を取り除くことが、ふたたび問題となる。議会主義、資本主義は外国から持ちこまれたものであり、ドイツ人の性格と民族の魂を不純にしたと主張されたのである。民族性に立ち帰るということは、過度の外国化を一切払い落とし、固有の民族の自我へ、固有の生活法則へ立ち帰ることである。

導きの像としての民族共同体と民族精神の概念にわれわれは、多くの新国家主義の理論家、とくに「民族保守主義者」において出逢う。これらグリム、サヴィニー、W・H・リールの精神的遺産相続者たちは、世界中のどこかでドイツ語とドイツの習慣、ドイツの民族性を保持してきたあらゆるひとびとに関心を向ける。彼らにはドイツ民族独特の歴史が社会学的な比較研究のための特殊な分野となっていた。ドイツの国家組織の中で生活しているドイツ人のほかに、他国の枠内に少数民族として住み、地理的、風土的に全く異なった地方で、種々の宗教を奉じ、種々の精神的、文化的、政治的、社会的、人種的な影響をうけている多くのドイツ人もいた。従ってひとびとは、国民国家の保護を受けないドイツ人の民族性そのものの本質を研究し、その存在様式、その生活、その存続あるいはまたその終末の法則を把握することができたのである。

この種の研究にはさらに別の目的があった。すなわち、在外ドイツ人との精神的、道徳的な結合を活発にし、あるいは復活し、民族全体の生活共同体、意志、感情、思想を国境を越えて表現することであった（ベーム「自主的民族」一八五頁）。

これら二つのタイプの新国家主義のうち、一方は前期ロマン派、すなわちノヴァーリス、アーダム・ミュラーに由来し、今一方は民族保守主義者のそれであるが、両者とも保守主義的な色彩をおびている。キリスト教と、キリスト教的な個人の評価、あるいは歴史的、人種学的な現実にたいする感覚が、それらの新国家主義の集合主義、国家主義のおのずからなる限界となっている。それゆえに、全体主義国家とか、国家ボルシェヴィズムとかの神秘主義、あるいは人種の神話は——これらはいずれも遙かに近代的、急進的、革命的な由来のものであるが——これら二つの新国家主義にはまだ全く無縁である。

元来、新国家主義は、もちろんこれもドイツに由来するものであるが今一つの理念圏と、すなわち汎神論と結合する時はじめて革命的となり最大限の濃度に達する。

ハインリヒ・ハイネは汎神論をドイツの秘められたる宗教と呼んだ。バルフ・スピノザの哲学が十八、九世紀のドイツの精神生活において、いかに熱狂的に受け入れられたかは、実際驚くべきものである。スピノザ哲学がドイツ人の思考の中で受けた変形の様式は、ドイツ人の思考の根本傾向の解明にはなはだしく参考となるものである。アムステルダムの哲人のこの水晶のように澄明な、知的、合理的な神秘主義は、シュライエルマッヘルの場合は敬虔な詩的なものとなり、ヤコビの場合はルソー的、生命主義的なものとなり、ゲーテの場合は、抒情的、主意主義的、プロメトイス的なものとなり、シェリングの場合は有機体論的、ロマン主義的なものになる。スピノザ哲学は非合理主義的で同時に自然主義的に、すなわち偉大な非人格的、創造的な神性である自然崇拝となる傾向をもっているのである。

十九世紀ドイツにおいては非キリスト教化が進められたために、自然主義的な汎神論が、文壇、詩壇の大御所や哲学の教授から教養ある大学人の意識や中産階級、ついには民衆の中にまで入りこむに至った。自然科学の発達は多くのひとびとの超自然的なものへの信仰を、従ってキリスト教を破壊した。しかし、もちろん宗教や宗教的な感情にたいする欲求はなくなりはしなかったので、それは現世的な敬神――宇宙あるいは自然そのものがその目標および対象となっていた――に変わった。ゲーテの抒情詩、ワーグナーの音楽、印象主義の絵画はこれらの混乱したひとびとの自然信仰のいわば枠、礼拝式となった。

また一方、十九世紀の間に集団の神秘主義、すなわち、とくにマルキシズムにおいて明確に現われてくる社会学的な汎神論が形成された。そこではプロレタリアートが歴史の原動力となると同時に、人類に幸福をもたらすもの、人類の救済者となる。また国民、民族、とくに自国の民族も容易にあらゆる価値、すなわち芸術、哲学、宗教、科学を生む実体となることができる。そして民族が歴史の中心、人類を押し進め、救済する要素とされうる。ところでひとびとが民族をもはや歴史によって創造されたものと見なさず、自然主義的に自然そのものの一部と見なすならば、ひとびとはそれによって、二つの汎神論があい会し、交叉する点に到達するのである。すなわち、血と人種の宗教である。人種神話は汎神論の二つの形式、すなわち自然主義的なそれと社会学的なそれとの総合である。このことが人種神話に無気味なデモーニッシュな情熱を与える。この情熱は、人種の宗教は固有なドイツ的な宗教であり、ニーチェ、ショーペンハウエルをこえてゲーテにまで遡り、さらにパラツェルズスやベーメに至るドイツの伝統であるという確信から生まれたものである。ひとびとは空想力を駆ってこの線をエッケハルトやあるいはエッダの古詩にさえも遡らせるのである。

自然主義的、急進的な国家主義、この革命的な汎神論はメラー・ヴァン・デン・ブルックらの保守的国家主義とはひどくかけ離れたものである。メラーは国家主義者であったし、社会主義者と自称もしたけれども、国家主義的＝社会主義はこの運動のもう一人の先駆者であるシュペングラーと全く同様に、彼を身ぶるいさせた。

ドイツ民族の思考の根本的な一新を目的としていた新国家主義運動は、他の陣営、たとえばプロテスタント神学から、同盟者、同伴者を見出すこととなった。たしかにメラーは、「われわれが合理主義的啓蒙思潮に対して行なっている戦いは、あなゆる形態の自由主義に対する戦いとなる」であろうと予言をしていた。プロテスタント神学も体験した大転換は国家主義をも利することとなったのであった。少数の例外はあるが、プロテスタント神学はシュライエルマッヘル以来ドイツ観念論に導かれ、自由主義の影響を受けていた。そして自由主義の精神によって、福音も、早朝ミサも、宗教改革も説明されていた。教養あるプロテスタントの秘密の、あるいは公然の宗教としてのドイツ観念論の堕落、戦中戦後の道徳的危機は、古きプロテスタンティズムの復活に好都合な精神的活動分野をもたらした。ひとびとは、啓蒙主義時代に先立つ時期の中からルッターとカルヴァンの精神を呼び出そうと努めた。バルトとその門下は古き信仰の名のもとに、人文主義、合理主義、啓蒙思潮、観念論哲学による古きプロテスタンティズムの信仰の俗化、不純化に対して攻撃を加えた。スイスの神学者ド・ケルヴァンと二、三のドイツのルッター派のバルトの弟子たちはこの自由主義批判を政治思想、社会思想の領域にもちこんだ。反自由主義的な思潮をキリスト教神学によって正当化し、こうして彼らなりに権威主義的な国家、というよりはむしろ全体主義的な国家のイデオロギーのために貢献した。それどころか別のプロテスタンティズムの思想家たちはさらに一歩を進め、プロテスタント神学のいくつかの基礎概念、基礎理念をとり出し、それらを近代社会学、国家主義的神秘主義と結合せしめ、こうして真の「国家主義の神学」に到達したのである。

全戦線にわたって自由主義に宣戦が布告されるならば、そもそもの最初から頼むにたる同盟者はカトリシズムであるはずであった。カトリシズムは十九世紀において、あらゆる形態の自由主義を追求し、それらと闘うことをもって使命としていたのである。カトリシズムの思想家の批判は、神学的、哲学的、法律学的、社会的な自由主義の破壊に大いに貢献した。また、保守的であると同時に民主主義的、社会主義的でもあるような新国家、すなわちキリスト教的な第三帝国を夢みた若いカトリック教徒もいないわけではなかった。それはともかく、この種の政治的構想が、かつてのロマン派の場合と同じく、カトリック化しつつあるプロテスタントに由来するか（たとえばE・ユング）、あるいはカトリックの法律学者、哲学者、社会学者、詩人から発しているのに、一方では、専門の神学者はおそらくは伝統的な、鋭敏な、反自由主義的な本能から、国家主義を哲学的な自由主義の新たな形態としか見ず、いずれにせよ人種と血の神話の背後に、生物学的、汎神論的に偽装した古い唯物論しかみなかったということは特徴的なことである。

（ドイツの、のちにはオーストリアの神学者たち——たとえばM・シュマウス教授やフーダル猊下——が、国家社会主義の「思想」の中から、カトリックの伝統、あるいはむしろカトリシズムの保守的・権威主義的、政治的、社会的伝統と共通するものを強調しようとした幾つかの試みは、ナチ国家が「合法的な政府」となった「政権掌握」ののち始めて書かれたものである。それ故にそれらの試みについて論ずるのは本書の範囲外である。）

革命的、国家主義的運動はさらに、他の精神的、文化的由来をもつ思潮によっても培われた。ボルシェヴィズムも、急進的な社会的政治的転覆はロシヤにほとんど自動的に文化の新たな形式を生み、純粋にプロレタリア的な芸術、建築、文芸、絵画、音楽、新たな倫理を、すなわち、新たな人間の、つまり、今や資本主義とブルジョワジーのくびきから解放された新たな人間の灼熱する生活を表現する完全なスタイルを生むであろうと、信じていた。他方ドイツでは、国民革命が国民の理想主義の深い源泉を覆っているものを取り除き、芸術や、哲学や、新たな生の感情が咲きでるであろうと考えられた。ドイツはこの分野でも、あらゆる過度の外国化から、すべての外からもちこまれた精神的、文化的な価値と影響から、十九世紀の唯物論から、市民的西欧的精神から解放され、自己の民族性に、自己の固有な本質に立ち帰るであろうと考えられた。

ブルジョワ的、唯物論的な文化に反抗した十九世紀の孤独な二、三の思想家は、これによって新たな現実性を獲得した。今やパウル・ド・ラガルド、あるいはディルタイさえも、そしてとくにニーチェがドイツ精神のルネサンスの先駆者として現われてきた。というのは、ニーチェはこの数十年間のほとんどすべての政治的・文化的論争のうちに遍在しているからである。あらゆる分野における事物の進展が彼の見解を裏書きしたために、彼の著作に対する理解、従ってその影響力は時と共に増すばかりであった。荒野の孤独な絶叫者ニーチェの思想の大部分が、こうして教養人の共有の財産となり、またしばしば粗雑化され偽造されて、半教養人の共有の財産となった。このことは、ビスマルクと第二帝国に対する、および第二帝国と結びついた、あるいはそれと時間的に一致するだけのドイツの思想、ドイツの文化一般の堕落に対するニーチェの極度に批判的な態度にもあてはまる。当時のドイツ人に欠けていたものは、「あらゆる生の表現における芸術的スタイルの統一」であった。ゲーテと同様、ニーチェにとっても「文化と野蛮だけが重要な事」であった。彼の主要な関心事は、国家でも、政治でも、民族でも、歴史でも、哲学でも、宗教でもかつてなく、崇高な教養と高い文化であった。高度の文化を可能にしたり、これを衰退させたり、あるいはその再生の妨害をしたりする、基礎的な心理学的、精神的、宗教的、政治的、社会的な諸条件は単に二義的なものにすぎなかった。

ニーチェは、われわれがデカダンスの時代を体験していること、この状態の責任は民主主義、平等の原理、大衆の台頭にあるということ、社会主義に、最大多数の幸福を求める努力に、個人の力を局限し圧迫する「冷やかな怪物」である近代国家に、恐るべき平均化と凡庸に、自由主義的な諸制度に、笑うべき感傷的なオプティミズムに、いわゆる進歩にあるということを確信している。ジャン・ジャーク・ルソーはこのすべてを集約的に体現しているように思われる。「一人で最初の近代人と理想主義者と賤民をかねた」この男は、ニーチェにフランス革命をもさらに憎悪すべきものとした。

だが、ニーチェにとっては、民主主義と社会主義の真の根源はキリスト教、すなわち奴隷と、愚衆の怨恨と、ユダヤ人のこの宗教である。キリスト教はあらゆる美しいもの、力強いもの、誇るべきものへの、完全にして崇高なる生への嫉妬から、あらゆる価値の反自然的な転換をもたらし、それを全西欧世界に強制した。しかもそれは、ギリシャの頽唐期のあらゆる「背世界人」たち、ソクラテス、とくにプラトンと同盟して行なわれた。なぜなら、文化とは完全なる此岸性であり、彼岸に対する信仰、この大地とは別の現実への信仰は、必然的に生の蔑視、文化の下降へ通じるからである。キリスト教世界においては、ルネサンス期におけるように、キリスト教が健康な人生肯定の本能に屈せざるをえなかった時にのみ、高度の文化が存在しえた。キリスト教が再び破壊的な支配権をもつに至ったのはルッターの罪である。「しかし、今や神は死んだ。」

高度の文化は閑暇を前提とする。少数の貴族カストの支配を、厳格な身分秩序を、完全に形成された人間を、苛責なく、残酷に、精神的、肉体的に訓練された上層民を。過去において偶然にも成功した事実を、今や意識的に人類の目標としなければならない。天才、超人を作り出すこと。これがわれわれが宇宙に与えることのできる意義である。その内的な法則は、権力への意志、と呼ばれる。

ニーチェの最後の哲学、永劫回帰、彼の形而上学は多くのひとびとには遂に理解されなかったようである。彼の諸理念の内的関連も、彼の文化の概念さえもそうであった。

しかし、ニーチェの最後の哲学が刊行されて以来、とくに第一次大戦以来彼のとぎすました、明徹な、人の肺腑を貫くアフォリズムはあらゆる反自由主義的なイデオロギー、それどころか、時にはマルキストや民主主義者たちにとってさえ、ほとんど汲めども尽きぬ泉となった。民主主義、社会主義、フランス革命の人権、楽観主義的な啓蒙思潮などの敵たち――新たな国家主義のあらゆる方向――はそこに論拠を、自分たちが考え出したかも知れないものよりもより立派なより鋭い論拠を発見することができた。

もちろん、ニーチェをドイツ主義者、ドイツ的国家主義者と見ようとすることは誤りであろう。哲学と文学の分野においてニーチェをゲルマン化し直し、「北方化」し、国民運動の中に組み入れようとする努力がなされたけれども、国民的な思い上がり、ある種の反ユダヤ主義、国家主義の他の多くの面、いなドイツ精神やドイツ人気質の多くの面すらも、ニーチェには下賤な、賤民的な、野蛮なものと思われたのであった。

ニーチェは南方を、地中海を、地中海文化を愛したので、彼にはドイツ国家主義よりはイタリア・ファシズムの方が気に入ったかもしれない。ムッソリーニはファシズムの源泉をたずねられると、しばしばジョルジュ・ソレルに次いでニーチェの名を挙げた。たしかにニーチェ哲学には「一七八九年にたいする反革命のための」、反民主主義、反自由主義、反啓蒙思潮のためのあらゆる論拠を見いだすことができた。さらに、ルネサンス時代の「徳《ヴィルトゥ》」へのアピール、永遠の闘争の理念、あらゆる生物、とくに国家と国民の内的法則としての権力への意志という理念、「危険を冒して生きること《ヴィーヴェレ・ペリコロザメンテ》」などが、ファシズムの神話の中核とは言えぬにせよ、生きた構成部分となった。

「西欧の没落」を越え、ハインリヒ・マン、トーマス・マン兄弟を越え、多くの詩人、思想家、批評家、政治的、宗教的、哲学的な著作を越え、真直ぐな道、曲った道を通り、山の中の小道をすぎ、間道をぬけて、ニーチェの思想はドイツ革命の大きな流れにながれこんだ。おそらくは今や、ニーチェの予言した時が、偉大な転換の瞬間が、ニヒリズムを克服し、デカダンスを再生へ転ずる時が来たのだ、とひとびとは考えたようであった。

シュテファン・ゲオルゲも、上述の意味で影響を与えた新時代の先触れの一人、「新たな国」への指導者と見なされるであろう。彼もまたニーチェに、とくに「悲劇の誕生」の若きニーチェに結びついている。ギリシャ精神への新たな展望が西欧の歴史の第二のまたは第三のルネサンスへの動因となりえないだろうか？　これがゲオルゲを十九世紀末の合理主義的、「自然科学的」な芸術、文学に反対する闘争において鼓舞した根本理念の一つであった。彼は自己の周囲に弟子たちと崇拝者の一団を集め、聖職者、予言者の雰囲気、宗教や礼拝や神話の後光に取りまかれていた。そしてその豊かな土壌からは新生が訪れるかのように思われた。この神話は全国民をとらえることができたであろうか？　この文学と芸術のいささか貴族的な礼拝堂はいつの日か国民の壮大な教会堂となりえたであろうか？　弟子たちの中にはそれを信じた者もいたようである。「神話は民族と神、本質的な現実の言葉であり、展望である。言葉のみが世界をしてカオスの域を越えさせ、人間をして獣の状態を脱せしめる。この聖なる礼拝こそ、世界の精神的な実存を正当化するものである。」

ゲオルゲを新たな国の告知者、この国のひそかな皇帝とみていた弟子たちを越えて、この元来文学的な運動が、政治的な意義を獲得した。なぜなら、ひとびとはこの精神によって芸術と文学のみでなく、社会生活をも革新しようとしたからである。従ってのちにゲオルゲが第三帝国の権力者たちによって自己の陣営に加わるように――もちろん成功はしなかったが――強く要請されたのも驚くには当たらない。ゲオルゲはローゼンベルクや国家社会主義とはいささかの関わりもなかったが、彼らはゲオルゲを共犯証人にしたて、第三帝国に彼の詩精神の精神的、宗教的聖別を与えさせようとしたのである。しかし、ゲオルゲは当然全体主義革命の雰囲気を準備するのに手をかした一人に数えられなければならない。

なぜなら、生のあらゆる領域における価値の転換、新たな人間類型の勝利、これこそ若い熱狂者たちの考えている国民的運動の究極の目標であるからである。すでにソレルは「巨人的な事業のための個人の準備と変革」をあらゆる真正な革命の最高の目標と呼んでいた。二十年代のイギリスの社会主義者らは、社会主義の目標を人間行動の原動力としての所有本能の抹殺においた。同様に、ボルシェヴィキも数年来、ブルジョワ根性の最後の残滓の「清算」に努力して来た。それらのすべてに共通していることは、革命の意義が、個人の、日常生活における人間の、および新たな人間を構成する理想―類型の急激な変革にあるとしていることである。

これらと同様の理念をドイツの国家主義革命の理論家たちも抱いている。この革命は、十九世紀の生んだブルジョワの最後を意味するはずであった。「ブルジョワは兵士によって解消される。」世界は戦闘的精神によって一新されるのである。

国家あるいはドイツ人の枠内での全体主義革命が呼号される。それは、国民の最後の一人までもとらえねばならないが、またそれはフランス大革命がそうであったのと同じ意味で全体主義的でなければならない。それはまた、国境を越えて働きかけ、他国民の中へ新しい生活原理をもちこみ、ヨーロッパと世界において新しい秩序を実現しなければならない。

来たるべきドイツ革命は若い熱狂者の眼には、普遍的な、それどころか宇宙的な広がりをもったものへと膨張して行く。「これは物質の専制に対する生の蜂起だ。悪魔《ルチフェル》を倒せ。ここに現世紀の意義がある」(グリュンデル「若き世代の使命」三二五頁)。あるいは、ひとびとは「西欧人創造の第四日目」を夢想する。第一日はゲルマン人創造の日であった。ゲルマン人はヨーロッパ史の暁に登場し、疲れ老いたヨーロッパを自らの血をもって一新する。紀元一千年には、中世文化の泉であるドイツ人とヨーロッパ人の魂が生まれた。第三日目には宗教改革とルネサンスがファウスト的人間の時代、自然科学と技術の時代、悪魔の時期を開始した。悪魔を克服し、調和的な全体性を備えた西欧人を、「美と調和の中に周りの万有と共に生きる」人間を再建することこそ、二十世紀の使命である。これが迫り来るドイツ革命の目標である。このような十字軍への参加を誰が拒むことができようか? このような宇宙的なドラマへの出演を誰が拒否しえようか?

# 全体主義国家について

第一次大戦のあとでは、連合国側が理想とした「民主主義のための世界の擁護」という目標が今やついに達成されたように思われた。中欧や東欧につくられた若い国々も、オーストリアもドイツも、戦勝国の政治体制を、つまり自由主義的、議会主義的な民主主義を受け入れた。当時はこの自由主義的、社会主義的民主主義が、進歩した発展段階に達したすべての国家が達成に向かって努力すべき高い目標と考えられていた。それにもかかわらず、ほとんど十年も経たないうちに、自由主義的民主主義は、議会主義的体制をかなり長い伝統としていた二、三の国々においてさえ、深刻な道徳的危機に陥るに至ったのである。

それには、経済的、社会的、あるいは技術的な問題の絶えざる紛糾のような、狭義の政治的理由があった。しかし、その背後には精神の危機があったのである。民主主義は余りにも日常的な現実となり、ひとを鼓舞する生気を喪失してしまっていた。「共和国はわれわれが第二帝制時代に生きていた時にはたいへん結構なものだった」とあるフランスの諺はいっている。その上に、自由と民主主義にたいする信仰の精神的な背景をなしていた人類の絶えざる無限の進歩という理念は、第一次大戦によって、もはや再起不能なまでに打撃を被っていたのであった。

このような民主主義と民主主義的な制度にたいする信仰の危機は、とくに中欧においてその力を発揮せざるをえなかった。「一九一七年いらい多数の国民があわてて採用した民主主義的共和国は、それらの国民の眼にすでにまたもや無価値なものとなっていた原理に基づいていたので、絶望から生まれた一つの即興曲にすぎなかった」（G・

フェッレロ)。

ドイツにおいては議会主義はすでに戦前ほとんど馴染みのないものであった上に、共和国とワイマル憲法の理念とは、敗戦とヴェルサイユ条約とにほとんど分かちがたく結びつけられていた。「愛国家」にとってはワイマル共和国は弱体国家であった。それは連合国から次々に屈従を甘受しなければならなかったが故に、対外的に弱体であった。右の敵に対しても左の敵に対しても真の権威を発揮することを決して敢えてしなかったが故に、対内的にも弱体であった。この軟弱な状態はワイマル体制の一時的な随伴現象、一種の小児病などとは考えられず、この体制の最も固有な本質と見なされたのである。

共和国拒否の今一つの理由は政権の不安定にあった。以前は政権は君主に任命され、君主にのみ依存していたのであるが、西欧から輸入された、ドイツにとっては新しい形式の憲法においては、議会の多数を拠り所としていた。ところがその議会の多数は、数十年来の伝統である小党分立のために、例外なく各分派の連立に基づいており、各派の意見は多くの問題において分裂どころか時に正面から対立しあっていた。投票日から次の投票日まで続く政府は一つもなかった。破壊的な不信任投票の制度は、頻繁な首相や大臣の退陣と、それにつづく長期間の組閣の危機という結果をもたらした。国家の権威はこれらのことによって傷つけられないわけにはいかなかった。

議会主義的民主主義にあっては、国民の意志は政党によって表現される。政党の本質の一つは、それが自由な党員の徴募によって存続するということである。そして自由な党員の徴募は経済的、社会的な圧力が存在しないことを前提とする。それは、自ら判断することのできる、精神的、道徳的に独立した自由な個人の決意に基づく。しかしドイツにおいては、政党は、政治的、社会的な原則に従って区分されるグループというだけでなく、例えば中央党のように信仰上の観点や、あるいはマルキシズム的な二つの党のように「世界観的」な観点が混入していた。

すでにビスマルク時代にドイツの政党は独特な社会組織を形成する傾向があった。それは厳密に組織され、役員の職階制、社会的慈善的性格の救援機構、自己の組合、体育団体、文化団体、青少年団、さらに自己の学校までもっていた。こうして固定した、数的にもほぼ不動の信奉者をもった、ほとんどそれ自身で完結した社会的グループが成立した。それらはもはや純粋に政治的な党ではなく、政治的な目標の外に、哲学的、道徳的、宗教的、あるいは、反宗教的、教育的な目標を追求する団体であった。シュプランガーの警句を用いていえば、各政党は、「一切の文化的プログラム」をもっていた。各政党が一つの「全体主義的な政党」になっていたのである。

議会政治を採用しているたいていの国々においては、選挙は人民投票である。投票者は、これによって政治のこれまでの政策について自己の意見を表明する、すなわち政府に賛成するかあるいは野党に一票を投じる。政府が連立内閣の場合、批判は明確な形をとらないが、とにかく国民の多数の意志はやはり表明される。これに反して、政党が硬化して、固定したほとんど不変の党員をもつ過度に組織化された団体となり、一つの党から他の党への移籍が…「変節」の烙印をおされるようになれば、選挙はもはや同じ明確な意義をもたなくなる。さらに政府がほとんどつねに、同じ政党からなる連立内閣である場合には、いずれの政党も実施せられた政策にたいして全面的に責任を負うことはできないので、従ってこの政策の批判は、連立内閣を作っている一定の政党への批判とは同じ意味をもたなくなる。議会主義的体制における政党の機能はにせものとなり、選挙はその明確な意義を失なう。

しかも、次期閣僚候補である政党の書記、委員長、国会議員、州会議員という職階的な装置が、政党そのものなのである。選挙人はもはや一つの政党、一つの選挙名簿に投票することができるだけであり、選挙は選挙人が個人的に知っている人格とは無関係なのである。おそらく選挙人は候補者の顔も全く知らないであろう。市民とその代表者との関係は純粋に抽象的なものとなる。

このように代表者組織の基礎がにせもの化されると、同じ誤りが議会でもう一度繰り返される。古典的な公式によれば議会主義とは討論による政治、「ガヴァメント・バイ・ディスカション」である。議会においてさまざまな理念がぶつかり合い、理念の接触から火花が発し、その火花が明白さを導き出す。鉄の規律が支配する政党や、自由な票決がもはや行なわれず、舞台裏の永々しい取引の後でただ政党によってだけ票決が行なわれるような議会である場合にも、真の議会主義について語ることができるであろうか？　そうなればもはや真の討論もなく、あるものは党首たちが彼らの不動の立場を宣言する会議だけとなる。「こうした議会主義的な民主主義はすべて、今日では全く舞台裏で生ずることを隠すために国民の前で演ぜられる一場の芝居にすぎない」とある若い批評家が書いている。彼の言い方は確かに誇張であるが、それにもかかわらずこの辛辣な批判はワイマル共和国の末年にドイツ国民が議会にたいして抱いていた気分を明らかに表わしている。

政党は国民の一定部分の、すなわち、労働者、大ブルジョワ、地主などの経済的、社会的利害を、あるいはカトリック教を奉じる国民の一部の道徳的、社会的、精神的利害を代表する。しかし部分の利害の総体は国民の利害と同義ではない。あるいはルソーの公式をもっていえば、「万人の意志が決して一般の意志なのではない」。それゆえに、全体主義的な政党組織による議会は「配当が社会的な力によって操作される株式取引所」の一種となった。換言すれば、高低さまざまの官僚のポストが細心な比率に従って連立内閣を作っている政党とその党員に配分される場となった。それは国家の多元的な分割を意味する。このような条件の下で、どうして統一が生じうるであろうか？　かつて第一帝国において皇帝の主権が最後には分割され、多数の諸侯によって各自要求されたように、いま統一は寸断され、権力は政党に分割される。

同時に、第一帝国、第二帝国いらいの昔ながらの多元論も引きつづき存続していた。ただ、諸侯に諸州が代わっただけであった。もちろん諸州にはもはや主権はなかったが、それぞれ自分の議会と大臣をもっていた。教育、行政官庁、警察は依然として諸州の管掌であり、中央政府と諸州との間の紛争は珍らしくなかった。州議会におけるそれぞれの多数党とそれに対応する州政府が国家のそれらと一致しない場合は特にそうであった。王党的、保守的なバイエルンは、国の自由主義的な、社会化政策と永らく対立していた。またのちに、チューリンゲンのナチ派のある文部大臣は管轄下の学校で、共和国と憲法と当時まだベルリンで政権を握っていた「十一月の犯罪人」にたいする憎悪を教えさせた。プロイセンでは、まだ社会主義政府が全官僚機構と警察を掌握しているというのに、フォン・パーペンとユンカーたちが国の政策を決定していた。諸侯間の古くからの対立は、基本的にはドイツの統一にとって一層危険なものとなりえた新たな対立に取って代わられた。すなわち、国と諸州の間、諸州の議会と諸州の政府の間の対立であった。そしてそれらのものはみな普通選挙から生じたものであり、それぞれに国民の意志を拠り所とすることができたのであった。

早くからワイマル憲法が目標としていた国家の緊密な結束は今や、一つの「ドイツ国家」、真正な中央権力、真の権威ある国家を要求した国家主義的な反対党のスローガンとなった。

もちろん、二十年代の終わりの頃は、ワイマル憲法を作った政党の中には「権威ある民主主義」を叫ぶものもあった。しかし、ワイマル体制への一般的不満はすでにあまりにも深く浸透していたので、現体制の枠内で改革を遂行することが依然可能であるかをひとびとは疑った。

さらに別な事情が加わった。一つの党が優勢となり、その政党が、憲法によればすべての政党に許されているあらゆる自由を証人として引き合いに出しはするが、自ら政権を獲得するやいなや、自由主義的民主主義のルールを破壊し、体制そのものの足元を掘りくずし、自由主義的民主主義のあらゆる法原則を無視するためにのみ自由を利用する場合には、あらゆる自由主義的、議会主義的民主主義は危険におちいる。ルソーによれば、自由主義的民主主義はルールがあらゆる政党に一致して承認されることを前提とする。自由主義的、民主主義的な体制を絶滅するために初めから手段を選ばぬような政党は、強権をもって弾圧されるか、王手詰めにでもされない限りは、議会主義体制の働きを不可能とするに相違ない。一〇七名のナチ党員が国会議員となってからのちの情勢はまさしくそうであった。

さて、民主主義的、自由主義的な国家の代わりに何をもってくるかという問題が提起されたとき、その答えはまことにさまざまなものであった。「保守革命」の代弁者たちは権威ある国家を要求した。ナチ党員の眼の前にちらついていた導きの像は「全体主義国家」であった。

権威ある国家の代弁者は、政治的な、とくに社会的な対立の上に立ち、国家運営の統一が許されるごとき政治形態を要求した。この国家理論は国家の権限の拡張を目指すものではない。それは政治的権威を、自由主義的、民主主義的な国家とは異なる基盤の上に築こうとする。この国家理論は基本的には、主権在民を、近代国家の民主主義的な根本原理を否定するものである。

同時にこの理論はドイツ、とくにプロイセンに伝統的な政治的権威の理念に帰ろうとする。そこでは国家とは王であった。王はただ自分の意志または神にのみ責任を負い、王の支配下の軍と官僚は王と共にあった。それは臣民の永遠の福祉に配慮し、すべてが民のためになされるが、しかし何物も国民から発することのない国家である。それは神の恩寵による国家である。「今日必要なものは国家の哲学ではなく、神学的な基礎である。」こうした立場は、キリスト教国家の理念、ルッターの神学、公権に関するルッターの思想、十九世紀の初めの政治的ロマン派などにたいする関心の復活を説明する。ここからまた、古プロイセンとその王国、フリードリヒ大王などの啓蒙思潮的専制政治への鑽仰の復活も出てくるのである。

もちろんヴォルテールの友人であったフリードリヒ大王は、反自由主義的、反合理主義的、ドイツ主義的な国家主義の英雄にされてさぞ驚いたことであろう。この矛盾に気づいた教養のあるひとびとの間では、大王の父、兵士王がプロイセン精神の真の典型に祭りあげられた。とくに彼は、いっそう深く敬虔な気持で自分を「プロイセン王第一の僕」と呼び、「自分」の国家の第一の僕とはいわなかったからである（シェプス）。メラー・ヴァン・デン・

ブルックによれば、何らの「神話」ももたず、歴史をもたない植民地における意識的な、つとめて合理的な新たな創造を表わしていた古プロイセン、騎士団員の国が、このプロイセンが軍国主義的なスパルタ主義の導きの像となり、具体化となり、規律と服従の象徴となった。プロイセン自身が神話となった。

全体主義国家とは逆に、権威ある国家は、国家に依存しないで、独力で多くの非政治的な問題を規制する団体の存続を承認する。たとえば教会や教育制度の自由、とくに自由な経済を認めることができる。それどころか保守主義者のうちには、十八世紀十九世紀においては、国家は、元来国家に帰属するのでなく、団体に付属する多くの生活領域を奪い取ってきたという意見を抱いていたものもあった。まさしくこのことによって「政治的」決裁を行なうことのうちにある国家の真の機能は不純化された。近代国家は誤った道に踏みこんでいる。近代国家は行政国家、給養国家に、醜怪な怪物、レヴィアタンになってしまった、というのである（フォルストホフ「全体主義国家」）。

しかし普遍妥当な秩序の創造には、国家のみならず、社会そのものを改革するか、むしろ社会に有機的な形態を与えることが必要である。政治的な国家の生活と社会の生活とを厳密に区別し、国家が近代において奪い取った一連の権限をもう一度社会に返すことが必要である。政治的決裁のみが国家の権能であるからである。

ウィーン大学の社会学教授、オトマー・シュパンは「真の国家」のこの「有機的」建設の理論をおそらくもっとも明快に述べた人であった。彼の国家と社会に関する見解は主としてアーダム・ミュラーの理念に基づいている。シュパンによれば、ミュラーはフランス革命のあらゆる理念、ルネサンスに由来する個人主義およびその他のあらゆる思潮、自然科学的な世界観、唯物論的な功利主義、自然法、社会契約説、主権在民と議会主義を相手としてたたかった理論家であった。

シュパンは近代のこの科学的な「唯名論」に、全体が部分に先行するという根本原理から出発する有機体論的な宇宙論を対置する。政治に適用すれば、それは、主権は国民全体から発するのであって、個人から発するものではないということになる。この主権は多くの場合王侯によって代表される、というよりはむしろ具象化される。そして王侯がこの主権を構成する各部分を種々の身分に分かち与えるのである。「支配権はその性格上ただ段階的に上から下へと進むことができるだけである」（オトマー・シュパン「真の国家」一六四頁）。国家はこの支配権を中間層、各身分を媒介としてのみ行使することができる。これによって近代国家の主たる害悪の一つ、すなわち市民と、個人主義的であると同時に中央集権的になってしまった国家との間のあらゆる関連の非個性的な性格は消失するであろう。「真の主導権、ある種の直接的な信頼感、誠実、名誉は、あらゆる相互の関係が再び個性的になり、いきいきとしたものとなるような共同社会を基礎とする地方分権的国家においてのみ、その真の場をえ、再び意味を獲得することができる」（同書、一六四頁）。

各身分が国家および国家の主権に参与することになる。「靴屋は靴屋の分野で、教師は教育の分野で、将軍は軍人の分野で、王は顧問官とともに政治全体の分野の中で支配しなければならぬ」（一六三頁）。身分別の上に築かれた国家には、精神的な身分と行動的な身分、政治的な身分と経済的な身分がある。最上層の身分であると同時にもっとも普遍的な身分は政治的な身分、すなわち国家である。このような構成の中には、平等の新しい形態、事実上も平等である人間間の平等が存在する。なぜならもはや「多数が真理を決定」するのではなく、権限を有するものおよび各人がそれぞれの領域内で決定するからである。この方法はエリートの育成を促進するのに、自由主義的民主主義の組織よりも遥かに適当している。というのは、あらゆる政策の真の目標は最善のひとびとの支配であり、「最善の国家形態は最善のひとびとをして支配せしめる国体である」（一六三頁）からである。国民の声は、もはや票数でかぞえるのではなく、支配者が考量するのである。

結局、この体制は、この根本思想のプロイセン的な現われ方とまったく同様に、政治的な仕事と支配権力を生まれながらにして備えている社会層を、つまりその道徳的、社会的威信が問題なく一般に認められている貴族階級を前提とする。つまり、それは神の恩寵による王国である。

ブリューニングの失脚後のプロイセンおよびドイツの保守主義者は右のような解決法を考えていたらしい。しかしフォン・パーペンはビスマルクのように背後に君主をもっておらず、大衆を獲得することにも彼らは失敗した。オーストリアも身分あるいは団体に基づく権威主義的な体制を建設する試みは成功しなかった。

ドイツの民主化が非常に進んでいたため、真直ぐに権威主義的な国家へ逆戻りすることは不可能であった。保守主義者の中にも、ナチの大衆運動は昔のドイツの官憲国家へ復帰するための回り道にすぎないと信じていた者も決して少なくなかった。しかし国家主義的革命家とナチ党員の追求していた目標はそれとはまったく異なったものであった。

国家主義的革命家にとっても、ナチ党員にとっても主権在民、あるいは民主主義を廃止して、たとえば諸侯を復帰させるとか、ユンカー支配をうちたてることなどは、問題ではなく、ほかならぬ国民感情、大衆の熱狂を拠り所として新たなシーザー主義を確立し、国家主義的民主主義的な国家、ファシズムの公式でいえば「全体主義国家」を建設することであった。

官憲国家の理論家の敵は主権在民であり、全体主義国家の信奉者の敵は自由主義的あるいは中立的国家である。自由主義的でない民主主義的な国家形態というものは考えうる。そうした国家形態は歴史上古典古代いらいしばしば存在した。それは、ヨーロッパに、逆に、民主主義的とは見なされ得ない自由主義的な国家が存在したのとまったく同じである。民主主義的な基礎をもつ国家制度が、たとえば少数派を迫害したり、議会の多数派が独裁的に支配したりすることはありうる。シーザー主義といえどもやはり民主主義から生まれたものであった。フランス革命において民主主義と自由主義とが独特な結合をなし、十九世紀には手を携えてほとんど同時にヨーロッパ大陸を征服したという事実も、この二つの原理を峻別することを妨げるものではない。この結合は長期にわたって共通の敵、神の恩寵による絶対主義的な王権と対抗してきたことから生じたものである。

民主主義と自由主義との区別を明確にすることに最も大きな貢献をした法学者はカール・シュミットである。シュミットによれば、自由主義とは国家の権限をできる限り制限しようとする傾向をいう。その基本原理は主権在民でも平等でもなく、個人の自由と、政治的権威に属しない生活のあらゆる領域における社会の独立である。信仰と教会の自由、思考、執筆の自由、経済生活における「自由放任主義《レセ・フェール》」、合法的な目的のための市民の自由な結合の可能性、少数派の保護などは自由主義の原理の応用である。国家は社会の僕となる。国家は人格の自由な発展を保証する。議会は社会の委任による集会であって、政府が法的限界を越えないように監視しなければならない。憲法は個人と国家の権利を規定する憲章である。議会主義は元来、というのはすなわち国民の一部のみが代表者選出の権利をもつ限りでは、自由主義的な制度ではあるが、民主主義的なそれではない。議会は始めは至上のものではない。それは国家ではない。それはそれ以前から存在した国家を監視するのである。選挙権の拡張とその権能の絶えざる拡大が行なわれて始めて、議会は民主主義的な制度となった。それは至上なものとなり、ついには行政権を、すなわち国家を支配する。

権力分割の原理も自由主義に発している。裁判権、つまり司法権が国家から奪われ、法律を制定する権利、つまり立法権が社会に移る。こうして国家は絶えずその積極的な内容を喪失し、公的生活の広い分野にたいして中立となる。ある教会、つまりある宗教団体を他の宗教団体の上においたり、ある党を他の党よりも優先させたり、経済生活に介入したりすることはもはや原理的には国家の仕事ではなくなる。個人の道徳的自由の名において、国家は他の全ての団体と同じ団体の一つとなり、法律学上は国法と私法の規範との区別が明確でなくなる。十六、七世紀の法学者は公平不偏《ユースティティア・エト・アエクイタース》と公共の福祉《サルース・プーブリカ》を混同することは決してなかったであろう。社会は百五十年にして国家を中立化すること、あるいは吸収することができたのである。「国家は社会へ移行する」（カール・シュミット「政治的なものの概念」五二頁)。

このような公的生活の重要な分野のあらゆる中立化と対立する論争的な概念が全体主義国家である。この理論は社会と国家の同一性を別の面から再構成する。それによれば生の分野で政治的意義をもたぬものはない。どれもこれも、宗教も、文化も、経済も、教育も、ある一点において、中立であることをやめ、政治的なファクターとなる。すべてが潜在的には政治的なのである。国家はこれらすべての分野を包括し、それらを決裁する権利を有する。

われわれのジェネレーションに全体主義国家の概念をいきいきと見せた具体的な状勢が第一次世界大戦、すなわち総動員である。第一次大戦と十八世紀の政府間の戦争や十九世紀の国民戦争との根本的な相違は、傭兵や国民軍が勝敗を決定するのでなく、国民全体がこぞって戦争に巻きこまれ、戦士も市民も区別がないということである。「戦場であいまみえる軍隊の外に、交通や補給や軍需工業の新たな軍隊ができる。労働一般の軍隊である。終戦の徴が見えた最後の段階では、せめて間接的にでも戦争行為が含まれていないような運動は(ミシンに向かっている家内工業の女子労働者にせよ)もはやなくなってくる。戦争を遂行している工業国家群を火山にも似た鍛冶場に変えてしまうこの潜在的エネルギーの絶対的な掌握の中に、おそらく労働の時代の凄まじい開始が最も明白に暗示されている。この絶対的な掌握が世界大戦を、フランス大革命の意義をはるかに越える歴史的な現象としているのである」(ユンガー「総動員」一一頁)。

しかしこの戦争は経済の総動員を遂行するだけにとどまってはいなかった。精神的なエネルギー、道徳的な力、あらゆる個人、個人全体、社会全体も戦争に奉仕しなければならなかった。そのため個人の自由は揚棄され、国家は社会をその権力のもとに置いた。第一次大戦に勝つために諸国民が負わなければならなかった物質的、道徳的、心理的制約は、連合軍側がこの戦争遂行のため掲げた原理と明白に矛盾している。

このことが、新たな時代に突入したことのおそらく最も明白なしるしであった。総動員が露呈したのはほかならぬ近代工業国家の内的構造であった。個人主義的自由主義がひたすら忘れようとしていたあらゆる社会生活の根底が再発見された。われわれは十七、八世紀の絶対主義国家から、自由主義的な十九世紀の中立的な国家を越えて行く道を通って、新たな国家形態、すなわち、国家と社会の統一を再建する全体主義国家へと行きついたのではなかろうか？（カール・シュミット「ヨーロッパ評論」一九三一年、四月号、二四三頁）

従って、国家が放任しておくことを許されない社会生活の一区域が存在する。すなわち経済である。自由主義国家において経済は、はなはだ強大となったので、経済が国家の自由と独立を著しくおびやかした。政治権力は個人の利益にひたすら奉仕させられるという危険に陥った。財産はもはや社会的な力の一形式以上のもの、政治権力にまでなっていた。運命を支配するものはもはや政治ではなく、経済であった。いずれにせよ、国家と経済との関係はほとんどあらゆる先進国において政治の大問題である。経済的優位の濫用を抑制する一九二三年十一月二日の法律はすでに経済の側からの国家にたいする脅迫の明白なしるしであった。他方、ドイツの一般事情は二十年代の末頃には国家社会主義の形式に近づきつつあった。国民所得の五三％が公的に統制をうけていた。国家は労賃の規定に介入し、経営に補助金を交付し、あるいは国家みずから多数の企業を運営しなければならなかった。

この状勢から、経済生活の国家への完全な統合までは唯の一歩を残すのみであった。全体主義国家はこうして二十世紀の政治的形態として現われることができた。そしてこの政治形態は、かつて自由主義的民主主義的国家が十九世紀の古典的形態であったように、時代の要請に最もよく応えることができるように思われたのであった。ヨーロッパにおける最近の二つの革命、ロシアとイタリアのそれは、共に全体主義国家を産み出していた。

ソ連邦は生産手段の完全な社会化を行なっていた。国家は、以後、経済全体を直接に指導する。古いマルキシズムは個人の解放に努力し、国家の廃止を予言していた。ところが「ボルシェヴィズムは、自給自足の全体主義的社会を建設しようとする。そして現実に創ったものは全体主義国家である」。

これに反し、ファシズムのイタリアは、経済生活を、国有化ではなく、統制によって国家へ編入しようとした。ファシズムは全体主義国家を、「国民の政治的、法律的、経済的組織の具体的形態」と定義した。

ロシヤにおいてもイタリアにおいても新国家は、経済のみを完全に自己に従属せしめるに止まらなかった。国家は一切の人間の精神をも自己に奉仕させようとする。社会生活、さらには個人生活までも、自由なあるいは中立な領域の存在をもはや許さない。何物も国家権力からのがれることを許そうとはしない。ロシヤではすべてが、哲学も芸術も教育もマルキシズムの国家に奉仕しなければならなかったにもかかわらず、全体主義国家の理論は定式化されなかった。全体主義国家の社会学的、精神的基礎理論の完成は、むしろファシズムの理論家たちに残されていた。

「ファシズム国家、この人格の最高最強の形態は、力である、それも精神的な力である。かかるものとしてファシズム国家は人間の道徳的、精神的な生活のあらゆる形態を包括する。それゆえに、ファシズム国家は、自由主義が望んだようには、単なる秩序と保護の業務に限局されない。それはいわゆる個人的な自由の領域をせばめる単なるメカニズムではない。人間全体の形姿であり、内的法則であり、規律である。ファシズム国家は意志と精神に浸透する。この原理、人格の中心に位する理念は、国民の共同社会の中に組み入れられ、深く浸透し、行動人、思想家、芸術家、経済人の心の中に根をおろす。精神の精神として」(ベニト・ムッソリーニ「ファシズムの精神」八頁)。

この定式化の中には紛うことなくヘーゲルの直接の影響が認められる。さらに、源流を異にし、ヘーゲルの国家理念に積極的な内容を与える理念が加わる。ソレルのサンジカリズムと近代国家主義である。なぜなら、国家は同時に、国民が自己を意識し、また数世紀の間創造されてきた国民の精神が伝達される形態でもあるからである。国家はイタリアの倫理的、精神的な伝統の保護者である。個人は国家によって自由のみならず、精神的、知的、文化的な存在をも与えられている。各個人は国民の蓄積された文化によって始めて自己の可能性を十全に展開することができる。各人はポリスによって人格となるのである。

この種の思考過程には古典古代や教皇党時代の都市国家への追想が余韻をひいている。そして教会のカトリック的理念との類似が明らかに見られる。この理念によれば、教会を除いては、個人の救済も、道徳的な自由も、完成も存在しないのである。それゆえにこそ、法王庁と全体主義的諸国との衝突が不可避となる。もはや中世のように、教会そのものが国家となる危険はなく、ドストエフスキーの巧みな表現をかりれば、近代国家が、みずから教会となろうとするのである。

全体主義国家の理念はヘーゲルなしには考えられず、またファシズムによって国家主義的な、また団体組織的な意味で発展させられたのであったが、この全体主義国家の理念がドイツで豊かな土壌を見いだしたことも驚くにはあたらない。ヘーゲルの国家理念は実際ドイツ史という背景を無視してはほとんど理解できないからである。

依然カトリックを奉じていた国々においては国家はつねに独立した教会とは対立し、イギリスでは大僧正および僧正の多少とも独立の位階制度が依然として存続していた。そしてスコットランドその他のカルヴァン派の国々の教会は、教会会議による民主的な教会法をもっていた。ところがルッター派のドイツでは国家が次々に教会の機能を剝奪し、教会そのものを行政機関の一部門として指導していた。こうして教会は国家の一部になってしまった。神の恩寵による王侯が州教会の国教会首長となり、臣下の肉体的、精神的な幸福に関して神にたいして責任を負う。大学から小学校にいたる全教育制度は教会から国家に移る。ヘーゲルの国家は元来全体主義的教会ともいうべきもので、すべての精神的な権力、すべての法律的、軍事的、政治的、社会的な力を意のままにできるものである。この教会はもはや、聖霊が現身となる神秘的なキリストの肉体ではなく、哲学的、世俗的な教会、永遠の理性の具体化である。「国家とは地上に実現される神の理念である。」

ヴィルヘルム・シュターペル、バルトの門下ゴーガルテンおよびその他のルッター派の神学者たちは国家の全体性を説くことによって、ドイツのプロテスタンティズムの伝統の一つを引き継ぐ。教会は、超自然的な全体性にたいして、つまり「永遠にたいする関係の中での人間にたいして」権利を要求することができるのであるが、一方、時間的な人間、すなわちその肉体と生活は全く国家に従属している。倫理はこれらの神学者たちによれば、その起源は宗教でも、キリスト教でもなく、倫理の根は社会的、国民的共同社会の中にあり、国家の領域の一部であって、国家がその内容と原則を規定する（ゴーガルテン「福音と国民性との一致」一六―二九頁）。シュターペルはゴーガルテンよりもさらにすすんで、国家が「真理の管理」を個人にも教会にも委ねることなく、自己の手中に収めることを全く当然のことと考える。真の国家内にはもはや思想の自由競争はあってはならないのであり、「価値のある思想と、価値のない思想と、根絶されるべき思想がある。一定の世界観と一定の国家観が優先的に行なわれる。という意味は、国家は学問、芸術、文化、法律、習慣などにおいても一定のもののみ許容するということである」（シュターペル「キリストの教会とヒトラーの国家」一五、一六頁）。

従って、ドイツの全体主義国家がムッソリーニの国家よりも遙かに極端なものになるであろうことは予見できた。このことは、全体主義国家に積極的な内容を与える国家主義が、ドイツの場合イタリアとは異なる伝統から発し、またイタリアとは異なった情勢に直面していることからもきている。イタリアの国家主義はモーラスなどの完全な国家主義と全く同様に伝統主義的であり、地中海文化の、ラテン文化全体の国家主義であって、ローマ教会とギリシャ・ラテンの人文主義との精神的、文化的伝統を拠り所としている。イタリアの国家主義は、新たな宗教や倫理はうち建てようとはせず、あるいは決定的に新たな文化の開始を宣言しようともしなかった。イタリア民族はたしかに国内においては古くからの政治的、社会的分裂を克服しなければならなかったが、精神的、文化的伝統は一つの統一をなしていた。必要なことは、まずこういう統一を作り出すことではなく、全ての新たな崩壊からそれを守ることだけであった。

それに反してドイツには勿論この統一が——と少なくとも国家主義者らは主張した——まだ全くなかった。宗教改革いらいドイツ民族は精神的、宗教的に分裂していた。国土の一部は他の部分よりもほとんど五世紀も遅れて高度の文化圏に入ったのであり、数世紀にわたってドイツには共通の政治史がなかったのである。

このことが、ドイツの国家主義が基礎的な共通性を求め続け、それを言語や国民性や、民族精神の中に、あるいはのちには、血の中に、人種の中に見いだすと信じた理由なのである。統一へ帰るということは、あらゆる地方的な、政治的、社会的、文化的、精神的、宗教的伝統の背後にある共通の基礎に向かって突き進むということである。このことが、ドイツの過激な国家主義に革命的な基調、反歴史的、反伝統主義的、反カトリック的あるいは反キリスト教的な調子を与えている。全体主義的な国家の実現には、歴史上ドイツ人の本質に流れこんだあらゆる「異質のもの」——そしてそれがドイツ民族の分裂に責任があるとされていた——を根絶することが必要である。

こうして、国家は多くの新・国家主義者にとってはヘーゲルとちがって自己目的ではなく、また個人の自由や、人格の自由な発展を可能にする手段でもない。「自由な人格ではなく、民族が生の実体である」(シュターペル)。それ故に、「国家は、民族維持のための、教会、法律、芸術、科学のような諸々の手段のうちの一つである」(ローゼンベルク「神話」四九七頁)。

イタリアとはことなり、このドイツでは全体主義国家は、ドイツ民族の究極的な、最も内面的な統一を強制的に作りあげるための道具にならなければならなかった。それは、結局、ドイツ国民にやむをえない場合には押しつけられねばならぬ新たな国民教会の建設という目標をもった、精神的、哲学的、宗教的な革命の道具とならなければならなかった。ローゼンベルクによれば、ドイツ人の生活の基礎全体を改造すべきこのような徹底的な変革がなければ、ドイツの革命は単に表面の現象に終わり、「やがては元の民主主義に帰り、ドイツ民族の解放戦争は、再生のしるしとなることなく、単に没落途上のエピソードに終わることとなるであろう」(同書、四九二頁)。

また他の革命的な理論家たちにとっては、全体主義国家はドイツ民族の精神を根本的に改造する手段であるのみならず、厳重な淘汰によってドイツ民族の生物学的な基礎を新たにうち立てるための手段でもある。きたるべき第三帝国に不適当なあらゆる要素を根絶し、生まれながらのエリートを育成し、北方人種の天国を生ぜしめることが必要である。

このような厳格な指導下の国家においては勢い反対派の存在は許されない。「反対派には道徳的な権利がない。政府への反抗は国家への反逆である」（四九二頁）。すべて反対派は法律外にあり、法律の保護は受けられない。自由を保証するものが正しいのではなく、国家の最大の権力集中を促進するものが正しいのである。

従って、この現代の巨大な怪獣レヴィアタンは、その国家主義的な内容と人種という内容とによって、十七、八世紀の古い警察国家の絶対主義とは区別される。それは決して神権を拠り所とせず、国民の死活に関する利害を拠り所とする。国民が全体の一部にすぎず、国民は国家が何を望んでいるかを知らぬようなヘーゲルの国家とは異なり、この現代のレヴィアタンは普遍的理性の具体化であることを要求することはない。反対に、新たな全体主義国家は、民族意識が真の基礎として奉仕する民主主義的な国家であることを主張する。この国家は国民の意志の表現であらねばならず、二十世紀とその要求に合致した権威主義的民主主義をうちたてなければならない。

従って、全体主義国家は主権在民の原理を否定せず、全体主義国家は一般の意志を見わけ、それを実現する、ただし、自由主義的、議会主義的な民主主義とは大いに異なった手段をもってすると宣伝する。すでに、絶対主義的な君主たちは、みずからを国民の代表と称し、選ばれた議会よりも遥かに忠実に国民のより深い意志を表現すると主張した。そしてこのことは勿論、同時に彼らがその王権神授説を引き合いに出すことを妨げはしなかった。しかしすでにフィヒテは、民衆の意識の中には深刻な変化が起こっていることを確認することができた。なぜならば、君主たちがもはや神の恩寵から得ることのできなくなった偉大な威光は、今や、天才の呼び起こす熱狂に席を譲らねばならないからだ、というのである。カーライルならばおそらく天才という言葉の代わりにお得意の「英雄《ヒーロー》」をもち出したことであろう。二十世紀のわれわれなら、シーザー、ドゥーチェ、フューラー（指導者）というところである。

いずれのシーザー主義も主権在民を立て前とし、そもそもから民主主義に由来している。「民衆の意志は歓呼により、あるいは沈黙の賛成により、また問題にもされぬ単純なひとびとによって表現される。これは民主主義的であると同時に、ひとびとが非常な労苦によって五十年来築き上げてきた統計的な道具立てである。直接の民主主義と比較するならば、議会主義はあまりにも人為的な仕掛けに見える」（カール・シュミット「ホーホラント」二三、第二巻、二五七頁）。

こうしてシーザー、あるいはフューラーは民衆の魂の具体化となる。民衆の魂はフューラーによって自覚する。フューラーは、不変意志の、国民の胸底の憧憬の表現となる。フューラーは、議会などのように、国民の表面的な感情や、あるいは、一時的な欲望の受動的な反映などではなく、その永遠不変の意志の表現である。フューラーの側からいえば、フューラーがこの民衆の意志を教導し、これを形成し、いわばこれを創造する。なぜなら大衆というものはそれ自体としては創造の能力をもたず、また明瞭な政治的意欲も表現できぬものだからである。フューラーは民衆の意識である。フューラーがはじめて民衆を国民たらしめる。英雄なくして民族はない、とルソーはいう。フューラーなくして国民はない、と二十世紀の急進的な国家主義者は答える。「民衆は自らの欲するものを知らない。民衆は本能しかもたない。しかしフューラーは民衆の欲するものを知っている。この事実がフューラーをフューラーたらしめるのである」（シュタ－ペル「キリストの教会とヒトラーの国家」一七頁）。フューラー国家、エリートの国家の神話は、全体主義国家の民衆的、具体的な形式である。

レーニンすら、大衆の自然発生的な創造力にたいする民主主義者や社会主義者の神秘的な信仰をほとんど持ち合わしていなかった。「すべて偉大な創造は、必要とその時期の情勢が要求する方法を大衆に強制するところの個人的な人格に基づくという確信に私は到達した。」実際たしかにボルシェヴィズムの体制も一人の男、あるいは小集団の独裁に基づいている。ファシズムにおいてもナチズムにおいてもそれは同じである。

しかしながら二十世紀のシーザー主義と十九世紀の国民投票によるボナパルティズムとを区別するものは次の事実である。すなわち前者は、一般に世論や、多数派や、あるいは一つの階級、また軍隊さえもの支持に満足してはいないということである。反対にそれは、すでに権力獲得以前に、合法、非合法をとわず国家を占拠するために、一人の指導者の周りに集まり、彼を助ける不満をもつひとびと、活動家、冒険家からなる強固な組織をもつ党、あるいはむしろ運動を作り出した。この運動の使命は、独裁政治を確立し、この新しい体制を永遠の支配形態にまで高めて、新たなシーザー個人よりも永続きさせようとすることに在る。プリモ・デ・リベラの独裁、「祖国の父」ピルスーツキーの体制もこの点からいえばまだ十九世紀のものである。

これらの新たな政党は、共産主義的と名のろうと、ファシズム的、あるいはナチズム的と名のろうと、それらの本質からも、機構からも、自由主義的、民主主義的な国家の古くからの政党と共通なのは、かろうじて政党という名前だけである。それ故に、それらの政党は、時おりは、宗教団体と比較されたのである。それらは権威主義的に組織されており、鉄の規律に基づいている。党員に期待される最大の、そしてほとんど唯一の道徳は、党と指導者と幹部指導者に誓う服従、盲目的服従《ルッビデイエンツア・チエーカ》である。

このタイプの集団は、ドイツにおいては第一次世界大戦後の時期に広くひとに知られるようになった。そしてその始まりは義勇軍であり、これらの義勇軍はしばしばその時々の指揮官の名前でだけひとに知られていた。またそれは遙かに平和な目的で集まった青年団体であった。これらの団体は、できる限り多くの団員を獲得することを重視しなかったし、入会は誰にでも自由というわけではなかった。指導部が、候補者の中から、精神を同じくし、内面的に「その集団に属する」者を選択しうるために、たいてい候補者は修業期間を経なければならなかった。党の運動を同じ形式に則って組織し、しかも大衆党となることに始めて成功したのはナチ党であった。

同時にエリートの概念が、しばしば付随的にではあるが、大きな役割をはたしている。各集団の中には青年の精神的に活動的なエリートがしばしば集まっており、そして彼らは当然後輩の間で知的、道徳的な貴族と見られていた。しかも、実際それなくしては支配形態、とくに民主主義が正常に機能することのできない政治的エリートの問題は、多くの政治思想家が研究してきたところであった。

その際非常にしばしば「価値なきひとびと」、すなわち共和国の運命を指導している一群のひとびとにたいする不満が表明せられた。大戦前に指導的地位にあったひとびとも批判された。なぜなら、貴族も高級官僚も、今ドイツ民族の政治的、社会的意志に方向と意義とを与えることのできる政治的エリートとなりうる状態ではなかったからである。若い世代のある代表者は書いている。「民主主義は、貴族的に振舞い、最も優秀なひとびとを国家の最高の、責任ある地位につける時にのみ意義があり、他の政治形態よりもすぐれているのである」(グリュンデル「若い世代の使命」二一四頁)。

プロレタリアートの短期間の独裁ののちに、階級のない社会を建設しようとしたボルシェヴィキにとっては、最も優秀なひとびととは勿論コミュニストであった。コミュニストだけが歴史の深い意義を理解していたのであり、自覚せるプロレタリアートの具体化であり、プロレタリアートの本来の意志を実現したからである。それ故に彼らはまた大衆にたいしてさまざまな特権を享受していたが、また遙かに厳しい規律に服さねばならなかった。

ファシスト党はこれと類似の機構を示している。彼ら自身のいうところによれば、党はエリートを養成し、その中から政治的要員が補充される。党は、党員を配置して、地方自治体や都市を管理し、社会団体、経済団体を指導し、社会的、政治的諸団体のあらゆる重要な椅子を占め、そこから国民全体にファシズムの精神を吹き込む。他方からいえば、これらの党員はイタリア民族のうちの活動的な、意識的なひとびとであり、彼らのみがイタリア民族の名の下に発言する権利をもっている。

ドイツの保守的な革命家にとっては生まれながらの政治的エリートは「第一の人種」(「デル・リング」)たる貴族であり、国家の政治的指導は彼らの仕事である。若い国家主義者たちの念頭にあったのは、自分たちの団体の指導者たちであり、彼らは「団体による国家」を夢みていた。ナチ党員にとってはそれは党のメンバーであり、とくに、永年つらい生活を送り、ありとあらゆる敵との幾多の苦闘の中で戦ってきた「歴戦の闘士」であった。これらの闘士たちがつとにナチズムの意義を認識していたということは、彼らが民族のエリートたることを証してあまりあるものであったのである。

ナチ＝理論によれば党は民族の眼覚めた部分であり、実際彼らが始めてドイツ国民を生み出したのである。この意味でヘスも権力掌握後の第一回党大会において「ニュルンベルクの党大会こそ真の帝国国会であり、エリートによるドイツ民族の代表である」と宣言することができたのであった。するとこの論理からすれば、全ドイツ民族を表現し、これを包摂するはずのこの党、この運動以外には、いかなる他の党ももはや必要ではないということになる。この党が民族そのものであるのみならず、この党が全く単独で国家を担うのである。

他の理論家よりも明確にこの新国家の構成を提示したのは、またしてもカール・シュミットである。彼によれば、民主主義的、自由主義的な国家は、国家と民族の対立、国民と政府との対立という二つの柱に支えられているのに、この二十世紀の新国家は三つの極をもち、その一つ一つが政治的全体をなしている。そして、この原理に従って、ソヴィエト国家のみならず、ファシズム国家、ナチズム国家も建設されている。「新国家の骨組の特徴とする所は、国家の政治的統一、およびそれとともにその公的生活の全秩序が三つの相異なる秩序の系列に表現されているということである。この三つの系列が相互に同一平面にあるのではなく、この三つのうちの一つ、つまり国家と民族を担う運動が他の二つの系列に浸透し、指導するのである……国家、運動、民族という三つの言葉のいずれも政治的統一の全体を表現するに用いうる……かくて、狭義の国家は政治的・静的な部分と見なされ、運動は政治的・動的な要素、民族は政治的決定の保護と影のうちにあって生長する非政治的な面とそれぞれ見なされる」（カール・シュミット「国家、運動、民族」一二頁）。

ただ一つ認められた党がかくて新国家の器官に、主要器官になる。「国家との結合は主として種々の機関系列の長を相互に結合する君合国に基づいている。ナチズム運動の指導者はドイツ宰相となり、その最高幹部、幹部指導者は、その他の政治的に指導的な地位につき、大臣、プロイセン首相、地方長官、あるいはプロイセンやバイエルンやその他の大臣に任ぜられる」（同書、一二頁）。さらに、公的生活のあらゆる領域において、すなわち経済、教育、出版、地方自治体の行政において、またあらゆる結社、組合、団体において、長の地位が合法的にこの運動の一派の者に与えられる。

かくて、全体主義的国家は全体主義的指導者国家、完全に統制された国家となる。これがこの形態によって異常な人気をうることとなったのは怪しむに足りない。そしてその行きついた所が、コーゴンの分析したSS国家であった……

## ドイツ社会主義の神話

「すべての民族は独自の社会主義をもつ。」
メラー・ヴァン・デン・ブルック

「マルクスは経済が崩壊する場合に何が生ずるかを一度も問題にしたことがないようである。それが反動、あるいは社会的な保守を理想とする革命に至りうるとはほとんど考えなかった。今日われわれは、そうしたことが起こるかも知れないと考えている。ジョレスの友人たちや、聖職者、民主主義者は未来の理想を中世においている。彼らは自由競争の戦いを和らげ、富を制限し、生産を需要に従属させたいと願っている。」今世紀はじめに書かれたソレルのこの言葉は、われわれがファシズムに思いを致し、ドイツの社会主義的な新国家主義を理解しようとつとめる時、ほとんど予言のように響く。

西欧のほとんどすべての国家は二十年代の終わりに一つの問題をかかえていた。すなわち、世界における経済的膨張の完全な停止、あるいは停滞、他の大陸との比較における相対的な下降である。あらゆる技術的進歩にもかかわらずこうしたことが起こったのであった。それどころかひとびとは、異常に不安定な経済的、社会的均衡をこの上さらにおびやかすことを恐れてこの技術的進歩を経済的に十分に利用することを躊躇したのである。いずれの国家でもこの責任は資本主義にあるとされた。しかしこの批判はもはやプロレタリアートあるいは労働者党のみの問題ではなかった。この批判は新旧の小市民階級の幅広い層からもあがった。彼らは鉄鎖以外にも失なうべきものをもち、自己の社会的な安全がおびやかされるのを感じていたのであった。

その頃、ますます増大する国家主義的な雰囲気の中へすべりこみつつあったドイツでは、あらゆる不幸が敗戦に帰せられた。その責任は、賠償と、国家を政治的、経済的に異常に弱体化したヴェルサイユ条約に、あるいはワイマル共和国にある、とされた。資本主義にたいする純粋に感情的な反抗は、反西欧的、反自由主義的、反マルキシズム的な暴動となった。

すでに第一次大戦以前にドイツの経済はフランス、イギリスのそれに比してはるかにひ弱なものであった。一八九二年、一九〇二年、一九〇七年の周期的な恐慌は、他の国々に比してはるかに苛酷にドイツを見舞っていた。第一次大戦後この国の経済的基盤は著しく縮小していた。ドイツの全商船隊の喪失はまだしも回復の見込みが立ったが、ロートリンゲンとシュレジエンの一部の喪失は、それが永久のものであったがゆえに、はるかに重大であった。ヨーロッパ以外の諸大陸が工業化されたこと、買い手としてのロシヤ人を数年にわたって失なっていたことは、一九一四年以前のかけがえのない販路をドイツから奪う結果となった。

もちろんドイツ経済の指導者らはこの損失を埋めるために偉大なことをなしとげた。すでに一九一四年以前にはドイツはヨーロッパの中で最もアメリカ化された国であった。高い関税障壁のかげで科学的な合理化を遂行し、大トラスト、大カルテルをつくり、国内のすべての無用なあるいは有害な競争を排除し、世界市場に覇を唱えていた。一九二四年以後労働方式の合理化のあらたな波がドイツに起こり始めた。ほとんど無限に豊かな原料、広大な国内市場、インフレによる没落の憂き目を見なかった人口をもつアメリカの大陸経済圏においては、そうした生産の増大も十分にふさわしいものであったが、これに反してドイツは、資本蓄積の基盤である中産階級が没落していたために、そうした徹底的合理化を遂行するためには外国資本を導入しなければならなかった。したがって、こうしたアメリカ化は、ドイツ経済が以前の販路をすべて奪換し、さらにより大なる市場を獲得しえない限り無意味であった。しばらくは、これが実現するかに見えた。輸出額は増大し、貿易差額は順調で、国家が債権者に利子として支払うべき額を超過した。しかし一般的経済恐慌の来る以前に早くも、生産方式の徹底的合理化は不幸な結果をもたらしていることが明らかになった。生産が依然として上昇を続けているにもかかわらず、同時に失業者数は増大していた。換言すれば、国内の購買力が低下し、国内市場は縮小して、輸出向けの商品の量は増大しているのに、ドイツの労働者の購買力はしだいに減少したのである。利潤の大部分が外国へ逆流した。「ワイマル共和国は西欧の債権者の資本主義の植民地となるかに見えた」（ヴィルジング「ドイツの未来と中間ヨーロッパ」二三八頁）。世論はその原因をさぐる場合常に同じ結論、責任は賠償とヴェルサイユ条約にある、という結論に達した。

しかし失業者の問題は一九二九年の経済恐慌においては、かつてマルクスと社会主義者の考えたようなプロレタリアートと手工業者のみに関わる問題ではなかった。今や比較的下層の中間層に関わる問題でもあったのである。この階級の一部はすでに一九二三年のインフレーションのために没落していた。今や中産階級のより広い層にその順番がまわってきたように思われた。すなわち、サラリーマン、自由業、つまり、その生計はもっぱら賃金に依存しているが、プロレタリアートや労働者階級に属さぬ住民層である。「インフレーション、このドイツの産業はじまって以来最大の社会学的な地すべりの後、六年たつやたたずのうちに、またもや経済的、社会的均衡は揺さぶられ、残った中間層も没落する。今や古き市民の最後の部分、サラリーマンも呑みこまれる。ほとんどすべてのドイツ民族の反資本主義的な感情は、目下のところ、唯物論的なあるいは観念論的な根拠をもつ精神状態である。しかし、それにもかかわらず、異常に政治的な振幅をもつ感情である」（「タート」）。

プロレタリア化の幻影に反抗したこれらすべての手工業者、小地主、商人は、第一次大戦直後であったならば、あるいは社会民主党に賛同していたかも知れない。しかし当時は社会民主党自体が下層の中間層にたいしてまだ関心が薄かった上に、政権を握っていた間は、まったく弱体であった。しかも、社会民主党は改良主義的、民主主義的になってはいたけれども、理論的にはマルクス主義的、国際主義的、平和主義的であり、しかもあらゆる害悪の根源とされていたワイマル共和国の建設に主要な責任を負っていたのである。

社会的な中間層はあまりにも私有財産の理念、家庭生活、ある種のブルジョワ的な誇り、彼らの宗教に執着していたので、依然としてマルキシズム的であり、プロレタリアート的、自由主義的と見られていた政党に移ることはできなかった。しかも十九世紀、二十世紀の中産階級は、もちろん理論的にではあるが祖国を知らぬ労働者よりもはるかに、また貴族や大ブルジョワよりもはるかに愛国心と神秘的な国家主義の、そして時には全ドイツ主義の真の代表者であった。小市民で共産主義者となったものがあっても、それはおそらく自暴自棄からか、完全に居心地よく感じることのできるような種類の社会主義がまだ見いだされなかったからであろう。「なぜなら自らをプロレタリアと呼ぶ者だけがプロレタリアであるからである。」この中間層は、貧困化され、経済的にプロレタリア化されていたにもかかわらず、道義的に、心理的に、社会学的に、プロレタリアとなることを拒否した。しかし、社会主義という言葉は、もはや彼らをおびやかすことはできなかった。この言葉は彼らに新たな希望を与えたのである。「大部分の『被収奪者』は今や自分もマルキストや熱狂的なプロレタリアの階級闘争の闘士になろうとは夢にも思わなかった。彼らの最もすぐれた働き手たちはまったく新たな社会主義的なブルジョワ分離派を形成した。特に収奪されたブルジョワ青年の脳裡において、まったく新たな非プロレタリア的な、非階級闘争的な社会主義が生まれ、それが最後には——そしてそれが決定的なことなのだが——ブルジョワ的な経済的唯物論を否定したのであった」(グリュンデル「使命」)。非プロレタリア的な社会主義という理念は何も目新しいものではなかった。ビスマルクがしばらくのあいだ労働運動に非常な関心を示し、そのためにラサールと手を結んだことを思い出してみるがいい。ドイツの社会主義が反国家的、反軍国主義的、国際主義的、マルキシズム的教義に身をゆだねるか否かは、当時まだ決定されてはいなかった。ビスマルクは官製の社会主義的政策、一種の国家社会主義、国家による労働者の保護を導入しようとした。そして、この国家による労働者の保護はプロイセンの伝統、啓蒙専制主義、フォン・シュタイン男爵を拠り所とすることができた。鉄血宰相が自由主義的なブルジョワジーにたいする対抗勢力をつくりだすことを期待して、帝国に普通選挙権を導入したのと同じく、資本主義の搾取から労働者を保護し、農民と手工業者の子弟を急進的、革命的な潮流にゆだねることなく、君主国、国家に引きつけ、したがって彼らを保守的、伝統的、反自由主義的な勢力と結びつけることもおそらく可能であったかも知れない。

もちろんビスマルクに成功するはずがなかった。ドイツの社会主義は一八四八年の共産党宣言に忠実に、まずマルクス主義的、革命的になり、軍国主義国家と保守党に対抗して民主主義的、自由主義的な諸党と結ぶこととなった。そして、もっぱら古い革命的・共産主義的な図式に則って、急進的な転覆による国家の破壊を考えるかわりに、民主主義制度の枠内で、選挙と議会を通じて合法的に国家を占拠しようと試みるに至った。他面からいえば、ビスマルクの社会保障と労働者保護法とは、純粋に自由主義的な国家から福祉国家へと一歩前進することに貢献したのである。このことはまた逆に社会主義運動に影響を与え、国家社会主義への理想にそれを近づけないではいなかった。もちろんこうした展開はドイツ、特にプロイセンにだけ起こりうることであった。プロイセンでは国家という概念がマルキシズムのあらゆる宣伝にもかかわらず、ほとんど宗教的な崇拝をうけていたからである。

マルクス主義的社会主義およびその労働組合とならんで国権党的な、あるいは自由主義的な特色をもった他の労働者団体、サラリーマンの団体、あるいはまたキリスト教的な労働組合も形成された。元来原料の産地に結びつけられているいくつかの大企業は、古くからのカトリック地域に発展するめぐりあわせになっていたからである。すべてこれらの団体は転覆と革命はあまり考えていなかった。これらの団体は、労働者の物質的な地位や福祉を現在の社会と国家の内部で改善することに努力した。

社会民主主義的な労働組合もさほど革命的ではなく、ドイツ帝国の経済的膨張の成果を労働者階級に役立てることに努力した。すでに第一次大戦前修正社会主義的なひとびとの間では、誇りをもって「帝国的なドイツ社会民主主義」について語られるのが常であった。社会主義者の中には関心をもってドイツの植民地政策を追求し、是認する者もいたし、ドイツ軍を讃美する者もいた。すでに一九一四年以前に、公認の社会主義ははなはだしく制限つきで、反軍国主義的、反君主国的、反国家的立場をとっていたにすぎない。こうした発展のあとを追わなかった素朴なひとびとのみが、一九一四年、ドイツ社会民主党がドイツ国家に賛成を表明したことに驚愕することができたのである。

理論的には国際主義者であり、自由主義的な議会主義を社会民主主義への最善の道と見なしていた社会民主主義者にとっては、この点ではいささか「時代おくれ」の祖国を、西欧連合軍にたいして擁護することは必ずしも容易ではなかったようである。しかし、政策転換を容易にしたものは、社会主義者にとってすでに久しい習慣となっていた専制ロシアにたいする昔ながらの憎悪であった。ここに国家主義者、民主主義者、社会主義者は共通のスローガンを見いだした。自由主義的な西欧との闘争に社会主義的な意義が与えられるに至ったのはのちになってのことであった。すなわち戦争は社会主義的なドイツの、資本主義的、自由主義的、個人主義的な世界、議会主義的な民主主義にたいする反乱である。民主主義の恥ずべき崩壊はこの戦争の勃発によって証明された、というのである。果ては、国際的な場における資本主義国と社会主義国の階級闘争だ、などとまでいわれた（例えば「鐘《グロッケ》」一九一七年八月二五日号―一九一八年三月二日号）。もちろんこういうことがいわれたのは戦争が始まってから三年目、四年目になってからであった。

しかしすでに以前から社会主義という言葉の意味には、急激な変化があらわれていた。国際的プロレタリアートやその権力の奪取についてはもはやほとんど語られなくなり、その反対に、社会主義的な色合いをおびた国家主義にわれわれが再び見いだすようないくつかのテーマがすでに響いていた。「連帯と相互扶助とは一夜にして大衆の共有財産となった。われわれの目のおよぶかぎり至るところに社会主義がある」（「鉄鋼労働者新聞」一九一四年一一月七日号）。

ドイツにおいて戦争による必要が産業の総動員と計画経済をもたらした時、経済生活のこれらの新しい形式が真の社会主義としてたたえられた。個人の利害が国家のより高次の利害に完全に従属させられているからだ、というのである。「国家と国民に奉仕する経済、ここに新しい秩序の倫理的な基盤がある。問題は経済生活の外面的な変更ではない。それを生かす精神である」(ジャフェ)。

この戦時社会主義は、一七八九年革命の意義をはるかにしのぐ真の革命と見なされた。これこそ民主主義的、自由主義的、ブルジョワ的、資本主義的であったフランス大革命にたいするドイツ的な社会主義的な解答である、というのである。「戦争の圧力の下に社会主義の理念がドイツの経済生活の中へ侵入した。経済の組織化と集中化が新たな精神によって完成された。こうしてわが民族の生存競争は、一九一四年の新たな理念、ドイツ的な組織化、民族共同体、国家社会主義の理念を生んだ」(ヨハネス・プレンゲ「一七九八年—一九一四年」)。

これらの理念はさらに発展させられ、国家社会主義の公式は外交政策にも適用される。「諸民族は世界において、それにふさわしい席を占めるべきであって、単なる偶然によって所有する席を占めるべきではない、というのは真に社会主義的な教訓である。」ここには、西欧の資本主義的な世界に反対して打ち出される「プロレタリア国民」の最初の暗示がある。すなわち、のちになってはるかに豊かな土壌に落ちることになる神話である。

休戦の直後このテーマはさらに発展させられる。もちろんそれは、スパルタクス団によってであり、彼らはすでに戦後間もなく西欧連合軍を「ドイツの労働者大衆を野蛮なる西欧の海賊どもに提供」しようとした、といって非難したのである(ジョン・ニーフ「労働政策」一九一八年一一月三〇日)。この色鮮かな公式をわれわれは長年にわたって、スパルタクス主義からナチズムを通り、SED(統一社会党—東独)の国家ボルシェヴィズムに至るまでありとあらゆるニュアンスのもとに見いだすこととなるのである。

なんとかしてヴェルサイユ平和条約を拒否しようとしたブロックドルフ・ランツァウは、西欧にたいする共同闘争の地盤に立ってソヴィエト＝ロシアと交渉することも辞さなかった。この盟約に実質的な内容をもりこむために彼は、「戦時共産主義」の形態をドイツにおいて平時にも保持するだけでなく、さらにそれを真の国家的社会主義に発展させ、真の社会革命に転化し、ドイツ人の生活に「世界経済の理念における革命を引き起こすような体制を与える」ことを提案した。これは同時に「ヴェルサイユの資本主義と帝国主義にたいする宣戦布告」になるであろう、というのであった。

当時はドイツのブルジョワジーも社会民主党もこの大胆な思いつきに賛同することはできなかった。対外的には西欧連合軍に、対内的には共産主義に、同時に対抗しなければならなかった時期にはそれはおそらく不可能であった。しかしこういう思想が完全に消滅してしまったことは決してなかった。中産階級そのものがプロレタリア化の危険にさらされ、あるいはすでに現実にプロレタリア化された時、この思想ははるかに好都合な風土を見いだすことになった。メラー・ヴァン・デン・ブルックも決してロシヤから眼をそらすことができず、また絶えずボルシェヴィズム革命を、西欧帝国主義にたいする国民的な、勝利した抵抗の一形式として称讃していた。

メラーの眼には、ロシヤはこの革命のおかげで一つの政治的な国家となり、資本主義国家群からぬけでることに成功したと見えていた。ボルシェヴィズムは国内の資本主義を絶滅し、連合軍によってブルジョワ的秩序へ引きもどされるのをくいとめることに成功した。ロシヤはそれによって西欧資本主義の搾取のための植民地たることをやめた。これに反して、ドイツはさしあたっては自国の革命に失敗した。ドイツは革命を国民解放の手段とすることに成功しなかった。逆に革命の代表者たちはヴェルサイユ条約に調印し、外国資本主義にたいしてドイツ国民の犠牲の下に貢物を納める義務を負うたのである。

ワイマル共和国は対外的に革命に失敗しただけでなく、社会民主党は国内でも十一月革命を社会主義革命とする機会を逸した。一九一八年の印象の下にひとびとは大産業の社会化と戦時社会主義の進展を覚悟していた。ラーテナウのかつての共同者であるヴィセルとフォン・メレンドルフは、特にこのためにつくられた社会化委員会に、経済再編成のための計画を提出していた。しかし社会民主党はこのプログラムに自分たちの以前からの夢の実現を認めることがほとんどできなかった。いま共同の利益のために社会化さるべきものは繁栄している経済ではなかった。問題はただ戦争のために苦境におちいっている経済の建てなおしだけであった。政府は国民全体と労働者階級に重い負担をかけるような国策を採用する勇気も力も持ち合わせていなかった。おそらく当時はこの計画に反対することはほとんどあえてしなかったであろう企業家たちも、やがてまた勇気を盛りかえし、自分たちの自由をはなはだしく制肘する新計画への攻撃に転じてきたのであった。

しかしその結果社会民主党は当然起こるべき非難にたいして釈明することはもはや決してできなかった。社会民主党は、議会主義と自由主義的な民主主義に追随し、選挙民のその場かぎりの利害を顧慮するあまりに、思い切って国民経済編成の能力を立証し、あらゆる生産手段を国民全体、社会全体の福祉のために社会化することをしなかった、というのであった。

結局、社会民主主義者は偽装せる自由主義者であり、「下からの資本主義」の代表である。彼らはブルジョワ的な資本主義的な社会の枠内で安楽に暮らしていこうとしているだけなのだ。労働者に社会的生産物のいくらか余分な分け前を保証することで満足しているのだとして非難されたのであった。

急進的な社会化、革命的な改革はもはやほとんど問題にはならなかった。多くの大工業家は、労働組合や社会主義政党の幹部やブルジョワ的・社会主義的な政府の大臣などと、もちろんしばしば消費者や中産階級には秘密に、見事によしみを通じることができた。

しかし社会主義という言葉は年少者には、一九一八年から一九二八年に至る十年間のあらゆる幻滅にもかかわらず、昔の輝きを失なっていなかった。ただその間に鉱脈の転位が起こっていたにすぎない。多くの年少者はおそらくはまだモスクワに眼を向け、共産主義に解決を期待していた。だが革命の概念がその鉱脈を変えたのと同じく、今では社会主義という言葉も、マルキシズムの教義や公然の自由な組合や、あるいはキリスト教的もしくは自由主義的な団体とさえも、全くその起源を異にする理念や思潮とますます結びつくようになった。いいかえれば、社会主義は新たな国家主義の、とくにその急進的・革命的な変種の構成要素となることになったのである。

大戦後まず最初にこの新たな理念の結合に貢献したひとは、中でもシュペングラーであった。彼の十一月革命とワイマル共和国にたいする批判はすでに引用しておいた。新たな国家主義にたいして二十年代の終わり頃に彼の展開した積極的な貢献は、とくに社会主義に関する彼の概念規定および社会主義のプロイセン主義にたいする関係である。

ヴェルナー・ゾンバルトはすでに第一次世界大戦を「商人と英雄」の戦いであるといっていた。彼はこれによって特にイギリス、この古典的な「商人の国《ネーション・オブ・ショップキーパース》」のことをいおうとしたのである。シュペングラーはこの考えをさらに発展させる。彼にとっては、イギリス人は掠奪のために、世界へ船を乗り出すヴァイキングの子孫である。それ故にこそイギリス人は自分の島に、侵略的な力を発展させ、こうして獲得した富を享受するのに必要な自由を、強靭で自意識に満ちた個人に与える国家形態を創造したのである。シュペングラーはこのタイプに、やはり低地ザクセンの血筋をひいたもう一つのタイプ、すなわちプロイセンを対置する。プロイセンはドイツ騎士団の子孫であり、新たな植民地を開拓し、世界を手に入れようという明確な意志をもっている。プロイセン人はつねに国家と公共の福祉にひたすら服そうとする。プロイセン人は制服を着、自己を超越する理念に奉仕する時にのみに幸福と感ずる。

全体に服従するこの精神は、社会的な規律、自己否定、自由意志による組織、義務感を前提とする真の社会主義実現のために必要な基盤である。つまり、社会主義は古きプロイセン的美徳なくしては不可能なのである。「われわれドイツ人は生まれながらの社会主義者である。他の国民は決して社会主義者たりえない。古きプロイセン人の精神と社会主義的な気質とは一つである。マルクスではなく、フリードリヒ・ヴィルヘルム一世こそはこの意味で最大の社会主義者であった」（シュペングラー「プロイセン精神と社会主義」四、四二頁）。

ドイツが正しい社会主義の精神に立ち返るためには、イギリス人の個人主義的な商人根性とマルクスとから解放されなければならない。「ドイツの社会主義をマルキシズムから清めることが必要である。私はドイツ的社会主義という。何故ならそれ以外に社会主義はないからである。プロイセンの兵営に育った下士官の息子アウグスト・ベーベルの権威ある指導下にあった昔の社会民主党は、弱腰で自由主義的・民主主義的な指導者の率いるワイマルの社会主義よりも、遙かにプロイセン精神に近いものであった。なぜなら、資本と労働との間の闘争は、議会主義的な平面や、議会主義的な手段によっては解決されえないが故に、上からの社会主義と下からの社会主義が一点に会し、独裁の形式によって実現されることこそが必要なのである」（同書、九一頁）。

このことは、プロイセン的特色をもった国家、すなわち経済問題に関して完全な権威と権力をもつ官僚国家においてのみ可能である。この国家の目標は、一人一人を富ませることや個人的な福祉ではありえず、全体の社会的健全である。そのためには、経済生活の国家管理を、所有権の没収などによることなく、立法によって行なうことが必要である。

シュペングラーによれば社会問題のこの解決方法は、ドイツにのみあてはまるものではない。シュペングラーはさらに、プロイセン精神によってのみ組織されうる世界経済の実現を信じている。この意味のヨーロッパ社会主義が実現するならば、その矛先は当然イギリスと、イギリスの他国民の収奪という理想に向けられる。ヴァイキングの精神によるこの世界収奪の理念には、ドイツから、世界経済の合理的組織化という目標をもったプロイセン騎士団の精神を対置しなければならない。資本主義の商人根性の圧制のもとにある諸国民の共働を、真正な諸民族社会主義によって、世界の公正な組織化へと転化しなければならない。社会正義、公正な諸民族組織、プロイン精神は、みな同じことである（同書、九一頁）。

こうしたスローガンは、昔のプロイセンやその軍隊および官僚を崇拝するように教育されてきた年少の層に人気をうるように思われた。ナチズムが一九三三年までシュペングラーを理論的証人とすることができたのはある程度当然のことであったのである。

たしかに暫らくの間は、新しい観念連合のあらゆるこれらの萌芽は、ドイツの政治思想史における短期間のエピソードに過ぎなかったように思えたかも知れなかった。通貨切換えの後、ルールからの撤退の後、そして一九二四年以後の経済生活の一時的な繁栄の結果、社会民主党も国会の議席を増すことができ、国家主義の波は衰えるように見えた。しかし、インフレーションと下層中産階級の没落は心理的に重大な痕跡を残していた。新たな経済不況がひどく不安定な政治的、社会的均衡をおびやかすごとに、反資本主義、反自由主義、反マルキシズムの大波が再び高まった。不幸の年一九二九年は経済不況勃発の年となった。この不況の大波はほとんど全世界を襲ったが、特にドイツにおいて非常な不幸をひきおこした。心理的、道徳的反動はおそらくドイツにおいて最も強烈であった。そしてシュペングラーやメラー・ヴァン・デン・ブルックのようなひとびとの社会主義思想がまたもや勢力をうることとなったのである。

青年がこの不況の免れがたい結果の最も苛酷な犠牲者となった。一九一四年―一九一八年の戦争の直後であったならば、おそらく彼らは革命的な左翼政党へ流れこんだであろう。しかし既存の政党の中では青年の党内での抬頭は抑えられていたので、青年が力を振るうことはできなかった。従って彼らがしばしば自分らの団体をつくり、あるいは、これまた社会主義という言葉を旗印としていた新しい国家主義の集団の後に従ったのは何ら怪しむに足りない。

第一次大戦後は、青年が職を得るのは容易なことではなかった。特に大学出の青年がそうであった。一九一四年以前には子弟に大学教育を受けさせることはほとんど不可能であった層にとっても、ワイマル共和国時代には、大学へ進むことは容易になっていた。そのために男の学生、特に女子学生の数が著しく増加し、それとともに、行政官庁や、商工業あるいは自由業に職を求める者の数も増加した。

第二帝政下のドイツ経済の急激な膨張は、厖大な労働人口を工場に抱えることができたのみならず、機械工や、技術者や、大学卒業の学者のために、中産階級の子弟のためにますます多くの職場を供給した。新世界における拡大された商業関係と大企業とは、技術者や大学出の専門家を吸収し、さらにドイツ人植民地の増加はまた自由業、教授、教員、法律家、医師などのために新しい生涯の道を開いた。ドイツ人の大規模な海外移住がすでに終わったのちも、ドイツは相変わらず立派に教育を受けた大学卒業者や技術者を広く世界に派遣することができたのであった。それ故に、世界におけるドイツの地位の喪失と影響力の低下とは、プロレタリアートへよりも遙かに深刻に中産階級にふりかかった。職のない大学出の青年こそ、「土地なき民」というハンス・グリムの公式を直ちに理解することができた。海外への道は閉ざされ、国内のポストはますます少なくなって行ったのであった。

経済恐慌のあいだ労働者の失業はきわめて重大な政治問題である。だが、ホワイトカラー・プロレタリア、若い大学卒業者のこの新形式の失業は、おそらくもっと遙かに危険なものであった。官職につき、高位を占め、確実なポストを占領している老人にたいする青年の階級闘争についてさえも語られるほどであった。一方、二十代から三十代の者は選挙権をもち、政治的に動く時間――ありあまるほどの時間を持っていた。「失業労働者を政治的に抑えておくのは、就職口を持たない大学生をそうするのよりも容易である」（ハルトリヒ博士「タート」一九三二年七月号）。

この世代の一代表者は、正義と真正な社会主義への彼らの憧憬を次のように表現している。「実践的な社会主義は次第に遅延を許さぬ必然となった。しかるにこの必然を前にして、古い世代は絶望的な無能を暴露している。実際、社会主義は今日では、もはや一定の党派、あるいは労働者階級のみの独占的な関心事ではなくなった。社会主義は新しい青年の共有の財産である。われわれは何十万人も、市民的所有と、いわば揺籃にいる時からすでに定められていた将来の市民的職業の保証の中から投げ出され、飽食せるブルジョワジーが、羨望者とか、転覆家とさえ言えば足りると思いこんでいたあの同胞と同じ社会的水準に立たされているのだ。」この無産の青年とともに、権利と財産とをもたぬ全く新たな層が発生した。そしてこの層から、まったく新たな社会主義が、それどころか、社会的階層と「階級」の一切の在来の限界を垂直にたち割る「社会的な垂直主義」が発生した。「市民的な予想によれば多かれ少なかれおのずからに、もっぱら両親の先祖伝来の地位財産に基づいて、軍や経済界や政界の指導的地位を占めるようにもともと定められていたわれわれが、今や突如として労働者とともに機械のかたわらに立ち、あるいは下級官史となり、ついにはまた増大する失業者の群に投ずることとなった」（グリュンデル「若い世代の使命」一八八、一五〇頁）。

このあたりまでは新国家主義の資本主義批判はマルキシズムのそれとほぼ同じである。しかし同じなのはここまでである。「社会主義が国民の福祉、協同の精神、社会正義を意味するものであるならば、マルキシズムはかつて社会主義であったことはない」（同書、二六二頁）。換言すれば、資本主義の圧制の終焉を願うのは、単に一階級のためではなく、国民すなわちプロレタリア国民の福祉のためだというのである。

メラー・ヴァン・デン・ブルックは一九二三年にドイツを、まさにプロレタリア化された民族になろうとしている国民だと呼んでいる。第一次世界大戦中、社会民主主義者も時々この表現を用いた。しかし今、三十年代の初めには、この言葉は悲劇的なニュアンスをおびてきた。プロレタリア化された民族というのは、もはや、他国民との関係において自己をプロレタリア的と呼ぶことができ、それゆえに、富める資本主義的な諸国民に反対して立ち上がった国民のことだけではなかった。今では国民の内部において一部がプロレタリアートの水準まで落ちていた。それはドイツが――こうひとびとは考えた――世界列強に伍して行くことができなくなり、ヴェルサイユ条約によって、貢を納めなければならなかったからである。

こうして国内の不正にたいする反抗は、同時に、ヴェルサイユ条約とその結果にたいする国外に向けられる闘争となった。それは一つの同じ闘争であった。すなわち、西欧の資本主義的秩序にたいする革命であった。国家主義者にとっては、もちろんヴェルサイユの「絶対命令」がすべての悪の根源であり、西欧帝国主義の現われであり、ドイツを労働植民地とし、高度に工業化された国民を連合国の資本主義の銀行のために働かせるための仮面であり、権力手段である。「ヴェルサイユにおいて有史以来始めて一国全体が一団の資本主義強国によって征服され、他国の資本主義によって搾取される運命に突き落とされたのである。カーネギー、I・G・ファルベン、シェル、クリュ－ゲル、モルガンその他のトラストではなく、ほかならぬヴェルサイユこそ、勝利の、現代資本主義のこれまでのもっとも大きなもっとも途方もない勝利の表現である」（同書、一七五頁）。国家主義者の眼には、賠償は戦争の損害の結果では決してなく、戦争勃発の責任ありと告発することによって、ドイツを搾取し、財政的経済的強国であるドイツを滅ぼそうとする試みとしか映じなかった。

ドーズプランやヤングプラン、およびウォール街やシティがはなはだ軽卒にも約束していた公債さえも、ドイツの産業とドイツの諸都市が要請したものであったにもかかわらず、結局、金融帝国主義の悪魔的な計画と称される。賠償、金融プラン、公債は、歴史家にとっては、疑いもなく、相互に因果関係をもつ事実なのであるが、新国家主義の神話をつくるひとびとにとっては、これらはヴェルサイユ条約が意識的にねらった、あらかじめ予想された結果であり、ヴェルサイユ条約の創案者らがたくらみ、ワイマル共和国の代表者が引きうけた悪魔的な計画なのである。

以上のことが新国家主義の無鉄砲な代弁者たちによって絶えずくりかえされた。しかしこの感情的な社会主義のいうところはおおよそ、反ヴェルサイユ、反自由主義、反ユダヤ人、反ワイマル共和国、反マルキシズムの粗暴な告発につきていた。彼らはシュペングラーの社会主義とプロイセン精神、反マルキシズム的な新社会主義、不可避のものとされた民族協同体などに関する公式を反覆した。しかし組織理論においては、フェーダーなどの理論、レーヴェントロウなどの空想的な組織論を越えるものはほとんどなかった。

国家主義的な社会主義、感情的な反資本主義に、単に道徳的な原則や歴史的な思い出だけから養分を汲みとるようなものでない、積極的な経済的な内容を盛りこもうとするはるかにまじめな試みが、一九二九年以来雑誌「タート」を中心に集まった青年のグループによって行なわれた。このグループは、哲学的・宗教的理念においてはネオプロテスタント的であり、官憲国家、時には全体主義国家の信念によって活気づけられ、芸術、文学、文化政策の領域ではいくらか古代ドイツ風であり、外交政策に関する見解においては教皇党的、親スラヴ的であったが、このグループの功績は、中産階級の反資本主義と、ドイツ的社会主義という神話に論理的な関連を与え、それを一般に理性的な論議にたえる水準まで高めたことであった。

このグループはある種の若い保守主義者や、急進的な国家主義の狂信的人種論者などよりもはるかに深い意味で、メラー・ヴァン・デン・ブルックを拠り所とする権利を持っていた。メラーとともにこのグループは、自由主義的西欧を拒否し、ともに断固として反マルキシズム的ではあったけれども、ソ連にたいして関心をもっていた。

彼らの見るところによれば、ソ連は革命によって、西欧帝国主義にたいして身を守るのに成功しただけではなかった。ソ連は世界経済の組織から首尾よく脱け出ることができたために、現在大恐慌のあいだソ連はニューヨークの銀行の政策の結果にまったく苦しむ必要がなかったのである。不況とその悪しき社会的な結果とは、ソ連の国境で停止するかのように見えた。国家が無制限の経済的権力をもつ閉鎖的な体制内にあって、ソ連は恐慌にたいして安全であり、社会主義建設のプランを進め、計画経済を遂行し、資本主義の干渉の可能性から完全に脱しえたのである。古い負債さえも悪い結果をひきおこすこともなく償還することができた。厖大な原料資源の一切がロシヤ民族の利益のためにのみ用いられた。

次に、「タート」の仲間の注目をひき、彼らが教えをうけることのできた第二の国は、ファシズムのイタリアであった。イタリアは強力な国家権力によって階級闘争を閉めだし、自由主義的な資本主義を抑制し、資本と労働とを民族の福祉のために圧力をもって協同せしめることに成功したのであった。

ロシヤが経済的な方法をもって、イタリアが閉鎖的な社会的な規律を用いて到達したところのものを、ドイツが古来の、プロイセン精神によって形成された、組織の才によって、よりよく成しとげることができないはずがあろうか？　権威を基礎とする国家主義的な社会主義、これがドイツ民族がヴェルサイユ条約に反抗して成功するための基礎、社会体制ではなかろうか？

「全体の検討は政治とわが国の経済体制の検討から出発しなければならない。わが国の債権者たる戦勝国にたいしてプロレタリア・ドイツは、その国家的、社会的自由のために今日階級闘争を行なう。自由は天からの贈り物として敗戦国民の手におちてきたためしがない。われわれは他国との決戦を避けることができない。この戦いに勝つための条件は、国内の不動の民族協同体である。そしてこの民族協同体の条件は社会正義である。プロレタリア国民はヴェルサイユ条約にたいして起ち上がる」（ヴィルジング「タート」一九三二年六月号、二〇一―三頁）。

したがって戦争は国内国外の資本主義的秩序に向けられる。ドイツ国民はまず資本主義諸国の隊列からぬけだし、ドイツを外国資本の植民地にしている貿易上の負債と政治上の負債とを払いのけなければならない。「賠償と個人的な債務との区別は、原因からみても結果からみても、存在しない。原因はもっぱら賠償と称せられる苛酷な貢物を政治的に賦課したことにある。そして貿易上の債務は政治上の債務の結果にすぎない。しかも賠償の商業化は、手をふれることのできない貿易上の債務が増大する一方であるのにたいして、政治上の債務が減少していくという欠陥をもっている」(同書、二二五頁)。

結局、ドイツはすでに永年高率の利子を払いつづけたのであるから、これ以上搾取されることを拒否する完全な権利がある。「ドイツが、あるいはブリューニングが、あるいはまたヒトラーが、政治的な債務も貿易上の債務も支払わないと断固として宣言することを妨げるものは何もないのである。われわれは新たな公債を必要としない。われわれはもはや他国の信頼を必要としない。必要なのは国民の信頼のみである。だがそうするにはもっぱら勇気を必要とする。」他の国々も大幅の一般的な「徳政《セイサクテイア》」、すなわち債務の免除を必要としている。とくに債務を負い、搾取されている東南ヨーロッパの農業国はそうである。ドイツは資本主義の西欧にたいして、これらの国々と共同戦線をはり、彼らに国家的、政治的解放の範を示し、光栄ある六五%の破産を宣言し、ドイツの在外投資を、外国に負うている負債総額の三五%を支払うのに利用すべきである。これがヨーロッパ経済を健全な基礎の上におく唯一の合理的な方法である(二二五頁)。

さらに、この若いグループにとっては、この世界貿易の大恐慌は単に一時的な現象ではない。むしろそれは一つの時期の終わり、単に自由主義と自由貿易の終わりであるのみならず、世界経済一般の終末である。この偉大な自由主義的、進歩主義的なユートピアは坐礁した。今や経済体制を再び下から、まず国家的な基礎の上に建て直すことが必要である。その暁には、ひとびとは、相互に補い合う諸国の国民経済を結合して、有機的に築かれ、自給自足の閉鎖的な貿易圏となりうるより大規模な統一的な経済圏を作りあげることができるであろう。「タート」の同人は、主として国際交易に関心をもつ大銀行の破産を見て露骨な喜びを示した。「七月十三日万歳! この廃墟の中からのみ新たな生命が息吹くことができるのだ。」

この反資本主義を彼らは論理的に押し進める。彼らの見解では、ドイツ国内の資本主義はあきらかに疲弊と消耗の徴を示している。新発明を利用し、生産の方法を絶えず前進的に改善する勇気のあった偉大な創造的な企業家はすでにいない。彼らの息子や後継者たちは、父祖の築きあげた遺産を後生大事に守っていくことに満足するか、あるいは、創造的な企業家というよりははるかに管理者である取締役連中にとって代わられる。そしてこれらの取締役連中は、ものにした地位を擁護し、トラストとカルテルによって大きな危険から自己を守ることにのみ汲々としている。あるいは彼らは、自分たちの苦境を切り抜けるために国庫に依存する。これは、自由主義経済の原理に真向から対立することであるが、ひとびとは国家がみずから企業管理に乗り出してくるまで、そのことに気付かないのである。かくてひとびとは、逆の社会主義、国民の犠牲による、資本主義と大ブルジョワジーのための社会主義に到達する。「国家は、近年ようやく完成され、資本主義の原理と矛盾する形式をもって、資本主義的企業に関与する。国家は全く利潤にあずかることなく危険を分かち合う。この仮面のおかげで、資本主義的な層が真の特権を得るのである」(二三二頁)。

かくて「タート」は、二、三の大胆な社会主義者がすでに一九一八年のあとで提案したところの、そしてラーテナウの理念と大差ない社会主義化計画にたちもどる。もちろんそれは、共産主義の先例に基づいて私有財産の廃棄を要求することなく、すでにトラスト化されていた基幹産業、すなわち鉱山業、重工業、化学産業、電気産業、大船舶業、とくに大銀行、クレジットの国有化を要求する。

この国家的社会主義の形式は「タート」派にとっては、反自由主義的であるのみならず、同時に反マルキシズム的でもあった。「われわれは、個人の自由な活動は必然的に社会的な調和と、一般の福祉に通じるに相違ないと信じている自由主義の理念を投げすてる。われわれは、自由主義的な体制の発展の中から必然的に社会主義が生まれてくると宣言するマルキシズムを投げすてる。われわれは、自由主義とマルキシズムに共通な理念、すなわち、世界経済はその固有の法則に従って進行するとか、世界経済には無抵抗に屈従しなければならぬとかいう理念を投げすてる」(二二七頁)。

生産のすべての再編成の出発点、すべての経済生活、経済思想の中心点は国民とその需要でなければならない。この統一の内部において始めて弾力性のある計画経済が可能なのである。これらの原理に基づいてたてられた経済は、平時には世界恐慌にたいして免疫性をもち、戦時にはより広い基盤を確保するために、ぜひとも自給自足に向かって努力しなければならない。すべての輸出入問題における国家の独占は、やむをえない交換と原料物資の買付けを保証しうるであろう。

この体制内では、いうまでもなくひとは労働者の購買力を高め、プロレタリア化におびやかされつつある中産階級を、いかなることがあっても維持してゆかなければならない。また工業と農業との間に、ある種の均衡を作り出すことが必要である。

タート派はマルキシズムをつねに敵視していた一方、大労組にたいする同感の態度を決してかくそうとはしなかった。彼らは労働者の物質的な福祉と高い生活水準のための大労組の闘争を興味をもって追っていた。彼らは大労組にたいする同感をかくすどころか反対に、このような形式の職業団体がさらにはるかに広く広がり、中産階級をも包摂することを歓迎していた。彼らはそれによって、こういう団体の権利、権限、業務、責任が拡張されることを期待したのである。それが実現したならば、政府の権限と責任の分散、権力の、政治的権威や国家から職業団体への、おそらくは各州への、あるいはまた教会への移行という結果をもたらしたであろう（「タート」一九三三年、四月号、一一頁）。おそらく個人は権威ある政府への直接的な影響力を幾らかは喪失するであろうが、こうして国家への協力の新たな分野が開かれる。それ故にタート派は、ムッソリーニの全体主義国家とイタリア的な特色をもった団体にたいしてははなはだ批判的であった。なぜならイタリアではこれらの団体は国民を代表せず、国家の執行権の機関になっていたからである（「タート」一九三三年、四月号、一四頁。五月号、一〇七頁、一一一五八頁）。

身分国家という理念は、労働者が労働組合によってなしえたように、自己の利益を強力に擁護することのできなかった中産階級の非常に広く広がっていた願望と一致した。彼らが身分代表議会を作ることによって得ようとしたものは、ある種の経済的、社会的保証であった。

中産階級の外にも、ドイツ国民のうち大経済恐慌の間にプロレタリア化におびやかされた部分があった、すなわち農民である。たしかに農民はインフレーションはまだよく切り抜けることができた。しかし、農産物価格の下落、農業機具の価格とクレジットの高水準とは、彼らの生活を非常に困難にし、往々負債を余儀なくさせた。今や農民にとっては、借金の返済も、利子の支払いも、あるいは税金の納入さえもしばしば不可能であった。やむなくさらに大きな借金を背負いこみ、いっそう銀行のお世話になり、挙句は家屋敷をも失ないかねない危険をおかした。さらにホルシュタインではすでに差押えという悪い事態に立ち至っていた。

ロマン派以来、農民は、職人と全く同様に、ドイツ人の空想のなかでは、国民を繰り返し更新させる根源的国民性の真の代表者となっていた。国民のこの部分までが今や恐慌に捲きこまれ、大地の生んだものまでが需要供給という全く機械的な市場の原則によって処理されるということ、田畠や家屋敷が他のあらゆる形式の資本と全く同様に投機の対象となったということは、耐え難いことに思われた。自由独立な農民という身分は、国家にとって是非とも維持されるべきものであった。

以上はすべての健全な国家的社会政策の急務であるように思われた。純粋に経済的な立場からも、農民を保護し、その生活水準を高めることは大きな利点があった。それは食糧基盤の拡大に外ならず、食糧基盤の拡大は平時においてドイツの外国にたいする依存度を少なくする。恐慌にたえうる自給自足経済への努力は、とくに戦時において必要であるが、もちろん平時においてもそれは必要である。農民の購買力の回復は、同時に、ドイツの工業にとって新たな販売の可能性を作り出し、国内市場を拡張することを意味した。従って、農民をとくに外国の競争から保護し、国内では農民階級を組織された身分、のみならず国民のなかでも特殊な特権を享受する食糧生産身分とすることが必要である。また、遺児が等分に相続することになっているばかげた相続権法による絶えざるプロレタリア化の危険から農民を保護することも必要である。一家が生きることも死ぬこともできぬ小農、零細農はこの百年の間に生まれたものであった。厳重な新法律によって、十分大きな農家のみを存続させ、ついでこれらの農家をあらゆる土地投機から保護するように配慮しなければならない。このようにしてタート派は農民を資本主義的自由主義の破壊的機構から救い出そうと考えた。大土地所有の多くは農業の工業化、すなわち農業生産物の一種の工場であるにすぎないが、これは農地改革によって分割されねばならない。これらの提案の中には、純粋に経済的な立場からは、ばかげた後退的なものに見えるものもあるにしても、社会的な均衡と国民の独立とを主要な問題とする倫理的に育てられた社会主義にとっては、これらの提案は、純粋に経済的な利益や、ユートピアにすぎぬ進歩に優先するのである。

農業および農民階級の復興に関するこれらの理念の動きには、もちろん歴史的、文学的思い出が一役演じていた。すなわち、平和時に堤防工事と排水工事によって、農民のために全国土を征服したフリードリヒ二世や、ルッターの同時代人で、おそらくは、耐え難くなった体制にたいするあらゆる農民革命の本来の範例であるトマス・ミュンツァーである。

信教の自由の名の下にこの農民の指導者ミュンツァーは、封建制度にたいして起ち上がり、かつての自由と権利を回復しようとした。新たな封建制度は昔の封建制度ほどに露骨ではない。新たな封建制度は、資本主義であり、高利で農民や手工業者や小企業家に金を貸す銀行である。社会主義は、資本主義的な利潤は目的としないが、しかしまた、プロレタリア階級の利益を充足しようとするだけでなく、国民全体の福祉を考えるものであるから、国民の最も健全な部分である農民にも然るべき位置を与えなければならないのである。

国家主義的社会主義という概念は、その誠実な信奉者にとっては、歴史的な追憶は別として、全国民の肉体的、物質的生存の保障と、経済的生活のこの社会的な目標および国民の要求への従属を意味した。それは国内にあっては、社会的な均衡の再建、おそらくは身分に基づく、階層的な社会秩序を意味する。しかしこの社会秩序においては、いずれにせよ労働組合組織、職業団体が大きな役割を果たす。また国家主義的社会主義という概念は、大資本主義のあらゆる独占的な傾向にたいしても、またマルキシズムの革命的な平均化の欲望にたいしても、中小の所有権、財産を防衛することを意味する。

社会主義と民族共同体を求めるこの反資本主義的な叫びは、一九二九年以後ドイツを襲ったような経済恐慌と社会的困窮の時期には、窮境を和らげ、それを分かちあうために、全市民、とくに財産をもち、比較的豊かな者が犠牲を払わなければならぬという明瞭な要求にすぎないことがしばしばある。「全人口の二六％が餓死におびやかされているのに、首相よりも高い収入をうるものがいるという事実を依然としてドイツ人が黙視しているのは許すべからざることである」（「タート」一九三二年、七月号、三〇九頁）。

従って、「タート」誌の理論は、大衆の反資本主義的な情熱に積極的、政綱的な内容を与える試みである。たしかに彼らの理論は、インテリ層と大学出の青年を、国家主義的な社会主義の熱狂者とし、革命的な国民運動に信奉者を送りこむことに貢献した。彼らの理論はナチズムの大規模な反資本主義運動を歓迎はしたものの、ナチズムには多く批判的であった。むしろそれは、国防軍と労働組合の協力を勧め、シュライヒァー、ライプアルト、グレゴール・シュトラッサーの協調によって混乱を収拾することを熱望していた。

ヒトラーや、その側近の共働者の、およびその運動一般の社会主義は、たしかにかつてない広がりをもっていたが、純粋に感情的な性格のものであり、意識的に不明確なままに放置されていた。彼らの社会主義は相互に矛盾する相言葉やスローガンの雑然としたよせ集めであって、誰もが自分に気にいるものをその中から選び出すことができた。またヒトラーはある種の資本家連中とすでによしみを通じていた。彼はそのために多くのナチ党員から非難され、彼らのうちには党を離れたものもあった。この運動全体がそもそも不十分なものであり、真に反資本主義的な革命を真剣に考えていない小市民的な運動であるとして嘲笑する過激な革命家もあった。

ヒトラーはすでに国内では社会主義を裏切り、国外に向かっては、「ブルジョワ的、帝国主義的なイギリスにたえず友好の手をさし出して」いなかったか（「抵抗」一九二九年、六号）？　つまりヒトラーは、国内においては共産主義にたいするドイツ・ブルジョワジーの刑吏となり、国外に向かっては、ソ連に対抗する資本主義西欧の前衛としてとりいろうとした。実際彼はこのことによって、ブロックドルフ・ランツァウなどの革命的政策の遺産と、メラー・ヴァン・デン・ブルックなどの託した使命を否定した。この二人はスラヴ系弱小諸民族との、それどころかモスクワとさえもの和解を熱望していたのである。ソ連はスターリンのもとで真に反資本主義的な国民国家の典型となっていたのであり、そしてソ連のみが、反ヴェルサイユ条約の友邦となりえたのである。ドイツはヒトラーのために、西欧の桎梏から抜け出るための唯一の武器をみずから進んで放棄する危険をおかしている。しかもナチズムはファシズムのイタリアに秋波をおくりすぎる。ところがイタリアそのものは、依然としてラテン的精神、西欧的精神を失なってはいないのである。

反資本主義的、反西欧的政策、プロイセンに即してたてられた政策はいきおい国家ボルシェヴィズムとならざるをえなかった。「ドイツの再生は、すべての西欧的な秩序を爆破することを要求する。ドイツはヨーロッパ的秩序の死を欲する一切のものと結束しなければならぬ。ドイツは、世界革命のスローガンを取りあげ、反ヨーロッパのためのダイナマイトとして大胆に利用しなければならぬ。」それ故にドイツはモスクワと協調しなければならない。これが「牢獄の格子をひき切る」ことを許す唯一の外交政策である。「もしドイツ自体がモスクワの反資本主義的な潮流がもつ強力な地位を破壊するのに貢献するならば、ドイツは解放の最後の好機を失なうこととなるであろう」（「抵抗」一九二九年、六月号、一九三〇年、十一月号）。

プロイセン精神と社会主義に関するシュペングラーの思想を押し進めながら、E・ニーキシュ一派の理論家たちはつぎのように説明する。スターリンの国家、すなわち全体主義的プロレタリア国家は、本来プロイセン的理念である。それは、プロイセン的スラヴ的農民の土壌のうえにポツダムで生まれたものである。プロイセンは、全く個人生活が存在せず、レヴィアタンのみが存在する国家である。そしてこのレヴィアタンのなかにはかろうじて軍隊、兵士の共同社会があるだけで、もはや私有財産は存在しない。それゆえにプロイセンはまた、あらゆるブルジョワジーによって憎悪されるのである（「抵抗」一九三四年、四月号）。プロイセン的ボルシェヴィズムは、プロイセンの歴史の、すなわち農民的、異教的、動的革命的な力の歴史の論理的な結果に外ならない。この力は、ヨーロッパ、ローマン・カトリック、西欧ヒューマニズム、西欧キリスト教、ロンドンとニューヨークの資本主義にたいする永遠の反抗のうちに生きている。国家主義的な大運動の指導者、アドルフ・ヒトラーが、まさしく南方の生まれであり、ファシズムの母胎であるローマン・カトリックの出であり、資本主義的な小市民であるということ、これはドイツの国家主義の恐るべき運命である（ニーキシュ「ヒトラー――ドイツの運命」）。

　こうした極端な形式の下では一九三三年以前には「ドイツ的社会主義」の神話は多くの信奉者を獲得することはほとんどできなかった。しかし国家ボルシェヴィズムはやはり一つの徴候であった。国家ボルシェヴィズムは、拡大鏡でみるように、首尾一貫した「ドイツ的社会主義」の性格的、本質的な幾つかの特徴を示しているのである。

　グリュンデルおよび彼とともに疑いもなく多数の老若のひとびとは、社会主義と国家主義の二つを「止揚する」このいわゆるヘーゲル的総合《ジンテーゼ》が、ドイツ政治思想史の新事実であると信じていたらしい。しかしひとは一八四八年の共産党宣言をもう一度読んでみさえすればいいのである。そこには「真正社会主義、ドイツ的社会主義」に関する大変明快な叙述と分析が見いだされるであろう。そこに描かれているドイツ的社会主義は、一九一九年から一九三四年までドイツをうろつき廻ったものと、その細目、スローガン、表現のはしばしに至るまでそっくりそのままなのである。すべてのテーマがこの十九世紀前半の社会主義文献の中ですでに批判されたのである。

また俗物《フイリスター》と呼ばれていたドイツの小市民は当時すでに、「一方では資本の集中と、他方では革命的プロレタリアートの台頭」の結果として破滅におびやかされていることを感じていた。当時すでに、この小市民的社会主義の英知の最終結論は、工業における同職組合制、農業における家父長制への復帰であった。この「真正社会主義」もまた、同時に資本主義と革命的・プロレタリア的社会主義に反対した。「こうしてひとは一つの石で二羽の鳥を打ち落とそうとしたのである。」

もちろん当時はまだ「プロイセン的社会主義」についてはほとんど語られなかった。なぜなら、プロイセンはまだ苛酷な現実であり、神話ではなかったからである。しかしすでに、ドイツ民族は模範的民族であり、ドイツの小市民は人類の原型であると説明されていた。「このタイプのあらゆる卑小さ、偏狭さにも高遠な、社会主義的な説明が加えられた。」この社会主義は「コミュニズムとその獣的な破壊的傾向」の敵であり、いかなる形式の階級闘争にも超越した非党派的なものであるとうぬぼれていた。

こうして当時のドイツの社会主義の理論家たちは、西欧の社会主義文献を去勢し、その「一面性」を克服した。だがその代わりに、二十世紀に歴史的神話学または神学をもってしたのと同じく、全体を哲学の雲で被ってしまった。当時社会主義は「純粋理性」の概念で翻訳された。ちょうど百年後に「人種の神話学」で翻訳されたように。

# 人種の神話

すでに早くからマルキシズムは単なる政治的、経済的、社会的なプログラムの域をはるかに越えたものであった。マルキシズムはその創設者たちの眼には一種の歴史哲学、すなわち過去と現在を理解するための鍵でもあった。そしてたしかにマルキシズムは、歴史研究の方法の根本的革新にも実際貢献したのである。しかしそれ以上に、マルキシズムは、全体的な転覆とか、あらゆる価値の完全な転換とかという終末論的なヴィジョンをもつ一つの全体的な世界観であり、そしてそれが実現された暁には、プロレタリアートは人類の歴史を、それどころか宇宙の歴史さえもプロレタリアートの完成に奉仕させるはずであった。換言すれば、マルキシズムは、メシアの救世の教えであったし、また今日なおいくらかそうなのである。

この壮大な世界観にたいして、過激な新国家主義が別な世界観、すなわち人種の神話を提起する。これはマルキシズムよりもドイツ人の精神のある種の傾向に一層訴えるものをもっている。これは、数多くの十九世紀、二十世紀の思潮によってすでにあらかじめ形成されていたものであった。この人種の神話もまた、世界史の哲学であり、現在を説明するものであるという要求を掲げる。これは全体的な世界観となり、世界革命の方法たらんと自称する。これはまたこれで救世の教えとなる。

一般に人種という言葉は二つのまったく異なる意味に用いられる。一定範囲の人間集団が数世紀にわたって共同生活を続け、同一の神を崇拝し、同一の言語をかたり、文化、芸術を生む。そしてそれらが再びその社会集団に形成的な逆の影響をおよぼし、ついにはその集団は共通な特有な特徴を獲得するに至り、そのために他の集団とは明確に区別される。その集団は固有な思考様式、感情様式、その固有な反射、その倫理をもつ。この意味でひとびとはフランスの、イギリスの、あるいはドイツの人種について語ることができる。そしてひとびとはこうした表現のもとに、長い共通の歴史によって第二の天性となってしまった一定の特徴を理解しているのである。そうした特徴はおそらくその集団の身のこなしや肉体上のタイプさえも規定する。この意味では人種は歴史の産物である。

一方人類学が主として問題とするのは肉体上のタイプ、とくに生得の特質である。これは風土にも社会環境にも影響されないものであって、遺伝による。すなわち、皮膚の色、体形、とくに頭蓋骨の構造である。ひとが北方人種、アルプス人種、地中海人種などというのはこの意味においてである。

しかし、血液と肉体上のタイプの遺伝が、特殊な道徳的な特質の伝承を、とくに知的能力や、文学、芸術、政治的な創造力などにたいする生得の素質や、特別な感覚様式、思考様式などの伝承を含むものであるか否かという疑問が生ずる。これは現在に至るまで依然として解くことのできない謎であり、学問的成果のとぼしくかつ不満足な領域である。

ところがほかならぬこの領域こそ人種神話の基本的テーゼの基礎なのである。狂信的な人種学者たちは科学的な人類学には依拠しない。彼らは冒険的な素人理論を、たとえばゴビノーの理論などをよりどころとする。このゴビノーはフランス共和国の大使で、ボルドー市民の名門の出であることに満足できず、民主主義を嫌悪するあまり、自分の先祖はノルマンの貴族ヴァイキングであると言いだしたような人物である。

北方人種の生得の、摂理による優越の理論、北方人種は他のあらゆる人種に優越し、北方人種のみが国家を建設し、文化を創造する能力をもつという理念を受けいれるには、ドイツの精神的雰囲気は特別あつらえむきのものであった。十九世紀初頭以来、哲学者、歴史学者、文化批評家、言語学者、はては人類学者にいたるまで、ドイツ民族の特殊な使命という理念を発見したり、あるいはひねりだしたり、ドイツ民族の他のあらゆる民族にたいする精神的、道徳的優越の理念を広めたりした。この理念はその後しだいにドイツ人の思考に浸透して行くように見え、続いて一般の確信となり、宗教となった。そしてついにはある種の狂信者の眼には、この宗教はドイツ民族の心の中の古い伝統的なキリスト教を克服し、これにかわるべきものとなった。

啓蒙思潮や古典主義は、ドイツ文化が外国に、たとえばアテネ、ローマ、フィレンツェ、パリー、イギリスなどに何を負っているかをまだ忘れてはいなかった。クロップシュトックやゲーテは、ドイツの国民文学がイタリア、フランス、イギリスのそれと対等の資格で相対する日を渇望し期待したけれども、彼らは世界市民であり、あまりにも深く西洋的人文主義に根をおろしていたので、ドイツのうちにあらゆるヨーロッパ文化の中心、源泉を見ようとする夢想に陥りはしなかった。

ヘルダーはその青年時代に西欧の伝統的擬古主義に、よそよそしい、あるいは敵対的な態度をとり、そして偉大なドイツ文学のために道を開くのに、おそらくは他の誰よりも多くの貢献をしたのであったが、このヘルダーさえも、ドイツ精神に他のあらゆる国民の文化にたいする優越を是認することを拒否したのであった。「いかなる国民にも生得の優越という口実の下に、他民族支配の思想の王笏を手渡してはならない。剣や牢番のむちにたいする要求権なぞはましてものことである」(ヘルダー全集、ズーファン版、第十八巻、二八四頁)。

「ゆっくりとした眼に見えない推移のうちに、ほかならぬ二、三の哲学者がこの精神的優越にたいする、ついで思想の王笏にたいする要求を掲げ、ついには形而上学的特権として必然的な政治的優越を求めるにいたった。」シャルル・アンドレルはこの理念の一世紀間の進展をこのように要約している。

やはりヘルダーやゲーテの同時代人であるが、半世代若いシラーは、早くもこのテーマを歌った「ドイツの偉大」という独自な詩の断片を残している。この詩の中にひとびとは、ドイツ解放戦争の雰囲気を予見することができる。

マレンゴの戦いの後、シラーは次のように書いている。「すべての国民はその偉大の日をもつ。」ドイツの日はまだ熟してはいない。他の国民が物質的征服につとめている間、ドイツ精神は聖なることがらだけを重視し、ドイツ精神だけが永遠と対話する。ドイツの日はあらゆる過去の時代の収穫の日となるであろう。この日に人類の姿は豊かに完全に復活するであろう、と。

しかし、ドイツ民族の形而上学的使命へのこの信念を、声高く明確に叫んだ最初の人は「ドイツ国民に告ぐ」のフィヒテである。彼はこう宣言している。かつてすでに、ゲルマン民族は摂理によって選ばれ、ローマ帝国の普遍的な支配とローマ帝国の単一性からヨーロッパを解放した。それは自由の理念を救いだすためであった。二度目にはドイツはマルチン・ルッターの宗教改革によって世界に自由を贈った。ルッターはキリスト教をローマ教皇の専政的迷信から解放した。今やその同じドイツ民族が、世界の文明の自由をナポレオンの圧制から解き放つ使命を与えられている。これはドイツ人にして始めてできることである。なぜならドイツ人は平凡な民族ではなく、独自の民族であり、「原民族、民族そのもの」であり、完全な活力を保持している唯一の本源的民族であるからである。ドイツ人のみが原言語を純一無雑のままに保持してきたのに反して、他のゲルマン系の種族、たとえばフランケン人、ランゴバルト人などは生得の言語を捨て、その結果、本源的な純潔とその固有の魂を失なってしまった。それゆえにフランス人、イタリア人は独創的な文学、独自の哲学を創造することはできない。彼らはその本源的な新鮮さをもはや絶対に再発見できないからである。ドイツ国民のみが永遠に根ざし、ドイツ国民のみがヨーロッパ文化再生のつきることなき泉である、と。

このテーマは、多様なヴァリエーションをなして、十九世紀の経過のうちにくりかえし見いだされる。まずその最初は、ヴィコとヘルダーの後裔であり、ヘーゲルの先駆者であるドイツロマン派の歴史哲学と歴史形而上学である。そしてこの進展の冒頭に「一切の歴史的生成は、それがドイツ民族の勝利に至らぬならば、その意義を失なっていたであろう」（シャルル・アンドレル）という要求が掲げられる。

十九世紀ドイツ最大の哲学者であるヘーゲルにとっては、ドイツ民族の使命は、世界においてキリスト教の原理を勝利に導いたことにある。ゲルマン人はこの聖なる使命のために選ばれたるものである。なぜなら彼らは生来深い内的宗教にたいする素質をもち、彼らのみが情緒《ゲミュート》をもっているのに反して、ロマン人には無限なものへの感覚が完全に欠けているからである。ゲルマン人の北方的、異教的な宗教は、この民族の中にさほど深く根を下ろしてはいなかったために、福音の宗教との最初の接触に際してほとんど跡形もなく消え失せてしまった。キリスト教はその純潔と現実と内的真理を宗教改革によって始めて再発見した。キリスト教がドイツの地に花を開き、その深さがゲルマン系諸民族によってのみ完全に把握されたのは偶然ではない。こうしてドイツは世界の精神的自由の旗手となった。そしてまた未来においてもそうであろう。ドイツ精神と近代精神は一つである。そしてプロイセンはこの精神の最も純粋な化身である。

フィヒテやヘーゲルのようなプロテスタントによるならば、宗教改革は世界においてドイツ精神に、その意義と優越する位置を与えた偉大な精神的行為を意味するのであるが、一方ゲレスやシュレーゲルのようなカトリック教徒は、ドイツの優位にたいする要求権の基礎を、より古い伝統である神聖ローマ帝国の理念に置く。神の摂理は、ローマ帝国が崩壊した時、若い新鮮な野蛮な力が歴史によって保存されるように配慮した。この若い種族が帝国を再生させた。そしてドイツ人の血を享けた王が教皇によって戴冠して皇帝となり、教会とキリスト教界の守護者となった。これはドイツ民族にのみ許された特権であった。そして近代の黎明期における諸国民の反乱は、信仰と教会の一致の崩壊と時を同じくして起こった。この政治と宗教との一致を、帝国と教会との同盟によって再興することがドイツ人の使命である。

十九世紀初めの歴史研究、中世封建制度の起源の研究が、この形而上学的な見解に影響を与えていた。そしてこの形而上学的見解は、中世とその文学、封建法、社会機構をゲルマン人の征服者、とくにドイツ人の征服者の作ったものと見なした。さらに十九世紀のなかば頃には比較言語学、神話すなわち神々や英雄の伝説の研究がこれに加わり、その後の思弁的なヴィジョンにきっかけを与えた。ひとびとはもはやロマン語やゲルマン語、およびそれら相互の研究だけに止まらなかった。グリム兄弟、ボップ、ツォイス、マクス・ミュラーらの研究成果によって、アイルランドからインドに至るほとんどあらゆるヨーロッパの言語の基礎にある類縁関係を引き出すことに成功した。その最も広く知られている分枝はゲルマン語、スラヴ語、ラテン語、ギリシャ語、ペルシャ語、サンスクリットである。性急な研究者たちはこのことから次のような結論を引き出そうとした。すなわち、これらのインドゲルマン語を話す民族はすべて肉体的に同一の起源のものであるか、あるいは、インドゲルマン人というのは全ヨーロッパとアジアの大部分を征服し、彼らの征服した民族にインドゲルマン語の使用を強制した貴族のことである、というのである。マクス・ミュラーがいうように、その祖先が同じ土地、同じ村に、そしておそらくは同じ屋根の下に住んでいたインドゲルマン人、あるいはアーリア人種というものをひとびとは空想し始めた。

ヨーロッパとローマ帝国を征服したゲルマン系諸民族のほとんどすべてが、元来はドイツに、北独の低地、この「諸民族の仕事場《オフィキーナ・ゲンチウム》」に住んでいたという、歴史的に基礎づけられた理念にひとびとはすでに馴染んでいたので、アーリア人発祥の地をバルチック海沿岸のどこかに求めることも容易なことであった。ここからアーリア人種は出発して、インドに、スパルタに、ローマに、貴族の戦士を生み、支配階級を築いたというのである。こうしてひとびとは、ドイツ人はこのアーリア人種の最も純粋な真正な代表者であったし、またあり続けたのだ、ということを信ずることができたのであった。

その間人類学は人類学で、ヨーロッパに三つの人種、北方型、アルプス型、地中海型の三つの人種を確認しうると信じていた。北方型人種はとくに北海、バルチック海周辺に広がっていた。しかも古いギリシャ、インド、ケルトの文書は、ブロンドの髪と青い眼をもつ神々や英雄について語り、この特徴がしばしば貴族の征服者、あるいは高貴の徴証とされている。従って、ふたたびアーリア人と北方人が同一の型と見なされるのは自然であった。このようにして徐々に、歴史家、言語学者、人類学者によって、「フィヒテの遺産が人種、文化の理論家に」(シャルル・アンドレル) 伝えられて行った。

ついで、人種理念のこの発展段階にゴビノーが割り込んでくる。彼はテヘランやストックホルムでフランス大使を勤めた人物で、ティエリー、キネー、テーヌ、あるいはルナンなどよりももっとドイツの哲学者や学者に学んでいた。もっともゴビノーは、北方人は巧みに戦争を行なったり、国々を征服したり、秩序ある国家組織を作りあげる才能をもっていると考えてはいたが、しかしヨーロッパを概観してみると、芸術や文学にたいする地中海の意義を確認せざるをえなかったので、あらゆる芸術的才能は黒人の血を前提とするという結論に彼は達する。また彼にとっては、ドイツ人はもはや古代ゲルマン人種の代表者ではない。ゲルマン人種の代表者たるにはドイツ人の混血はあまりにも甚だしい。一般にゴビノーの理論は明らかにペシミスティックな傾向をおびている。これは文化の避けがたい退廃の哲学である。

また比較宗教史もそれなりに人種神話に貢献した。なかでもそれはショーペンハウエルであった。彼によってこの神話にはこれまでほとんどもっていなかった新たな特色が与えられる。すなわち反ユダヤという特徴である。このダンツィヒ生まれの哲学者がどのような愛着をもってインドの世界観、仏教、バラモン教に熱中したかは知られている。彼はこのインドの世界観の中に神々をもたない唯心論的、厭世的宗教を、自然と宇宙の本質への深い洞察と直結した生の否定を見た。彼はこれと対立する他の宗教を憎悪をもって追求し、口をきわめて罵った。すなわちユダと旧約聖書の非常に積極的、現実的な一神論の宗教であり、それは信者に物質的利益を約束し、自己の人種が生き長らえることをのみ目標とする。つまり、最もたくましい、感覚的な肉性の宗教である。

このセム族の宗教はアーリア人の精神性や仏教、ギリシャ悲劇の徹底的なペシミズム、カトリシズムの禁欲的な修道僧の理想とは甚だしく隔ったものである。これにたいして楽天的なプロテスタンティズムは、ショーペンハウエルにとってはユダヤ精神への復帰である。当時のドイツ、とくにその哲学に軽蔑の念しか示さなかったこのダンツィヒ生まれの哲学者にとっては、ドイツ精神は、もちろんアーリア精神およびその精神性とは何の共通点ももっていないのである。

こうした傾向はむしろ彼の門下リヒャルト・ワーグナーの作品に現われている。バイロイトは、ショーペンハウエルの形而上学やインド哲学、キリスト教伝説、ゲルマンの神話などが奇妙に結合し、反ユダヤ主義も一役買っている一種の情緒的宗教の中心となった。最初にゴビノーの名声をドイツに広めたのは彼の友人ワーグナーであった。そしてのちにH・S・チェンバレンが、バイロイトに第二の故郷を見出すことになったのも偶然ではない。

まさしくこのゲルマン讃美と偽キリスト教の雰囲気こそが、ニーチェにとって我慢のならないものであった。これまでドイツ人の傲慢、ゲルマン人種の誇り、反ユダヤ主義について語られた最も辛辣な言葉は、おそらくニーチェのそれであった。それにもかかわらず彼の門下たちのある者は、北方ゲルマン人をあらゆるヨーロッパ文化の、すなわちギリシャ彫刻の、ロマネスクやゴシックの大寺院の、イタリア・ルネサンスの創造者と宣言した。「ある民族がその血管の中にブロンドの血を加えているか否かは、その民族の文化の価値にとって決定的である。」このような人種神話学者たちによれば、ブロンドのアーリア人に固有なものは、哲学的・宗教的精神ではなく、文化の創造と芸術にたいする素質である。ヴォルトマンは「ゲルマン人はギリシャ文化、ローマ文化を非常な早さと独自な方法で身につけたが、キリスト教の摂取はきわめて徐々に行なわれ、しかも困難を伴った」と書いている。人種神話の展開と変化にとって次のことはまことに特徴的である。すなわち、先ずひとびとは、宗教改革とプロテスタンティズムが格別高く評価された時期には、ヘーゲルとともに、ドイツ人のみがキリスト教を理解しうると断言しておきながら、後には、ニーチェとともに、キリスト教を軽蔑して、アテネとフィレンツェの芸術的文化に感激し、そこにゲルマン人の名誉を見たということである。

これらのしばしば互いに矛盾しあう人種理念の一種のジンテーゼを創り出し、大ドイツ主義に精神的武器を提供した男は、ドイツ人ではなく、イギリス人、すなわちヒューストン・スチュアート・チェンバレンであった。彼の著作の中の人種に関する思索は、もはやゴビノーとは異なり、近代世界の不可避的な文化の退廃についての厭世的な観察ではなく、人種神話はドイツの未来にたいする一種の信念になっている。「高貴な人種は天から落ちてくるものではなくして、創られるものである。そしてこの創造のプロセスはいつ何時でも始められうるものである。過去においてアーリア人種なるものが全く存在しなかったということがよしんば証明されえたとしても、しかしわれわれは未来においてそれを存在せしめようと欲する。」

明晰な、いきいきとした、抒情的な、哲学的な言葉で述べられたこの楽天的な能動的な表現によって、人種の神話はドイツの教養人、とくに半教養人の間で異常に迎えられた。ヴィルヘルム二世は、彼の著「十九世紀の礎」を広めるために自ら財政的援助を与えた。この書物が見出した大きな反響は、それがドイツ人の多数の歴史的、政治的、宗教的先入観と同じ方向にあったことによっても説明される。ワーグナーのゲルマン讃美はカトリックに近く、反プロテスタンティズム、反プロイセンであった。ニーチェの門下ヴォルトマンは、当時としては余りに反キリスト教的であったが、「イエスの集い」をドイツ的、プロイセン的軍人精神の権化と見なしていた。しかし、文化闘争が未だひとびとの記憶を去らず、国中至るところでエスイト教団が嫌悪され、西欧民主主義が軽蔑され、社会主義が不信の眼でみられるようなドイツであったればこそ、チェンバレンは人種神話に大衆性を与えるのに適したジンテーゼ的公式を見出したのである。プロイセンは彼にとって反ゲルマン的原理のあらゆる形式に対立する、つまりローマ教会、フランス革命、民主主義、社会主義、ユダヤ精神に対立するドイツ的プロテスタント的、貴族的キリスト教的精神の具体化であった。

こころみに十九世紀の末に立ちもどり、周囲の当時の世界情勢に眼を向けてみるが良い。イギリスは世界を包括する権力の頂点にあり、アメリカは膨張を続け、ドイツは一世紀の光栄ある歴史を後にして洋々たる未来をひかえているように見えた。弱体と分裂のフランス、二流のイタリア、最後のいくつかの植民地を失なったばかりのスペイン、最後にその未来はまだまったく未知のスラヴの世界があった。

こうした情勢を見れば、人種の概念を前面に押し出す歴史観がひとびとに迎えられたのも容易に理解できる。この歴史観の正しいことは明白であり、誰の眼にも明らかであるように思えた。北方人が世界的事件の唯一の重要要因であるように見えた。世界を征服するのは北方人であり、創造的なものはすべて北方人に発するように思われた。

今やひとびとは、歴史の人類学的解釈に、すなわち人種神話に到達するには、現在の像を過去に投射しさえすればよかった。もちろんいくつかの修正は施さなければならなかった。北方人とアーリア人種のみがもつ創造力を信ずると同時に、さらにキリスト教とキリストをもあくまで手離すまいとすれば、いきおいひとびとは愉快ならざるディレンマの前に立つこととなった。というのは、西洋と北方人種は、その最も内面的、精神的本質である彼らの宗教を、軽蔑すべき劣等人種たるユダヤ民族に負うことはできなかったからである。したがって、キリスト教を拒否するか、これを北方人のあるいはアーリア人の創造と言明するほかはなかった。そこでチェンバレンはキリストをユダヤ人の歴史から取り除き、キリストをアーリアのガリラヤに生まれた碧眼金髪の人間に仕立てあげようとこころみる。

初期の著作および「礎」の中ではチェンバレンはいっそう大胆に、ほとんどあらゆるヨーロッパの民族と文化に彼の人種のワルハラ（戦死者の霊が集る天堂―訳者註）の席を与えている。彼自身母がヴァリス（スイスの州―訳者註）

の出、つまりケルト系であったので、ケルト精神が情こまやかなもろもろの伝説によって中世の文学と世界文学に、どのような美しい豊かな宝を与えたかを知っていた。トリスタンもパルチファルもケルト人のこまやかな空想の産物なのである。またチェンバレンは古代フランスの精神にたいして、モンテーニュやデカルトやラシーヌにたいして、また太陽王や彼が子供の頃遊んだヴェルサイユの庭園にたいして、深い崇拝の念を抱いている。また一方彼はドイツの精神生活におよぼしたスラヴの影響について、フィヒテやルッターやその他多くの、おそらくスラヴの血をひいていると思われるひとびとについて知っている。そこでチェンバレンはケルト・スラヴ・ゲルマン人種ということを論ずるのである。彼の見解がその範囲を狭めたのはずっと後年のこと、すなわち大戦直前、とくに大戦中のことであった。その頃になると彼はひたすらゲルマン民族のみを讃美し、祖国イギリス人にはもっぱら罵言を浴びせるのである。

だが彼はすでに最初から地中海諸民族、「このユダヤ化された諸部族のカオス」にたいして、ローマ教会にたいして、とくに教皇制度の最も熱心な防衛者、すなわちエスイトたちにたいして深刻な軽蔑の念をもっている。エスイト教団はバスク人つまり非アーリア人によって創立されたものであり、後継者の一人はユダヤ人で、もう一人は短頭人でさえもあった。チェンバレンにとっては地中海民族は途方もない偶像崇拝におちいっているのであり、したがって文化民族の列から排除されている。

ゲルマン民族の宗教的な、精神的な、道徳的な生活や文学に深く浸透している旧約聖書にたいしては、彼はまだ讃歎と同感の言葉をおしまないけれども、詩的な感覚も真の神秘主義もしくは宗教ももたないで、触れるものことごとくを枯渇させる主知主義的なユダヤの律法《タルムード》にのみ支配されているユダヤ人は憎悪する。

この人種的狂信はチェンバレンにおいては、ヴィルヘルム二世の場合とまったく同様に、さらにキリスト教的狂信、キリストへの深い信仰と結びついている。そしてパウロさえも「ギリシャ人すなわちアーリア人を母として生まれた息子」として彼には好意をもって受け入れられる。彼は、すでにワーグナーやゴビノーが単に美的な性質のものにとどまらない関心を示したゲルマンの神々をも拒否する。オーディンもバルドゥルも彼のパンテオンには祭られない。彼にとっては、アーリア精神がその最高の表現を見出したひとびとは、キリストであり、カントであり、ゲーテであり、リヒアルト・ワーグナーである。生活力にあふれた全盛期のドイツで、事実によってその正当性が承認されたかに見える人種理論が、第一次大戦ののちに、ドイツ民族が一敗地にまみれ、困難な政治的、社会的、道徳的危機にのたうっていた時に、再びその意義を獲得することができたのは、一見驚くべきことかも知れない。

「しかし、悩む者は望み、望む者は信ずる」(H・ド・マン)。人種の神秘主義は、戦前には少数のひとびとにしか真面目に受け取られなかったのに反して、今やそれはメシア的な信仰に、すなわち、あらゆる敗北とあらゆる困苦にもかかわらず、より良き血はあらゆる内的外的な敵に結局は打ち勝つであろうという英雄的な希望になるように見えた。すなわち人種理念はあらゆる社会的、政治的、宗教的、精神的な分裂を越えた全ドイツ人の深い根本的な統一にたいする信仰の行為なのである。国民は、もはやルナンがみごとに言い表わしたような単なるありきたりのプレビスチートではなく、自然そのものとともに与えられたゆるがしがたく論議の余地のない現実であり、あらゆる省察、あらゆる意識に先行するものなのである。

この人種神秘主義はたんに未来への信仰たるにとどまらず、現在と、ドイツにふりかかった大いなる不幸をも説明することとなった。ドイツの退廃、その偉大の没落の責任は、ドイツ人そのものにあるのではなく、外部の敵たちに、とくに異なれる血の持主、すなわち国内ではユダヤ人にあるというのである。人種理論を浮かびあがらせ、それを政治的な要因とし政治的な力としたもの、換言すればそれをソレルの意味での社会的な神話としたものが、その反ユダヤ主義であった。

穏健な反ユダヤ主義はドイツの政治思想は十九世紀全体を通じてすでに知っていた。フィヒテ、ことにアルントに反ユダヤ的な感情のあとが認められる。この傾向は当然ユダヤ人が政治的、社会的、精神的とくに経済的な生活において完全な市民権を獲得するにつれてますます強くならざるをえなかった。知られているように、ビスマルクはプロイセン州議会においてユダヤ人解放に反対する演説を行なって注目をひいた。その後も反ユダヤ主義は国家のキリスト教的性格を擁護しようとする保守的な層にとくに拡がっていた。しかし十九世紀においてはユダヤ人にたいする非難は、ただその特性、すなわちドイツ的あり方にとってはしばしば異様な考え方、感じ方、行動様式にだけ向けられていた。一般にまだひとびとはユダヤ人がどの程度同化してドイツ人となったかを基準として彼らを民族協同体に受け入れる用意があった。ラガルドにとってさえも、まだ決定的なものは心的態度であって、血ではなかった。「血液ではなく、心情がひとをドイツ人とする。これまで、ギリシャ哲学、ドイツ史、ドイツ音楽を心から研究したユダヤ人で依然としてユダヤ人たるにとどまった者はない」（ラガルド「ドイツ論叢」四二四頁）。

反ユダヤ主義は十九世紀の末頃ユダヤ人がますます影響力と重要性を獲得してくるにつれて激しくなった。それが頂点に達したのはおそらく、ユダヤ人にたいする最後の法的、社会的制限が取り除かれたワイマル共和国時代であり、ついでは第三帝国においてであった。

ユダヤ人は実際、新国家主義が敵とした一切のものの具象化のように思われた。すなわち、資本主義、自由主義、民主主義、国際主義、平和主義、人道主義、そしてそれらの精神的元祖たる合理主義であった。

資本主義と産業革命が時間的にユダヤ人の解放に先行していたイギリスやフランスでは、近代経済のこの二つの形式をユダヤ精神の表現や発明品と考えようなどとは、ほとんど誰も思いつきはしなかった。しかし、この二つの領域において西欧ヨーロッパの発展に長い間取り残されていたドイツにおいては、最近解放されたばかりのユダヤ人がすでに早くから新たな経済の飛躍に、工業化、とくに銀行と金融機構に関与していた。彼らの先天的な能力は彼らに驚歎すべき成功を確保した。しかしそれは、しばしばあまりにも顕著でありすぎた。商業を営む者はとくに多く、中にも多くの大デパートはユダヤ人の建設によるものであった。すでにビスマルク時代に、小手工業者や小商人は、自分たちを顧みてくれない世間での不成功をユダヤ人の事業のせいにし始めた。ドイツの、多くはユダヤ人の銀行とウォール街やシティとの国際的な関係、たとえばラザール兄弟銀行のような、パリーでもロンドンでもニューヨークでも勢力をもっていた銀行が、巨額の国際的な借款とくに賠償額決定に際して演じた大きな役割、さらにひとびとが大銀行にもその責任を負わせようとしたインフレーション、このすべてがユダヤ人にたいする疑いを一層大きくするのに貢献した。「プロレタリア国民」の反資本主義的な反動が反ユダヤ主義を煽動するのはほとんど必然の勢いであった。慎重なるべき政治家、ジャーナリストまでが「ユダヤ人が資本主義をヨーロッパへ持ち込んだのだ」（メラー・v・d・ブルック「第三帝国」一四〇頁）と説明した。

しかしユダヤ人は政治的、精神的な自由主義の発展にも非常な関心をもっていた。ハイネとベルネは当時民主主義的自由主義と平等との最も熱烈な擁護者であった。十九世紀の間にユダヤ人は市民階級の中の知的に非常に活発な一部となっていた。公的な行政面での業務に加わることは彼らにはまだ許されていなかったので、彼らの多くは自由業を選び、医師、弁護士、大学教授、ジャーナリストとなり、とくにジャーナリズムで頭角を現わした。彼らが自由主義的、進歩的、民主主義的な政党の強力な指導的代表者となったことは容易に理解できる。この事情はすでに第二帝政期にうかがわれ、とくにワイマル共和国時代には著しかった。ワイマル共和国では彼らは裁判官、州議員、次官、あるいは大臣にもなることができた。彼らは政治的には主として自由主義的進歩的な党派で働いたために、当然反自由主義運動はとくに彼らをも攻撃の目標とした。ワイマル憲法を作ったのはユダヤ人ではなかったか？　ワイマル憲法はドイツ民族を無力にすることだけを目的としているのだ、とひとびとはいった。あらゆる平和運動、あらゆる反軍国主義運動の先頭には必ずユダヤ人がいるではないか？　彼らは生まれながらの国際主義者なのではなかろうか？　こうしてユダヤ人は非人間的な唯物主義的な資本主義の発明にたいして責任を負わされただけでなく、空想的な神話によって、彼らはヨーロッパにおける一切の民主主義の発展の先兵とされてしまった。それどころかハンス・ブリューエルは、ユダヤ人をフランス革命の責任者とさえもしている。彼らはすでに十八世紀のうちに国際的なフリーメーソンと共にフランス革命の準備を助けたというのである。

国民に非常な害毒を与えたマルクス主義的社会主義も主としてユダヤ人のおかげだ、とひとびとはいった。ユダヤ人の理論家、政治家がドイツでもロシヤでも社会主義の教義を広めることにおいて、また社会主義政党の歴史において非常に重要な役割を演じたことは疑いもない。ラサール、ベルンシュタイン、ローザ・ルクセンブルク、トロツキーの名を挙げるだけで十分である。しかも社会主義は主としてマルクスの創始したものである。してみれば、マルキシズムはユダヤ的知性の典型的な産物ではなかろうか？　抽象的に思考する律法《タルムード》的な頭脳のみが、ヘーゲル哲学のような壮大な歴史哲学を、生産方法の唯物論的経過へ堕落させることができたのだ。そして宗教と精神の真の生命とにたいする理解に欠けた人間のみが、ドイツの労働者階級を唯物論的なメシア思想で毒することができたのだ。一般に、とひとびとは空想した。ユダヤ精神はつねにもっぱら破壊的である。魂なき資本主義の創造によって自己を表現するにせよ、あらゆる社会生活を解体する自由主義を、あるいはあらゆる健康な国民感情に平手打ちをくらわし、キリスト教社会の墓穴を掘る国際的社会主義を信奉するにせよ。すでにモムゼンは彼のローマ史の中で、ユダヤ人は民族の生活の中では破壊的な要素として働く、と断定せざるをえなかった。

また精神的、芸術的、道徳的生活においても、ユダヤ人の役割は破壊的なものであった。彼らは決して偉大な芸術的創造者ではなく、彼らの生産するものは売れ行きのいい二流の文学、芸術である。それらは必ずキリスト教的、保守的、国家主義的な伝統の西欧に敵対し、しかし、必ず革命的な新奇さ、いわゆる進歩的な理念に熱狂している。たとえばアインシュタインの相対性原理、われわれの文化のあらゆる客観的な価値を掘り崩すフロイトの精神分析学、あるいはヒルシュフェルトの性の研究などである。ジャーナリズムや文学批評、芸術批評の世界はユダヤ人がおさえているために、彼らは二流の作品や無価値な作品を讃めあげ、外国で有名にし、外国で出版者を見つけ出してやることができる。世界における多数のユダヤ人作家の成功は、たとえばフォイヒトヴァンガー、ヴァッサーマン、エーミル・ルードヴィヒらの成功はこうとしか説明の方法がない。ところがこれらの作家と同等の、あるいはより優れた純粋のドイツの詩人、作家は暗黙の結束によってドイツの公衆にすらほとんど未知のままに過ぎたのである。またほぼ一八四〇年以後の彫刻、音楽、哲学の分野におけるドイツの相対的退廃が、ドイツの精神生活におけるユダヤ勢力の増大と一致しているのも偶然ではない。

以上のような思考は論理的に、ユダヤ精神を破壊の要素、悪への意志とみなし、あるいはユダヤ精神を、世界史において積極的創造的精神に、すなわち北方人種によって世界の中に立ちあらわれた善に対立する形而上学的本質にまで高めるところへ通じざるをえなかった。こうしてわれわれはマニ教的な神話に、人種論的にとらえられたルソー主義に到達する。そこでは生まれながらに善なる人間、すなわちブロンドのアーリア人の堕罪が、混血によって、ユダヤの蛇の誘惑によって説明されるのである。

その際、ひとびとは、あらゆるヨーロッパの国家がゲルマン人によって建設されたとか、あるいは北方人がインドゲルマン文化を創造したと主張するにとどまらない。否、あらゆる文化、バビロニヤの、エジプトの、中国の文化、それらすべてがその発祥と繁栄を、はるかの太古にアトランティスに住み、そこからその「子孫を航海者としてあるいは戦士として世界へ送り出した」（ローゼンベルク「二十世紀の神話」二四頁）金髪碧眼の人間に負うているとするのである。

「チェンバレンを補足する太古史の研究が人種学と結んで、より深い内的意識を呼びおこすに至った。」今日ではひとびとは血の宗教の歴史は「諸民族の、その英雄と思想家の、その発明家と詩人の偉大と没落の大いなる世界的叙事詩である」ことを知っている。

アーリア主義のこの新たなバイブルの著者であるアルフレート・ローゼンベルクは、彼の世界史的な創作の歴史的な科学的な価値を信じていたのであろうか？　「ひとは神話という平面に立てば、あらゆる反論にたいして安全である」（ソレル）。事実ローゼンベルクがチェンバレンの「十九世紀の礎」の増補新版ともいうべき自分の著書を「二十世紀の神話」と題したことは注目にあたいする。チェンバレンはまだ真理に仕える者と自称しているのに、ローゼンベルクは、「客観的、無前提的な科学は存在しない。なぜなら、科学もまた民族的な制約をうけ、血の表現であり結論なのであるから」と宣言している。彼にとっては科学は全く問題ではない。むしろ彼の目標は歴史と生の哲学を創ることにあった。すなわち、二十世紀のドイツ人、ゲルマン人にたたきこむべき世界観、実用的な真理、ソレル的な意味での神話を提唱することであった。この神話は世界史のための鍵を与えると同時に、現在を説明し、再生のために基礎となることのできる未来のための行動綱領である、というのである（ローゼンベルク「神話」一一四頁）。

マルキシズムに従えば世界史は階級闘争によって規定される。新たな血と人種の神話においては、歴史は北方人種の魂とユダヤ人種の魂との間の長い果てしない闘争である。北方的起源のエジプト文化はユダヤ人によって没落させられる。ギリシャでは、アポロン的精神、ギリシャ的生活の明るい、澄んだ、ドーリス的、北方的な要素が、東洋的、アジア的、ディオニュソス的非精神、すなわち恐るべき感覚的な秘教のために侵され、他方では、「最初の国際主義的な社会民主主義者」ソクラテスのために崩壊させられる。ローマの権力が瓦解したのは人種の混淆の結果であった。そして古代の、迷信的な東洋的なエトルリアふうな本質が、魔法と魔女と遊女と鳥占師と腸占師を伴いつつ再び優位をしめる。これらの直系の子孫が教皇なのである。

また諸民族がはなはだしく混淆した堕落のローマが、パウロのキリスト教を採用したのも不思議ではない。ローマの堕落がなかったならば、原罪と恩寵と救済という東洋的、ユダヤ的理念は、代表的な、強く、純潔で、英雄的な人種の中で決して栄えはしなかったであろう。この理念は良心の苛責と堕落した人種と不純な血の発露にすぎない。

古典古代の末期以来、ローマ教会はユダヤ的なディオニュソス的な感覚性の具体化である。ローマのまじない師はあらゆる手段をもちいて世界を征服し、世界に魔術的・魔神的な世界観を強制しようとした。これがローマの教義と社会の歴史の内容をなしている。不屈で自己を意識したゲルマンの魂を挫くために、ローマ教皇はドイツへまず宣教師を派遣し、ついで異端審問官をおくりこんだ。ドイツの王たちを奴隷とするために彼らを皇帝にしたてた。ルッターに至って始めて北方人はローマのくびきから解放された。しかしそのルッターは北方人をユダヤの書とユダヤの価値のかたくなな信仰にゆだねた。そこでエスイトは、アルプス人種の低級な型のひとびとが多数を占めているドイツとヨーロッパの一部とを、ローマのために奪還することができた。

しかし今やシリア的・ユダヤ的・アルプス的教会は死滅の時に近づいている、とローゼンベルクは考える。だがプロテスタント教会と伝統的キリスト教の理念もまたゲルマン的価値に敵対的なものである。それらは北方的人種に発する諸民族の有機的な力の自由な発展を妨げる。それ故にキリスト教の価値転換を行ない、ゲルマンの根本理想を再建することが必要である。新しい時代が始まった。「今日新しき信仰が目覚める、すなわち血の神話、血をもって人間一般の神的な本質をも擁護する信仰である。北方的な血は、古い秘蹟に代わりこれを克服したかの秘教をあらわすという、最も明白な知識によって具体化された信仰である」(同書、一一四頁)。

この新たな信仰の精神に基づいて、ドイツ人の生活全体が、国家、社会の構造、法律、芸術、とくに宗教そのものが革新されなければならない。この種の昔の信仰運動はすでに、ドイツ人の宗教をあらゆる外来の宗教、すなわちローマン・カトリック教やキリスト教一般から清めようとし、そしてひとびとがそのうちに汎神論的に自然の象徴のみをみたところの古いゲルマンの神々にまで遡ったのであった。ローゼンベルクによれば、ボニファティウスがドイツへやって来た時、オーディンやその他の神々はすでに死んでいた。しかし人種の魂の表現としての北方人の信仰は決して死に絶えてはいなかった。この信仰はローマ教皇による奴隷化の数世紀を乗り越えて、ローマと公教会への反逆という形でゲルマン人の魂の中で復活した。この内的信仰の最も純粋な表現が中世のドイツ神秘主義であり、その最も重要な天才が「ドイツ人の真の使徒」エッケハルトである。ローゼンベルクはエッケハルトの教説を要約して次のように述べている。「神秘的な魂は広き大空よりもさらに広い。この魂が全く自己自身であり、地上の汚れから解き放たれるならば、それは外面的なたくみを、すなわち教会も、神の恩寵も必要としない。この魂は神と同等に対抗しうる。否、神の存在はもっぱらこの魂に依存する。」のちにこの遺産をパラツェルズスが、ついでゲーテが継承した。ゲーテの宗教はエッケハルトのそれと同じであるというのである。

この純粋にゲルマン的な宗教へ立ち帰り、それのみが北方人種の魂の尊厳に相応わしいこの信仰の形式を再発見するためには、ひとびとはもちろん「この間夫《まぶ》と家畜商人の話」である旧約聖書を投げ捨てなければならない。そしてそれに「始めは素朴な物語であり、後に象徴として理解された北方の説話、伝説がとって代わる」であろう。ついで新約聖書もユダヤ人とローマ人によるあらゆる偽造から、山上の垂訓やあらゆる非英雄的な感傷的な調子から清められなければならない。

キリスト像そのものも新たに創り出されねばならず、恭順や同情のような「徳目」は取り除かれねばならない。それらはゲルマン的な心的態度には一致しない。北方人の最高の価値は名誉である。宗教にとってはおそらく愛が最高の価値であった。だが民族教会たらんとする宗教運動は、隣人愛を国民的名誉の下位に置かなければならない。

ローゼンベルクの求めるドイツの新たな全体教会はすでにいくつかの霊場をもっている。すなわち第一次大戦の戦没者の記念碑である。その碑に祭られる殉教者は一九一四年―一九一八年の間にその血をヨーロッパの戦野に流したひとびとである。「マイスター・エッケハルトと鉄甲をかぶった出征軍人とは何の違いもない。」

ベートーヴェンの交響曲、ワーグナーのオペラ、レンブラントの絵画、グリューネヴァルトの宗教画、ゴシックの大寺院、これらは新時代の礼拝が行なわれる教会を飾る。それどころかこの新たな民族教会は独自の宗教裁判制度さえもつであろう。「新たなゲルマンの理想を拒否するものは、民族への反逆者と宣告され、民族共同体から追放される。」

従ってローゼンベルクによれば、ゲルマン諸種族により深い宗教と文化とを与えたものは決してキリスト教ではない。逆に、ヨーロッパのキリスト教、キリスト教一般はその最高の諸価値、その永続的な理想をゲルマンの魂に負うている。それ故に永続的なのはゲルマンの魂であって、キリスト教の教義ではない。

熱狂的な人種論者がローゼンベルクをさらに一歩進めて、キリスト教一般ともはや何の共通するところもない純ゲルマン的な宗教を導き出すべき宗教改革を予告するとしても驚くには当たらない。例えばドイツ・キリスト者の運動がもっぱら目的とするところは、キリスト教をあらゆるユダヤ的な要素、あるいはユダヤ的と説明される要素から「清め」、キリスト教をドイツ人の本質に、あるいは北方人の魂により一層同化させて、いわば近代キリスト教の枠内で価値の転換を行なうことであった。しかし民族的な宗教団体にとっては、罪やキリストによる救済のようなユダヤ的理念や概念は、キリスト教そのものと一致している。それ故に彼らはキリスト教そのものを捨て去る。キリスト教の教義、秘蹟、教会を受けいれたことは、ゲルマン諸民族の正常な倫理的、宗教的発展に異物を混入し、純粋性を侵した。ドイツ民族が、ドイツ魂の最も深い思想、根源的な感情、最も神秘的な憧憬を表現する宗教的な指導者をかつて生み出さなかったのもここに原因がある。ゲルマン人は中国の老子、あるいはインドの仏陀をもたない。千年以上も北方人の血は、自分の魂を縛っている鎖をはらい落とすために不断のひそかな戦いを続けている。キリスト教以前の宗教へ復帰し、エッダの英雄詩に歌われているような宗教的精神を復活すること、それがドイツ的なあり方に相応わしい。しかしこのことは、今やひとびとはオーディンの存在を信ずる、などということを意味するのではない。古代ゲルマンの神々は、自然の不可思議な力と北方人の倫理の象徴にすぎなかった。結局、それは古代スカンディナヴィヤ文学の詩的・神話的な像によって飾られる一種の自然汎神論なのである。これらの新・異教的宗教団体は新たな礼拝式をも考え出した。一種の洗礼、成人式、夏至冬至の祭などであり、ひとびとはそれらを祭壇として役立つことのできる聖なる泉や神秘的な石などの近くで時々執り行なうのである。

民族的な宗教形態のこのような形式が、とくに半教養人の間で反響を見出したのは特徴的である。高等学校の教師たちのほかに、ベルクマンやハウアーのような大学教授さえも、それと類似の夢想にかかり合ったということはたしかに驚くべきことである。なぜなら「古き神々のもとに馳せ参じよう」という希望は、それが二十世紀のゲルマンの地の出来事であるだけに、古代ローマの背教皇帝ユリアヌスの企てなどよりも遙かに無謀な馬鹿げたことであるからである。ユリアヌスが復活しようとした宗教は、数世代前にはローマの国教であったし、しかもローマ人の文化の発展のすべての面においてローマの最盛期に至るまで続いていたものであった。ところがこの場合は、千年以上もの発展をこえて、ゲルマン諸部族を文化の入口まで導いたにすぎない宗教の神話と形式を、盛り立てようという試みがなされる。ついでひとびとはこの宗教によって、ドイツ民族の精神的、道徳的全生活を更新し、この宗教を、新教徒、旧教徒、反キリスト教的神秘家をその懐において和解させる教会の基礎としようとするのである。

「宗教が人間の意識の深所に住む唯一の現実ではない。革命的な神話もそこに場を占めて同等の地位をもっている」とソレルは書いている。国家主義という最も過激な形式において、血と人種の神話そのものが中心の信仰に、宗教になった。

人種の理想を論じ、あるいはドイツ人の本質または北方人の魂にふさわしい新たな宗教を論じた多数の書物をひもといてみる時、ひとびとは繰り返しニーチェの思想とアフォリズムに出逢う。ニーチェは勝利と血に渇いたブロンドの野獣に賞讃を拒むことができなかった。また彼にとってはキリスト教は若く潑剌とした本源的な諸民族の真の毒素であり、罪と永劫の罰と救済の教えは彼にとって戦慄すべきものである。

そこでひとびとは、ニーチェならば憤怒と嫌悪をもって異議をとなえたであろうような場合にも、彼を引き合いに出すことを止めなかった。ほとんど悲痛なまでの明察をもち、清潔な鋭い透明な思想のみを承認するこの偉大なドイツ人は、さまざまに変形され混合されて、ドイツのキリスト教徒、ローゼンベルクや、あるいは民族的分派設立者たちによって始められた偽キリスト教と笑うべきゲルマン信仰の不潔なまぜものを、疑いもなくただ嘲笑をもって見下したことであろう。ヨーロッパあるいは世界において真の人種がもつすべてのもの、精神性や文化のより高次の形式にたいして、ニーチェは明確で鋭い感覚をもっていた。だが「今日ドイツ人の愛国心と称せられている自己の人種にたいする偽の讃歎と厚顔は、しかもそれが歴史的感覚という特権を所有していると信じている民族の場合」彼にとっては二重に誤りであり愚かなことであるように思われた（ニーチェ「喜ばしき学問」九五頁）。

ドイツの宗教的な国家主義の発展のあとをたどってみる時、われわれは一種のアイロニーを感じないわけにはいかない。フィヒテとヘーゲルにとっては、ドイツ人はキリスト教を純粋な形で再興するために摂理によって選ばれたものであった。二十世紀における彼らの後継者にとっては、ヨーロッパの魂のユダヤ的・キリスト教的な中毒から世界を救い出すことが、ドイツ的・北方的な人間の使命なのである。ゲレスとシュレーゲルは、キリスト教世界を異教と異端から護り、キリストの王国を拡大することをドイツ皇帝の偉大な特権と考えている。——一世紀の後には、ヴィドゥキントが国民的英雄となり、カルル大帝が「ザクセンの虐殺者」となる。

しかし、これは哲学的、宗教的な大ドイツ主義の先駆者たちが、血の宗教の予言者たちのほかには正統の後継者をもっていないという意味ではない。

自己の信仰に忠実なプロテスタントが、民族教会に賛成することができないのは明らかなことである。なぜならこの民族教会なるものはカトリシズムを包摂し、純粋な人種理想の上に建設されるものであるが、しかしあらゆるキリスト教的な伝統、旧約も新約も、キリスト教倫理一般をも放棄するものだからである。また、真のプロテスタントは、キリスト教が人種の魂の表現にすぎないとか、あるいはキリスト教は真のドイツ精神と一致しえないとすることには賛成することはできない。「キリスト教はドイツ人の生活と文化に非常に緊密に結びついており、それらを形成するのに非常に多くのものを寄与してきたので、もはやキリスト教はドイツ的本質から切り離して考えることはできないほどである」とシュターペルは書いている。さらに彼は「ドイツ的本質とはキリスト教という形式をとったゲルマン的実体である」といっている。いずれにせよ具体的な精神史は民族の魂と本質に影響を与えずにはすまなかった。創造的形成的要素としての歴史を簡単に否定し去ることは許されない。「不変不動の民族的性格なるものは存在しない」（エーレンベルク「熔鉱炉の中のドイツ」一七七頁）。

血と人種の形而上学的な信仰、自然主義的な世界観となりつつある国家主義の一つの形態と、プロテスタンティズムは、自己を守るために対決しなければならなかった。プロテスタンティズムはこの危険な新理論を拒否するか、あるいはその思想の中から自己の本質と一致しうるものを獲得しようと努力しなければならなかった。すなわち、多くのプロテスタントの間では、迫り来る道徳的、精神的革命は真の宗教の、キリスト教の、とくにプロテンタンティズムの再生をもたらすという確信が抱かれていたのである。きたるべき「第三帝国」は、革命の十年間にほとんど失なわれてしまったプロテスタント・ドイツの優位を再興するであろう（エーレンベルク「熔鉱炉の中のドイツ」六五頁）。

一九一八年十一月における君主制と王侯の消滅、政治的領域におけるカトリック教徒、民主党員、社会民主党の間の協働は、プロテスタント教会にとって強烈な打撃であった。それはとくに、従来プロテスタント教会が国家の権力と非常に緊密に結びついていたのに反して、カトリック教会はその自立的な組織によって国家に依存せず、新国家においては旧王侯国家よりも多くの点において居心地よく感じていたからである。同時にカトリック教徒の方が政治的、社会的な、さらには精神的な影響力においても優位を占めていた。カトリック教徒にとっては、政府や大学の高位のあるいは最高の地位に登ることは、ビスマルクの時代、「プロテスタント的」第二「帝国」の時代よりも容易になっていた。

伝統的にプロテスタンティズムの支柱であったプロイセンの保守層は、今やその特権的地位を失なった。そのためひとびとは、幾らか誇張して、「ワイマル共和国ではプロテスタントたることは一つの損失を意味する」ということができた。

国家と教会との分離はさらに重大な結果を生んだ。一九一八年以前には新教徒と自称してはいるが、もともと国教の信奉者にすぎなかったひとびとの多くが、ワイマル憲法の下では他と同等の単なる一宗教団体となった教会から離脱することをためらわなかった。この動きは自由主義的、民主主義的な市民の一部だけでなく、さらにプロレタリア的社会主義的な労働者階級の広汎な層をとらえた。彼らの指導者は年来宗教を民衆の阿片、キリスト教をブルジョワ的偏見として烙印を押していたのであった。今やこうした感情に表現を与え、そこから結論を引き出すこと、たとえば子弟をキリスト教の学校からひきあげることなどははるかに容易なことであった。この動きはカトリックのひとびとにはほとんど関係がなかった。もちろんプロテスタントは、一九一八年以後の数年間の一般的な精神的、道徳的な混乱の真只中にあって、ドイツのカトリシズムが秩序と精神的健全のための一つの強力な支柱であったという事実を、感謝の念をもって認めないわけにはいかなかった。すなわち、「ドイツを救ったのはローマの功績である。ローマは世俗化された世界の神秘と恩寵と真理の保護者である」（ハンス・エーレンベルク）。それにもかかわらず、ひとびとはカトリシズムが無神論的なマルキシズムと結んだ政治的同盟を一種嫌悪の眼をもって眺めた。ひとびとはカトリック教徒を、彼らは社会主義者と共同して意識的にドイツを堕落させ、非キリスト教化している、言いかえれば、彼らは「無神論者と愛を競っているうちに、ドイツの新教徒を置き去りにしてしまう」（エーレンベルク、八一頁）であろうと非難したのであった。

何事にも深い哲学的な理由を求め、純粋に戦術的な同盟にも直ちに形而上学的な意義を与えたがるような国では、ひとびとがカトリシズムの社会理論や、エスイトやトマス・アキナスの国家理論の中に、歴史的には、政治的な平等理論、社会主義的、民主主義的な人道主義、否マルキシズムにさえも真直ぐに通じる見解が見出されると信じたのは驚くにたりない。シュペングラーはこの種の思想を「スコラ哲学はボルシェヴィズムの先祖」であるという奇抜な公式で総括した。あるいはひとびとは、カトリシズムは自らに背き、一種の隠れたるマルキシズムにさえもなったといって非難した。この場合カトリシズムの社会理論に、純ドイツ的、貴族的な人種観、あるいは官許のルッターの教義が対比された。

もちろんプロテスタント教会の立場からは、教会と国家との事実上の分離はその利点をももっていた。国家とのあまりに緊密な結合は、正統プロテスタンティズムの崩壊に間接的に貢献していたのである。国家の保護のもとに近代自由主義が、大学の神学部と教会行政の主導権を奪い取り、国家にも国民全体にも依存せず、戦う教会《エクレシア・ミリタンス》として独立して存在している、目に見える生命ある機関としての教会にたいする感覚は全く失なわれてしまっていた。ルッターの教えを信奉する普通の一般的なプロテスタントにとっては、一方には、聖者たちの超時間的、先験的な集いである目に見えない教会があり、他方俗世的な面においては、福音を説き秘蹟を与えることを委託され、そして国家や世俗的な権威と事実上一致している教会行政があった。

プロテスタント教会をして自己の本領に立ち帰り、自己の純粋に宗教的な遺産を考慮するように強制した諸般の事情は、教会の特性、その固有な本質へのより深い理解と、教会そのものと国家との差異、世俗的な社会と世界における教会の地位の認識とをもたらした。これらの差異にたいする感覚を決して失なうことのなかったカトリック教会という実例、外国のプロテスタント教会、とくにアングロサクソンやスカンディナヴィアの教会との新たな接触、世界教会運動、キリストと唯一の教会《ウナ・サンクタ》に基づく教団にたいする神秘的な感覚を、他のすべての教会にもまして護持してきた正教のギリシャとロシヤの教会に関するより正確な知識、これらのすべてがドイツのプロテスタント教会に反応を与えた。ついにはドイツ・ルッター派の「ローマ化」さえもが論ぜられ、州教会という限界を乗りこえて、新たな礼拝の形成と真の精神的権威とをもつ、ドイツ全国にわたる福音教会をうち建てる必要が論議されるに至った。そして他方では、必要なプロテスタンティズムの社会的な面の実践によって、国民とくに労働者階級との接触を決定的に失なうまいとした。

従ってひとびとは、ドイツにおけるプロテスタンティズムの再生について語ることができるのである。すなわち、ほかならぬ社会的、政治的領域において明白な損失を意味した時代の間に行なわれた、浄化と宗教的深化について語ることができるのである。この覚醒は正統的な福音神学の復活をもたらした。

十八、九世紀のプロテスタント神学は、ドイツにおいては一般に自由主義的、合理主義的、反教条主義的であった。第一次世界大戦まではレッシング、カント、フィヒテ、ヘーゲルにルッターの正統の後継者を見るのが常識であった。彼らが宗教改革や十六世紀の古い教義にもはや追従していないことは、誰の眼にも明らかであった。しかし彼らはそれにもかかわらず精神的解放、近代精神、自由主義的進歩、個人主義の事業を進めているものと見られていた。一方では、ゲーテのイフィゲーニエやベートーヴェンの第九交響曲は、ルッターの事業によって初めて可能となったプロテスタンティズム文化の最も甘美な果実と考えられる傾向もあった。フランス革命もまたあらゆる進歩、たとえば近代民主主義や社会主義と同じく宗教改革の結果と一般に考えられていた。プロテスタンティズムの精神は多くの人の眼には、近代国家、近代社会に適合しうるキリスト教の唯一の形式であった。ところがカトリシズムは硬化した退行的な宗教であり、社会学的には閉鎖的、封建的な社会形態に付属したものとみなされていた。ビスマルク治下の文化闘争は、プロテスタンティズムに発する近代精神と古い反動的な「迷信的な」思潮との対立をあらわにしたのであった。

十九世紀のプロテスタント神学は多く敬虔主義的主観主義に発するか、またはヘーゲル学派の進化論的合理主義に基づいていた。この観点からキリスト教は宗教の最高の発展形態となり、新約聖書、山上の垂訓は倫理の最も純粋な形式となった。そしてキリスト自身は最高の宗教的人格、仏陀、老子をしのぐ人類の師と考えられた。これらすべてはおそらくまだ一種のプロテスタンティズムと見なすことができたが、それらは正統的ルッター主義、本来のカルヴィニズムとはもはや何の共通点もなかった。なぜなら永久の改革、すなわち、理性の進化論的な不断の解放を導入することは、おそらくルッターの意図ではなかった。彼の意図はむしろ罪、恩寵、信仰による義認に関するキリスト教の超時間的な教義を純粋な形で再建し、スコラ神学のアリストテレス的合理主義による不純化、教皇のローマの審美的な邪教、十六世紀のペラギウス派的な人文主義に反対することにあったからである。正統派の神学者、保守的な思想家たちはそれにたいして、近代のプロテスタンティズムは辛うじてルッター的な面影をとどめていただけであって、近代文化はもはや無条件にキリスト教的であるということはできない、という弁明をした。

パウル・ド・ラガルドは前世紀の半ばに、あらためてこのことをたえず繰り返してあくことがなかったが、彼は荒野に叫ぶ声であった。彼についで、元来神学者であったトレルチが、近代思想はその本質的性格を、北ドイツの小さな大学に職を奉じていた中世の一人の僧の教義によりも、機械的、自然科学的世界観と人文主義にはるかに多くのものを負うているということを、多くの教養人に知らせたのであった。思想と研究の自由も、個人主義も寛容の理念もルッターの独創ではなかった。イグナチウス・デ・ロヨラ、カルヴァン、コペルニクスは、本来ヴィッテンベルクのアウグスチン派の教授よりもはるかに近代的なタイプの人物であった。

このディレンマの前に立たされて、多くの教養人は近代精神の側に立つことを決心し、ひそかに古いルッター主義を捨てた。しかし、戦争とその結果によって近代精神の進歩と力への信頼の念が動揺させられた時、多くの者は文化プロテスタンティズムの楽観主義に背をむけ、ルッターとカルヴァンの最も苛烈で、首尾一貫した「批判的」神学に精神的な拠り所を求めた。この転回は十九世紀最大のスカンディナヴィヤの思想家ゼーレン・キールケゴールの首唱のもとに行なわれた。彼はコペンハーゲンで孤独に、ほとんど人に知られることなくプロテスタンティズムの武器を磨き、表面的、近代主義的、人道主義的なプロテスタンティズムに、ヘーゲルと彼のえせ神学的な後継者たちに対抗した。

文学の領域におけるドストエフスキーと同様に、戦後の数年はドイツの宗教的哲学的思想界においてデモーニッシュな哲学者に道を開いた。カール・バルトが転回と革新と古プロテスタンティズムの最も傑出した代表者となった。バルト神学によればわれわれの作るもの、われわれの道徳的な努力、われわれの文化は、神の眼の前では物の数ではない。信仰だけがわれわれを救うことができる。信仰はわれわれのうちなる極端に悪しきものを露わし、われわれをほとんど自棄に陥らしめ、われわれを「危機」に投げこむ。そしてこの「危機」からわれわれを救い出すことのできるのは神への完全な信頼の念のみ、あるいはむしろ神の呼びかけへのわれわれの答えのみである。キリスト教は他と並び存する一宗教ではなく、また最高の宗教でもない。キリスト教は他の宗教とは根本的に異なる。キリスト教のみが啓示、神の限りなき慈悲の贈物を知っている。そしてわれわれはこの神の慈悲にたいしては元来何の要求権をももたないのである。カトリックのトマス主義、新プロテスタンティズムの合理主義、人文主義は人間存在の、あるいはむしろキリスト者としての存在のこの悲劇的なあり方を浅薄にし、軽視する傾きがある。また世界史も、教会史も理性も神のものではない。この世界、世界の文化、諸々の国家は悪と死の王国に属する。人間をはなはだしく堕落した存在とする人間観は、人間のうちに理性を賦与せられた高等の動物を見るアリストテレスなどの人間学よりも、あるいは、人間を本来善であり社会によってのみ疎外され堕落させられたものとする人文主義者、あるいはルソーとその近代の使徒たちの人間像よりも、はるかに現実に近い。われわれが人間のより深い純正な認識に到達することができるのは、このペシミスチックな立場からである。そしてこのような認識は国家および人間社会に関するわれわれの理念にも影響を及ぼさざるをえない。

バルトの同僚およびその直系の門弟たちのあるもの、彼の講義を聴講したその他の理論家たちは、この神学的人間観から論理的、政治的、社会的結論を引きだした。カルヴァン、ルッター、あるいはジョン・ノックスも当時の政治闘争に加わり、政治的思想体系を体系的に展開することはしなかったけれども、国家や俗世的秩序の問題にたいして敢然と態度決定を行なった。すなわち、ひとびとが原罪と人間のうちにあるはなはだしく悪しきものを信ずるならば、当然ひとびとは、人間を生来善なるものとするにせよ、あるいは人間はその最も内央の本質から善を指向するものとするにせよ、すべて人間のうちにある善なるものを前提とする民主主義、自由主義にたいして、さらに寛容にたいしても、非常な嫌悪を覚える。ペシミスチックな人間学は権威ある強力な国家を求める。人間が隣人にたいして狼であるならば、秩序ある共同生活のための機会は国家がレヴィアタンとなる場合にのみ存在する。絶対主義と王権神授説を弁護するほとんどすべてのキリスト教思想家は、カトリック教徒もプロテスタントも、ボシュエもド・メーストルもあるいはルッターも、人間の原罪と堕落を強調することをためらわなかった。

アウグスチヌスと同じくドイツの宗教改革者も、国家と世俗の官憲を、原罪と人間のうちにあるはなはだしく悪しきものの直接の結果であり、人間は、この呪われた地上における生活一般を耐えうるものとするためには、厳格な師を必要とすると考えた。「国家は堕落した性質に欠くことのできない矯正の手段である。国家は罪の国と呼ばれてしかるべきものである。」官憲は直接神によって任命されたものであり、それ故に当然われわれはわれわれの父、われわれの母にたいすると同じく官憲に服従しなければならない。この服従は宗教的な義務である。官憲がその権力を濫用することがあっても、それが神の望み給う所であることに変わりはない。そしてわれわれにはそれに反抗する権利はない。王権神授の絶対君主制はカトリックの理論家の理念であるのみならず、直接ルッターと宗教改革をその拠り所とすることができるのである。

カール・シュミットのような法学者は、神学が政治思想と法学思想に及ぼした持続的な深刻な影響を指摘している。なぜなら神学と国家論は、ある時期には共通の内的構成を示し、往々同一の人間像から出発しているからである（カール・シュミット「政治的神学」第三章）。また、近代民主主義のような政治的理念とか、人道主義とか、あるいは自由、平等、人権、国際融和、永久平和のような概念は、その源をキリスト教に発していること、換言すれば、それらの神学的な前史を無視してはそれらはほとんど理解しえないことも指摘されている。そのためスイス人ド・ケルヴァンのような神学者は、もともと原罪とか恩寵とか救済とかの神学ときわめて深く結びついているこれらの概念は、もしひとびとがこれらの概念をその神学的な関連から引き離し、世俗化し、それどころかこれらの概念から新たな救済の教義を作り上げようとする場合には、完全に偽造されるのではないかを研究するに至っている。近代民主主義はカルヴィニズムという背景を抜きにしては、おそらく完全に説明することは困難である。しかし世俗化されたカルヴィニズムはいぜんとしてカルヴィニズム、純粋なキリスト教であろうか？　それ故に神学はあらゆる政治理論、あらゆる国家論にたいして批判的な意義をもつ。神学の使命は、宗教改革の根本命題を再び主張し、その人間観を再びとり上げ、この観点から近代的国家理論、社会理論を十六世紀以後の経験と政治的発展の光に照らして厳密な批判にゆだねることにある（ド・ケルヴァン「神学的な諸前提」一五、一六頁）。

ド・ケルヴァンによれば、近代の大きな罪は理性、自然、個人への信頼に、トマス主義、ペラギウス主義への逆行にある。宗教改革の正統の信仰の立場から、近代のオプティミズムを、進歩への信頼を、個人主義、自由主義、民主主義、社会主義を断罪しなければならない。自由と平等という純粋に宗教的な概念は、その神学的な関連から切り離され、人道主義化され合理主義化されて、それ自身異端の宗教となってしまった。すなわち民主主義的なメシア信仰に、進歩の信仰に、発展は自動的に善を志向するという確信に、マルキシズム的な終末論に、キリスト教と教会の代用形式に、ルッターがすでにそれと戦ったところの救済の宗教になってしまった。すなわちこれらの理念はいずれも、純粋に人間的な手段によってこの世界から邪悪と悪を追放し、この地上に天国、神の王国を打ち建てることができると信じている。ところが悪はこの地上の存在一般の根絶することのできない一部であり、邪悪はわれわれと共に、われわれの下に、われわれの中に時間の果てるまで存在し続けるであろう。しかし神学者の使命は国家を支持することではなく、誤れる教義と対決することである。その救済の教えが保守的なものであろうと、自由主義的なものであろうと、社会主義的なものであろうと、あるいは国家主義的なものであろうと。たとえば社会主義の不毛な点は、それが政治的、社会的運動であることに満足せず、代用教会として登場し、救済を説いている事実にある（同書、一〇七頁）。

つまりド・ケルヴァンは、神学的思考と政治的思考の明確な区別を要求する。彼は純粋に政治運動としてその権利を保持すべきマルキシズムが救世主を僭称することと闘う。政治的自由主義や民主主義はスイス、イギリス、フランスにおいては生きた現実となっている。ひとはこの現実を根のない個人主義と混同し、純粋に政治的な対立を直ちに形而上学的な平面に置きかえてはならない。さらにド・ケルヴァンは、国家主義があらゆる生活領域を掌握し、宗教とキリスト教とを改革すると称することによって、形而上学に、救済の教えになろうとする限りにおいて、国家主義にも反対している。このスイスの神学者はさらにこういっている。「民族、国民は人間によってつくられたものではなく、神によって創られたものである。ひとは民族性を否定することは許されない。これを否定することは無神論であり、神への反抗である。」ルッターが教えているように、人間には自己の民族の枠の中でその義務を果たす使命がある。ルッターは国民の概念を神学的な概念としては知らなかったけれども、われわれが家族の中において、身分の中において、職業の中においてキリスト教徒であることを明らかに望んでいたのであった。ところが民族と民族性に関する新たな生物学的、自然主義的な理念は、造物主の代わりに自然を置くという誤りをおかしている。国家主義的な反自由主義も、根底においてはそれ自身自然主義的、自由主義的であり、キリスト教と宗教改革を否定し、福音の使命をむしりとる。何故ならユダヤの古代以来いかなる民族も神によって選ばれたものではなく、神によって選ばれるのは個々の人、個人のみであるからである。宗教改革者たちにとっては聖者の共同社会は存在するが、彼らは人類一般という概念、あるいは新約的な、神によって選ばれた血の共同体という理念は知らなかったのである。

バルトの門下であるゴーガルテンは、国家主義の神学への方向において、ド・ケルヴァンよりも著しく前進している。彼は自由主義、個人主義、民主主義が救済の教えと称することによって犯している逸脱を暴露しようとつとめるだけでなく、政治的な面一般においてもそれらを否定し、その代わりに権威国家、全体国家の理念の神学的な基礎づけを行なおうとつとめる。

個人主義、自由主義、民主主義はゴーガルテンによれば、人間についての誤れる概念、倫理の本質についての誤れる見解に発する謬論である。われわれはギリシャ哲学から、倫理は個人の問題であるというまわしい理念を継承している。この理念は、人間は生来善であり、自律的な存在であり、従って国家はたんに個人にその個性を自由に展開することを許す防衛力となるにすぎない、という見解に基づいている。あらゆる近代の革命は個人の自由の名のもとに行なわれた。しかしそれらは客観的な不変な秩序にたいする反抗である。倫理と国家の性質にたいするこの誤った見解は、必然的に家族の解体をもたらし、結局は個人の存在そのもの、個人の自由を疑問とするに至る。「われわれが個人の自由について夢みることをやめないならば、われわれはもはやわれわれのうちに人間の自由、人間性についてのいささかの予感も存在しないような世界の中で目覚めることになるであろう。個人の自由が国家のアルファーでありオーメガであるとされている今日ほどに、人間の自由がおびやかされている時はかつてないのである」（ゴーガルテン「政治的倫理学」一一九頁以下）。

人間の自律性と国家の主権とは相互に排除しあう。国家の性質についての真の理念を形成することに真の倫理学の使命が存する今日においては、強力な国家が必要であると宣言するだけではもはや十分ではない。「また、国家に固有な力がどこから国家に流れこんでくるのかを認識すること、国家の基礎と尊厳はどこに存するかを知ることが必要である。」ただキリスト教のみが、啓示のみが、国家の本質の真の理解を可能にする。「悪の認識なくして国家の認識はない。」 ポリスは人間がその助けによって、カオスにたいして、あるいはわれわれ自身の本質の中にその根源をもつ破壊の力にたいして、自己を守ろうとこころみるところの秩序である。国家は罰《ポエナ》であり、同時に罪の薬《レメディウム・ペッカーティ》である。ここから国家のおそるべき尊厳がでてくる。処罰する権利、市民の生殺与奪の権利、原罪のおそるべき、不幸な、自業自得の結果が完全に現われるのを妨げる権利がでてくる。国家は倫理上の使命をもつ。国家は悪を追放する。国家への反逆は最大の罪である。

　ゴーガルテンによれば、倫理の最も内的な本質は――これはドイツ・プロテスタンティズムにおいては新事実であるように思えるが――社会的、政治的性質のものである。「人間の本質は政治的である。」 自律的な個人に基づく倫理なるものは存在しない。すべて倫理は依存性、奉仕である。人間はその最も内的な本質に至るまで他の人間にたいして、そして神にたいして責任を負うている。自己が全く神のものであることを知る時にのみ人間は自由である。信仰に基づくこの神的な自由は国家における自由と同意義ではないとか、信仰による自由は市民の自由と何の共通するところもないとかいう考えは、たしかにしばしばキリスト教徒に見られる思い違いである。それと同じく、国家を個人あるいは社会への奉仕者とする自由主義の側からの信仰の政治的偽造が存在する。しかしまた国家主義の側からの偽造も存在する。もし国家がたんに国民の表現にすぎないならば、国家はその真の尊厳を失なうであろう。国家は神から与えられた固有の崇高と尊厳をもつ。これらがなければ国家はもはや国家ではない。国家の源を国民性に求めようとするのは、元来国民性そのものに最高の宗教的尊厳を与えることを意味する。国民が神にとって代わるのである。これは皇帝教皇合作政治への逆もどりである。国家と教会を併合し、もろもろの国家的宗教を創り出すことは、おそらく古代においては自然なことであったであろうが、キリストがこの世に現われて以来それは不可能なこととなった。それは国家そのものの没落を招くであろう。国家が真に国家であり続けるためには国家は、福音を説き、国家の基礎であるはなはだしく悪しきものを認識するところの教会を必要とするのである。

従って、古プロテスタンティズムへの復帰、というよりはむしろその幾つかの基本的な神学的テーゼへの復帰は、同時に自由主義的プロテスタンティズムの、いわゆる文化プロテスタンティズムの、人文主義の、啓蒙思潮の、ドイツ観念論の、そして、最後には民主主義的社会主義的救済の教義の鋭い批判を意味する。しかし古プロテスタンティズムはまた同じく論理的に新国家主義の哲学的、宗教的な要求にも反対する。しかしルッターの行為そのものは実際どのようにでも解釈できるものである。大部分のドイツ・プロテスタントにとっては、ルッターは福音の本源的な教義を純粋な形で再建し、あるいは一般の教会を改革しようとした偉大な大宗教改革者ではなく、むしろドイツ人の魂をローマから解放し、キリスト教の国家的な形式を発見し、あるいは始めて創造することに成功した偉大なドイツ人なのである。キリスト教がローマ的・異教的な迷信の、ペラギウス主義的な、あるいはスコラ的合理主義的な謬論の屑にうずもれて殆んどそれと見分け難くなっていた時代に、ルッターがその最も奥深いところでドイツ人の本質と相反する教皇主義的な挾雑物を一掃したのだというのである。ルッターは信仰を純粋な形で再建し、一般に依然としてキリスト教徒であり続けることを、あるいは始めて真のキリスト教徒となることをドイツ人に再び可能とした。しかも宗教改革はドイツでは単に神学的な、純粋に教会的な、あるいは宗教的な運動であっただけでなく、最初から激しい反ローマ的情熱をともなって、政治的かつ国家的な、従って民族的な運動となったのであった。

ところでこのルッターの後継者たちのキリスト教、すなわち独断的に自説の正しさを主張し、それぞれの神学者が争いあっている公的なプロテスタント州教会のキリスト教は、最近では大部分のドイツ国民にとって疎遠なものになっていなかったであろうか？　このことが、多数のドイツ人が所属の教会あるいは教会全体に背を向け、マルキシズムという救済の教えに賛同し、古代ゲルマンの宗教を奉ずる団体を創造するに至った原因ではなかろうか？正統プロテスタンティズムはあまりにも偏狭に、余りにも非生産的になり、国民生活との正しいつながりを失なっていたのではなかろうか？　そしてこの正統プロテスタンティズムは、今日のドイツ人にはもはや何の訴えるところもない倫理、宗教を説いていたのではなかろうか？　その答えは次のようなものであった。すなわちキリスト教とドイツ民族とを互いに内的に再び近いものとし、ドイツ民族にふさわしいキリスト教の形式を見出し、キリスト教の教義の中からドイツ人の本質に反する一切のものを排除することが必要である。真にドイツ的な人間に他者の功徳による罪の許しを信ずるように期待することは不可能である。十字架と弱者の愛の倫理、恭順、ドイツ人の良心を崩壊させる奴隷の道徳は耐え難いものである。ルッターの事業が再び採りあげられなければならない。第二の宗教改革が必要である。誇り高き、戦闘的な英雄的な魂の中に真の反響を見出しうる言葉でキリスト教を解釈し説く新たな宗教改革が必要である。それには戦闘的な、英雄的なキリストの像が必要である。ルッターがドイツのキリスト教をローマから解放したように、今日ではドイツの教会をあらゆるユダヤ的なものから浄化しなければならない。宗教改革がドイツ人の全生活を包括しこれを革新した全体的国民運動であったとすれば、この現代の国民運動も、最後には偉大な国民教会にまで至るような宗教的改革とならなければならない。進歩にたいする信念の崩壊、多数の同胞がマルキシズムやその他の近代的な救済の教えに背を向けているという事実こそは、おそらくドイツ民族の中にキリスト教を新たに建設すべき時の到来したことの神より与えられた徴であろう。

これらのあるいはこれらと類似の思想は、一九二九年から一九三五年に至る間のナチズムの数多くの文書の中に繰り返し現われる。しかしこの神学的なナチズムにまとまりのある基礎づけを与えることに成功した唯一の人はヴィルヘルム・シュターペルである。彼は専門の神学者ではなく、ハンス・エーレンベルクによれば、「神学では新米」であった。たしかに人種、人種の魂、民族という概念、民族精神についての、あるいはその固有の倫理や独自の価値表をもつ精神的な統一、道徳的な現実としての国民に関する見解は、ルッターの神学には見られない。実際それらは比較法制史、宗教史、文化史、人類学、社会学によって始めて作り出されたものである。しかしそれらは多くのわれわれの同時代人には、とくに国家主義的な理論家たちには非常によく知られていたので、哲学あるいは神学はこれらと対決しなければならなかった。「国家主義の神学」は、表面的にはルッターを拠り所とすることのできる神学の構造の中に、これらの概念や見解を組み入れようとつとめる。国家主義の神学はまたバルト一門の新正統信仰からも盗用し、自由主義と戦い、あげくは自ら歴史形而上学へ、あるいはキールケゴールも浮かばれぬ思いをするであろうような神学的自由主義へふたたび落ちこむのである。

シュターペルにとってもヘーゲルにとっても、おそらくはすでにルッターにとっても、ドイツ民族はキリスト教の宗教上の歴史、神の救済計画の中で全く特異な地位を占めている。キリストを生んだユダヤ民族、自分たちの言葉で新約聖書を書いたギリシャ民族、教会を創設したローマ民族、これらに続いて神はドイツ民族を選び出し、キリスト教と教会の世俗化にプロテストさせた。「宗教改革はキリスト受難史におけるドイツ人の使命である」（シュターペル「キリストの教会とヒトラーの国家」四二頁）。宗教改革の今日の使命は、ローマによる教会の世俗化と、近代カルヴィニズムによるキリスト教の還俗にたいし、信仰の純粋を擁護することである。キリスト教は、とシュターペルはいう、内的経験の宗教でもなく、人種の魂の表現でもない。疑いもなく人種の魂なるものは存在する。民族はそれぞれ自己の流儀に従ってキリスト教を体験する。キリスト教的な敬神の形式は、はなはだしく多岐であり多様である。ローマ教会の内部においてさえもそうなのである。しかしキリスト教は他と等しなみの宗教ではない。キリスト教は唯一の宗教である。それは啓示に、すなわち神の客観的に与えられた自己啓示に基づき、人間が自力では絶対に到達しえなかったところの宗教である。またキリスト教は倫理でもない。そもそもキリスト教的倫理なるものは存在しない。ではキリスト教とは何であろうか？　ユダヤの律法の完全な伝承であろうか？　キリストの教えはキリストに先行するユダヤのラビの教えとほとんど異なるところのないようなものであろうか？　山上の垂訓は小人数の弟子たちに与えられたもので、何ら普遍的な意義をもつものではない（シュターペル「キリスト教的政治家」一二一頁)。キリスト教の教える所によれば、われわれは律法と倫理によってではなく、信仰《ソラフィデ》によってのみ救われるのである。救済は信ずる者への神の贈り物である。道徳といい、良き業《わざ》というも神の眼には何の価値もない。われわれのすべての業《わざ》は罪に汚れている。すべてが罪なのである。

従って特別にキリスト教的な道徳律なるものは存在しない。万人に妥当な一つの倫理だけが存在する。だがそれはそれぞれ人間の住む社会に応じて種々な形式となって現われる。こうして同じ時代、同じ国でも修道士の倫理があり、騎士の倫理があるのである。――「前者においては、平和、自己否定、告白の勇気であり、後者においては、名誉、正義、勝利である。」各国民は一つの生の法則によって統一され、この生の法則がその国民の本性に応じて、各国民の内面外面の形式、文化、倫理、法律を規定する。各国民はそれぞれ固有の掟《ノモス》をもつ。アテーナイも、ローマも、そしてとくにユダヤ人がそうである。キリスト教は普遍的なものであるが、道徳律は多様であり、いずれの国民の場合も古い国民宗教の残滓なのである。たしかにルッターはこの種のノモスについて一度も語ってはいないが、実際上彼のカテキズムと彼の十戒は、旧約聖書とも、ユダヤ人の神やノモスとももはや何の関係もない。「ルッターは十戒を、彼の異端的・キリスト教的精神のドイツ的倫理を釣り下げるための釘につかった」(シュターペル「キリストの教会」五六頁)。キリストはユダヤの律法、ユダヤのノモスを実現するためにこの地上に来臨した。だが、彼は他の諸国民のノモスをも実現しなかったであろうか? パウロによって律法が胸の中に刻みこまれたローマやギリシャの異教徒たちのノモスと同じく、ゲルマン人のノモスもまたキリスト教受容のための一種の準備なのではあるまいか? キリストはドイツ人のノモスを廃止するために来臨したのではない。キリストはドイツ人の生活法則、すなわち神が彼らの胸に刻みこんだドイツ人の価値表には手を触れなかった。ドイツ人には名誉心、勇気、英雄的精神が本来の美徳として最も重んじられる。それらが福音の受容の準備をしたのである。そしてそれらによってキリストは彼らの魂の中へ入りこむことができたのである。

福音を受容する使命をもったすべての民族は、この受容能力を何らかの形で生来すでにもっていなければならない。シュターペルによれば、救済にあずかる使命をもたない民族、すなわち神を受容することができず、ただ理性と意志と自然と功利だけを知る民族もある。たとえば、フランス人であり、アングロサクソン人もおそらくはそうである。神は自らさまざまな民族を創り、それぞれにその言葉を与えた。バベルの塔の下での言語の混乱は人類の罰ではなく、人類の救いとなった。その時神はまた各民族にそのノモスを、その道徳律を与えた。そして律法は神の眼には何ら特別な価値をもつものではないけれども、誰も一旦神が置いた自己の民族のノモスを離れてはならなかった（シュターペル「キリスト教的政治家」一七四、一八三、二一七頁）。全人類をただ一つの道徳律の下に、あるいは、ただ一つの法律の下に置こうとする試み、ただ一つの民族の倫理をあらゆる他の民族に強制しようという目標をもつ反神的な革命は、神の秩序にたいする反逆である。ジュネーヴの国際連盟はこうした試みに外ならない。それは不自然な、不健全な企てであり、ブルジョワ時代における西欧人種の生物学的衰退の徴候である。平和と安全への憧憬は疲れた生命の現われに外ならないが、英雄的精神、名誉への意志、野性と始源にたいする喜びは、民族の生物学的な健全性の徴である（同書、二二三、二二四頁）。それにもかかわらずただ一つの帝国が、すなわちあらゆる民族を包括するが、しかし各民族にその言語、その固有の文化、そのノモスを残しておく一つの帝国が全世界史の意義と目標なのである。古代においては、つまり時が満ちて、イエスがベツレヘムに生まれた頃には、このような国を建設することができたのはローマ人であった。近代においてはただドイツ民族のみが、超国家的なヨーロッパ帝国をうち建てるために選ばれているのである。なぜなら、ドイツ人は帝国的な民族であるのに、フランス人は被征服民族にフランス語を、フランス文化を、フランス法を強制する国家主義的な民族であるからである。ローマ人から帝国は、カルル大帝に、オットー一世に、フリードリヒ・バルバロッサに、キリスト教皇帝に、すなわちキリスト教世界の保護者たるドイツ人の王に移っていった。神聖帝国《インペリウム・サクルム》はロマン主義的な夢想ではなく、形而上学的な性質の政治的現実なのである。ドイツはこれにたいする忠誠を忘れてしまった。この現実を回復することがドイツ人の使命である。このゲルマン帝国《インペリウム・テウトニクム》においては民族の間の平等は存在しないであろう。他の民族はおそらくその固有な生活とそのノモスを維持することは許されるであろうが、政治的指導と危急の際の決定権はドイツ民族に留保される。ドイツ民族のノモスと宗教と帝国内の権利は他民族の上にあるのである。「なぜなら、ドイツ人は第一等の民族であるからである。誰がドイツ人に比肩しうるであろうか？　異民族の母《マートリクス・ゲンティウム》として、ドイツ人はヨーロッパのあらゆる民族の形成に関与した。ドイツ文化は本源的なものである。ドイツ民族はその成熟にまだ達していない若い民族である。それ故に未来はドイツ民族のものである」（同書、一七三、二二四頁以下）。

シュターペルはここまでくると抒情的、黙示録的になり、究極の最大の政治家の像をわれわれに描いてみせる。「キリスト教帝国のドイツ皇帝というのが歴史の夢である。神のお召しに応じて彼は荒々しい獅子の如く力強くたち上がるであろう。力強く、寛大に、誇り高く、逆らうものには恐怖となり、味方には柔和に、なんぴとも敵しがたい戦士として、ドイツ人の父として、神の前には従順に、あらゆる民族を統べる皇帝となるであろう。しかし、彼の支配が地のはてにまで至り、地上に敵するものがなくなり、彼の額が星にとどくに至った時、世界史はその終局に達するであろう。時が満ちたのだ。皇帝は冠をぬぎ、それをゴルゴタの十字架の前にすえるであろう。かくてキリストはあらゆる支配、あらゆる統治、あらゆる権力を廃する。最後の審判が歴史の目標であり終局であるからである。われわれは彼に向かって歩みより、呼びかけるであろう。幸いあれ《サルウェ》、世界の主よ《ムンディ・ドミネ》、われらのカエサル《カエサル・ノステル》よ、栄《アウェー》あれ、と」（同書、二五四頁）。

すでに、百年以上も前にノヴァーリスおよび彼とともに数多くのロマン主義者が、ヨーロッパのあらゆるキリスト教国民がその中で会同するであろうところの神聖ローマ帝国の再生を夢みたことがあった。しかしそれは宗教的に一致したヨーロッパ、一致したキリスト教世界、カトリック教への復帰を前提とした。ルッター派のシュターペルもこの帝国の夢には抵抗できない。彼はローマ帝国のカルル大帝への移行は口にするが、教皇によるローマでの戴冠が始めてドイツ王を皇帝へ、キリスト教世界の守護者へと高めるのだということには一言も触れない。デンマークまたはボヘミヤの王が皇帝に頭を下げたのは、ドイツ王にではなく、ローマ皇帝に下げたのである。シュタ一ペルはこの点を見落としたので、神聖ローマ帝国は一八七一年にプロイセン王に移行したのだと、いとも簡単に主張できたわけである。この理念はすでにラガルドが嘲笑したところである（ラガルド、ドイツ論叢、四五二頁）。

シュターペルはさらに前進する。彼によれば、ルッターやプロイセン王フリードリヒ二世などは、神聖帝国の破壊に手をかしたことはない。皇帝付きの牧師の地位にあきたらなかった教皇とハープスブルク家が、帝国の墓掘人なのである。シュターペルによれば、教会がその世俗的な要求によって帝国を破壊したのである。これに反して、ゲルマン帝国《インペリウム・テウトニクム》は信仰と教会のあらゆる形式の世俗化にプロテストする帝国である。中世においてはローマの世俗的な権勢欲にたいし、近代においては西欧の世俗化したカルヴィニズムに、ブルジョワ的、民主主義的な自由主義にたいしてプロテストする。

社会学者マックス・ウェーバーは、近代資本主義および産業主義の発生と発展にたいするカルヴィニズムの神学と倫理の意義を提示しようとした最初の人であった。トレルチは同じ頃西欧の政治思想、社会思想の形成にたいするカルヴィニズムの影響を明らかにした。ユダヤ人憎悪が国家主義の最も過激な信奉者としてキリスト教そのものを拒否するに至らしめたと同じく、民主主義、自由主義にたいする、あるいは西欧と国際連盟にたいする燃えるような嫌悪の情は、多くのルッター主義者をして、近代精神の根源とされるカルヴィニズムを攻撃するに至らしめた。ルッター主義者は「資本主義の父」ジャン・カルヴァンのジュネーヴにたいして、また社会契約論の起草者であり、アメリカ憲法、一七八九年の人権の祖であるジャン・ジャーク・ルソーのジュネーヴにたいして、さらにウイルソンと国際連盟のジュネーヴにたいして戦った。国家主義的な神学者の眼には、トマス・アキナスだけでなく、ジャン・カルヴァンもボルシェヴィズムの祖先なのである。すなわち、「モスクワは仮面をぬいだブルジョワ的西欧である」（ショーメルス「皇帝と市民」一二七頁）。

ハンス・ショーメルスなどのこの新たな反カルヴィニズム神学においては、ドイツと西欧との対立はたんに政治的、社会的なものではない。そのよって来る所は深く、精神的、宗教的性格のものである。ドイツが世界史の中心であるのと同じく、ルッターの教えはキリストの教会の魂である。そしてこの魂はただルッター主義とドイツ的宗教の中にのみ生きている。それ故にドイツ民族の使命はキリスト教、すなわちルッターの教を純粋に保持することにある。そしてこのルッターの教えの運命は、ドイツ国民の運命およびその世界における地位と緊密に結びついているのである。「一九一八年にはルッターは負けた。カルヴァンが勝利者であった。」

ショーメルスによれば、ドイツと西欧精神およびカルヴァン主義的精神との闘争はすでに、マールブルクで行なわれた聖餐に関するルッターとツヴィングリとの論争に始まった。この時西欧プロテスタンティズムの合理主義的、論理的、抽象的精神が、ルッターの神秘主義的現実主義に挑戦したのである。また生活のあらゆる多様さを単調な統一を得んがために破壊する厳格な、抽象的な、西欧的な道徳主義と、ドイツ人に固有な事物の多彩な豊かさにたいする喜び、神の許しと恩寵と無限の慈悲にたいする信頼との間の対立もこの時に始まっている。ドイツ人は、ひとに至福を与えるものは信仰のみだとするにたいして、カルヴィニズムは掟と業の宗教へ、すなわちユダヤ教の一形式、ユダヤ的なメシア主義へとあと戻りする。ユダヤ教は政治的、社会的な制度における厳格な規律によって、この地上に神の王国を実現しようとする。だがキリストは、神の王国はこの世のものではなく、ただわれわれのうちにのみあることを教えていたのである。

このカルヴァン主義的な世俗化、この信仰の偽造は、キリスト教と帝国にたいする攻撃である。フランス大革命は市民と皇帝との間のこの闘争の最高の表現である。あの時は市民が勝った。しかし市民の勝利はただ空位時代を招いたにすぎなかった。迫りくるドイツの革命の意義は、それがこのブルジョワ的、カルヴァン主義的な精神にたいする、キリスト教の世俗化、ユダヤ化にたいする闘争であるところにある。この革命の目標は真の内面化せる信仰への、帝国と帝政の復興への復帰である。時にはショーメルス自身も、このような熱情をもって、はなはだしく憎悪に近い熱情をもってカルヴァンとローマとユダヤ人にたいして戦うことの中にひそむ危険を見ている。このような場合にはひとはえてして自然主義的な、原始的な異教におちいりやすいからである。シュターペルも時には次のことを認めている。「われわれはもはや神をもたない。何が真理であり、何が正義であるかをわれわれはもはや知らない。われわれは神を求める。われわれは神を、キリスト教的、ドイツ的な神を求める」（シュターペル「キリスト教的政治家」二六八頁）。

ドイツ国民とキリスト教をたがいに近づけるために、ひとびとはキリスト教をドイツ化しドイツ流に解釈しようとする。しかしむしろ、ドイツ精神をキリスト教化し、キリスト教的な統一に引き戻す試み、ドイツ精神をあらゆる他の民族の外に、そしてそれらの上に置こうとする代わりに、ドイツ精神に人類の中でのしかるべき地位を指示する試みの方が相応しいのではあるまいか？　ついには一つの普遍的教会という理念さえも拒否するに至る反カトリック的なやり方や、論理的にキリスト教にたいする憎悪に転化する反ユダヤ的なやり方や、自己の民族をあまりに熱情的に、異常に、度外れに愛するあまり、その他の人類を軽蔑するに至るようなやり方がある。あらゆるこうした危険が一九三三年以前の国家主義的な運動の中に現われており、とくにナチ支配の時代にはさらにそれがはなはだしかった。これらの危険は多くのプロテスタントの思想家にも明瞭に感じられていた。第三帝国をネオ・プロテスタント的帝国として期待していたひとびとにさえもしばしばそれは感じられていた。「ヨーロッパの未来はドイツにかかっている。モスクワは荒れ狂っている。だがドイツは異教的であろうと欲する。ロシヤは神に叛いている。しかしドイツは神をもたない。われわれは神から最も離れた民族として、ヨーロッパの放蕩息子なのである」

（エーレンベルク「熔鉱炉の中のドイツ」一五三頁）。

ドイツ人は、とエーレンベルクは述べている。ドイツ人は名誉と貴族を愛する。ドイツ人がキリスト教を受けいれたのは、謙虚な気持から受けいれたスラヴ人や、神に仕えるために、あるいは聖なる務めを実現するために受けいれたローマ人とは異なり、名誉のためであった。「ドイツ人は神の力の前に頭をさげる。だが救済はもとめない。」この故に彼らのキリスト教はつねに一面的であり、不完全であった。ドイツ人はキリスト教の本質を、すなわち謙虚なものが神の前に選ばれ、驕れるものがおとしめられるということをかつて理解したことがない。ドイツ人の驕慢はドイツ人を決して神の寵児とはしなかった。ユダヤ人は選ばれたる民であった。しかしそれは権力への意志によってではない。神はそのように望んだのであり、彼らは選民の立場を地上の国民としての存在を代償として得たのである。彼らはトーラ、すなわちモーゼ五書の中の神の掟を受けいれるために、彼らの自然なノモスを断念しなければならなかった。旧約を攻撃し、キリスト受難史におけるユダの役割を否認することは、すなわち福音そのものを拒否することである。

エーレンベルクによれば、カトリシズムもまたドイツ国民の中にしかるべき位置をもっている。カトリシズムはドイツ中世の実体である。カトリシズムを異質のもの、非ドイツ的なものとして拒否することは、ドイツ史の大部分を、国民の幼年時代の記憶を否定することにほかならない。カトリシズムはドイツ精神を古代と、キリスト教の故郷である東洋と、ドイツの外のキリスト教世界と結びつける。ドイツはそのカトリシズムを失なうならば、世界秩序にたいするキリスト教の使命を忘却し、孤立するであろう。ローマは秩序と同義であり、ドイツ人の魂はカトリシズムとその最も古い伝統を断念できるにはあまりに混沌としている。キリスト教の名においては反ユダヤ主義は存在しえず、普遍教会の名においては反カトリシズム、文化闘争は存在しえない。プロテスタンティズムは、まぎれもなくユダヤ的な起源のものである福音なくしては、またよしんば不完全なものであるにせよローマによって代表される普遍教会の理念なくしては生まれえない。

「ドイツ民族は賢明な民族ではない」とシュターペルは書いている、「ドイツ民族は黙示録的な民族である」。古代において現実の帝国をうち建てることのできた唯一の民族、すなわちローマ民族は賢明な民族であった。そしてどうひいき目に見ても黙示録的な民族とはいうことができない。これに反して、とくに黙示録的な民族はユダヤ民族であった。しかしユダヤ民族は世界帝国をもたず、かつて強力な国民国家を建設したことがない。ドイツ民族はユダヤ民族と運命をともにしようとするのであるか？

プロテスタンティズムと宗教改革の敵であったフランスの国家主義者モーラスは、ローマの伝統と規律をもたぬキリスト教が再び掟と聖書の宗教に、一種のユダヤ教になる傾向のあることをしばしば指摘した。ひとが反ユダヤ主義からキリスト教を拒否する時、ひとは最も容易にユダヤ的となり、人種と血の宗教にもどるということは、歴史のパラドックスの一つである。しばらくの間ドイツはユダヤ人の道を逆の方向に、すなわち普遍宗教を投げすてて、国民的な形式のキリスト教を採用し、ついには人種と血と種族の神に達する方向に走ろうとするかに見えた。ユダヤ人の歴史の終点にはキリストが立っていたのである。もしドイツが幾人かの国家主義者らの思うがままの道を行っていたならば、ドイツの発展の最後はどうなっていたであろうか？

## 神聖帝国《インペリウム・サクルム》

われわれはすでにシュターペルにおいて神聖帝国のヴィジョンに出逢った。神聖帝国はカルル大帝を越え、ダンテ・アリギエリ、ロマン主義者を越えて、思想家、詩人、神学者の精神の中に、アウグスチヌス以来現代に至るまで生き続けているのである。シュターペルはヨーロッパの神秘主義的な統一というこの夢を、世俗化した、合理主義的な、民主主義的な形で国際連盟の中に表現されていた現代的な統一の努力と対置する。しかしプロテスタントであり、ルッター主義者であり、プロイセン人である彼は、この神話に反ローマ的、反カトリック的、国家主義的な色調をあまりにも加えすぎる。その結果たとえばローマ皇帝の「戴冠《トランスラチオ》」の際の教皇の役割にはまったく触れない。またキリスト教的な統合帝国が、普遍的なカトリック教会を前提とすること、宗教改革がこの帝国の宗教的な基盤を、そして近代的な君主国家がこの帝国の法的な基礎を破壊したこと、最後に、国家主義が、この帝国の究極の基礎、すなわち、依然としてわれわれの心の中にまだ残っている道徳的、文化的統一までも動揺させ始めたことをシュターペルは忘れている。神聖帝国の夢はドイツのカトリックを奉じ続けている諸地方に残っていて、現在も他の地方よりも一層いきいきとしている。たとえば、昔の帝国の大本山があったケルンとマインツ、ドイツ系の最初の皇帝が眠るアーヘン、ザリエル王朝代々の墓所のあるシュパイエル、またオーストリアなどがこういう地方である。ここの大公らは一八〇六年まで長い間歴代帝位についたのであり、その皇帝たちはバルバロッサ、カロリンガー王朝を越え、ローマ皇帝アウグストゥス、さらには神とされたユリウス・カサエルまでさかのぼるのである。こうした古きドイツにおいては、十九世紀の半ばに至るまで大ドイツ派が優位を占めており、ひとびとはハープスブルク家に率いられる国民と帝国の再来を、すなわち国民国家ではなく、ドイツ人のしかも同時に超国家的な同盟の再来を願っていたのであった。この神話は反近代、反国家、反プロイセンの傾向を常にもち続けていた。

十九世紀におけるこの神話の復興はロマン派の作家たちによるものである。そしてその最も美しい詩的な表現はまずノヴァーリスの「ヨーロッパあるいはキリスト教世界」に見いだされた。「ヨーロッパがまだキリスト教の地であり、この人間的に形づくられた大陸が一つのキリスト教世界をなしていた頃は輝しき時代であった。大きな共通の利害がこの広大な宗教的な帝国の僻遠の州をも結びつけていた。莫大な世俗的な財産を所有することなく一人の首長が数々の大いなる政治的勢力を指導し統合していた。」この書物はわれわれの眼前に中世と、不幸な宗教改革すなわちプロテスタンティズムによる中世の破壊という詩的なヴィジョンを展開する。彼によればプロテスタンティズムは内に矛盾をはらみ、宗教の中からあらゆる詩的なもの、あらゆる芸術を追放し、ついに合理主義と啓蒙思潮を招来するにいたった。だがノヴァーリスは中世の再生の跡を、とくにドイツの中に訪ねようとする。精神界における大いなる転回の時は近い。そしてそれが文化の盛時、新しい歴史、新たな人類の誕生を告げる、と彼はいう。「宗教だけが、ヨーロッパを再び覚醒させ、諸民族を安泰とし、キリスト教徒を新たな光栄をもって、明らかにこの地上において、昔からの平和樹立の任務につけることができるのである。……プロテスタンティズムは、永久に廃止され、新たな永続的な教会に席を譲るべきではなかろうか？　……キリスト教世界は再び溌剌と活動的にならなければならない。国境に拘泥することなく眼に見える教会を形成しなければならない。この時真の自由が教会の本質となるであろう。」

最近五、六世紀の間のヨーロッパ史に関するこのやや図式的なヴィジョンが、カトリック的な保守的思考の――カトリック的なものだけではないが――基礎にある。これは、宗教改革が政治的に特異な形で行なわれたドイツにとくに言えることである。しかしノヴァーリスにおいては、帝国像はまだ宗教的・詩的なものであった。彼はドイツ民族にたいして過去においても未来においても特別な地位を与えているわけではないのである。

神聖帝国というこの新たな神話が国家主義的な傾向をおびるのはシュレーゲルとゲレスに至ってからである。この二人にはドイツ国民は神の摂理によって最初から、西洋の統一を招来し、ローマ帝国の遺産を相続すべく選ばれたものと見えていた。ゲルマンの血はヨーロッパを更新した。ドイツ人はカトリック教会の戦士、護持者となった。一人のドイツの王が地上の神の代表者の手から世界の帝冠を受けた。これによってドイツは中世キリスト教世界と西欧文化圏の精神的中心となった。平和と正義の保証人であるこの精神的政治的帝国を破壊したのは宗教改革ではない。それはルネサンス、合理主義的自然科学的精神を生み出した個人の教皇党的反逆であり、ついでは、不敵にも最も聖なる伝統の墓穴を掘った啓蒙思潮であり、民主主義と近代自由主義の母であるフランスの大革命である。フランス、イギリス、イタリアなどの外縁の西欧諸国は、ヨーロッパの中枢に、数世紀にわたる秩序に、皇帝党の帝国に、教会に反対して起ち上がった。革命戦争とナポレオンによる帝国の簒奪の混乱のあとでは、この偉大にして古き統一を再建することこそドイツ人の聖なる使命である。「ドイツ民族の使命は、ドイツ的、キリト教的知性の現世的指導権によって道徳的秩序を再建することにある」と、シャルル・アンドレルはこの命題を要約している。

したがってヘーゲルや多くのプロテスタントにとっては、ドイツとくにプロイセンは自由・進歩・近代精神の具体化であったが、カトリックの、またカトリックに近い詩人、思想家にとっては真のドイツ、純粋のドイツはライン河畔のドイツと南独であった。すなわち、それは西洋の最も高貴な思い出、西欧キリスト教世界の最も神聖な伝承と同意義なのである。十九世近が経過するうちに、この神話は完全に消滅することは決してなかったけれどもいくらか背景におしやられた。歴史的な発展がことごとくこの神話と相反するように思えたのであった。十九世紀は啓蒙思潮的自然科学、経済、技術、精神の進歩主義的な世俗化の、また、政治的分野においては自由主義、民主主義、国民国家の時代であった。一八六六年、神聖帝国は決定的に終わったかに見えた。

一九一八年の後、十九世紀の精神的なもろもろの価値が一つの例外もなく疑問とされる危機に陥った時、ほかならぬ進歩と近代精神とが国民の政治的、社会的、文化的崩壊の責任を負うべきだとされた時、この時始めてひとは再び過去の最も輝かしい時期を想起し始めたのであった。それはおそらく、その時期の中に古き偉大の道徳的、精神的基盤を、ドイツ史の魂を、その生成の秘密を、その存在の最も内的な法則を把握するためであった。その際、ひとびとがこの過去を理想化し飾り立て、中世ドイツの中から、神聖ローマ帝国の中から、輝かしい記念碑的な神話を創りあげたのはほとんど自明のことであるが、当時ひとびとがまさしく神話を渇望していたからであった。二、三の宗教的な心情の持主にとっては、帝国の理念はほとんど純粋に形而上的なものであった。こういうひとびとの心の中で具現されているものは神の国であり、純粋に神秘主義的な現実である。「帝国の内的性格は、帝国のひとびとと同盟を結んでいる神の中にその起源をもつ」(ヴェーナー)。全自然は順次に積みあげられているいくつかの帝国からなる。最上位の輪は恩寵をもつひとびとの帝国である。この帝国はキリストの教会の今一つの表現にすぎない。この地上では神の国の理念はドイツ人の魂の中におけるほどにいきいきとしているところはない、とヒールシャーは説明する。一人一人のドイツ人がみなその人なりにこの理念に参与している。それは少数のひとびとの集い、聖者たちの集い、選ばれたひとびとの国であり、「あふれるばかりの信仰をもつ魂」の統一体である。しかしこの精神的な聖なる帝国はドイツの文化圏に限られる。ブルグンドとフランデルンもそれに属することができるが、ロマン民族わけてもスラヴ民族はつねにそれから排除されている。これに参与するためには、ひとはドイツ的な魂をもたなければならないのである。

他の政治的著作家、たとえばハンス・アイブル、とくにエトガー・ユングとともにわれわれは、こうした先験的な高所から、神聖帝国のヴィジョンが——依然として形而上的あるいは超政治的ではあるが——実際の歴史から生まれ、具体的な形態をとる平地へと下っていく。この理念がとくにカトリックあるいはカトリックに近いひとびとに迎えられたのは自然である。それは保守主義の思想財に属するものであり、精々、保守革命、すなわち根本的な王政復古を告知しうるにすぎないからである。

保守的な理論家で、全体を問題とし、自己の信仰の真の精神的基礎にまで突き進むひとびとはほとんどつねにカトリシズムに傾くようである。たしかにひとは、プロテスタンティズムは本来不断の革命なのであるから、プロテスタントの保守主義は論理的にはそれ自身矛盾であるという命題を大胆に提起することができるのではなかろうか。ドイツの保守主義の確立者の中でロマン派出身のひとびとの精神的な生成過程、すなわちシュレーゲル、アーダム・ミュラーらの改宗、ゲレスらの教会の懐への復帰はその間の消息を雄弁に物語っている。自由主義に対する闘争においては、ルッターやその他のドイツの宗教改革者たちは頼りにならない疑わしい同盟者である。なぜなら彼らはそれぞれの流儀で革命的であったのであり、彼らがそれを望んだのではないにしても、それぞれ近代個人主義の祖に祭り上げられているのであるから。彼らは普遍的な眼に見える教会を破壊することによって、精神の世俗化に貢献した。教会の精神的、宗規的、道徳的機能を国家に売り渡した。あるいは少なくともそうした成り行きに力をかした。ヘーゲルもまたルッターの正統の後継者である。本物の気骨のある保守主義者であったパウル・ド・ラガルドは、心の底から最近の国家の聖化を憎悪し、ドイツの宗教改革の現況に次のようなきわめて明確なきわめて騒々しい表現を与えた。「福音の聖なる愛という帷のかげで、国家の全能が自由と名誉にたいするギロチンとして打ち建てられた」(ドイツ論叢、三七六頁)。

しかしながら、わが国の近代保守主義者の中世に関するヴィジョンは、ロマン主義者の先輩たちが抱いていた像とは本質的に異なっている。たしかに、両者にとってルネサンスの個人主義、科学的な合理主義、啓蒙思潮、新たな自然法は共通の敵である。しかし、ロマン主義者は中世の中に、素朴な信仰と信心、有機体論的な制度、慣習法、ゴシックの大寺院、民族詩の時代を見ていたのである。中世に関する以前の保守的な思索の中にはすべて一本の感傷的な糸が通っている。合理主義以前のもの、無意識なものへの傾倒がそれである。すなわちルソーの自然に帰るのではなく、有機的に生長したもの、民族性、歴史、伝統へ帰ろうとするのである。

一世紀前から熱心に行なわれている中世の歴史、制度、芸術、文学、とくに哲学に関するはるかにより真摯な研究は、われわれの抱いているこの時代の像を根本的に変えてしまった。それはかつてノヴァーリス、ヘルダー、シュレーゲルらが見たような素朴で牧歌的で静的な聖徒像ではない。たしかに中世がわれわれにとって信仰と神秘主義の偉大な時代であることに変わりはないし、ゴシックに対するわれわれの愛と驚嘆も決して衰えたわけではない。しかし現代のわれわれをおそらく一層驚嘆させるものは、思考の、すなわち哲学的なそして形而上学的な思索の偉大な運動、ギリシャ哲学とキリスト教とを大胆なジンテーゼのうちに調和させようとする壮大な試みである。すでにトマス・ハクスレーなどは、トマス・アキナスの「古今無双ともいうべき不思議な把握力と鋭敏な知性」を礼讃している。トレルチも、カントは死んだ、だが聖トマスは今もなお活きている、と断言した。そのうえ、スコラ学派の国家理論、社会理論は中世の最盛期に全く新たな光を投げかけるだけでなく、われわれには種々の点において十七、八世紀のそれらよりも身近かに感じられるのである。現代われわれに中世の特徴と見えるものは、もはや思考と生活の非合理主義ではほとんどなく、少なくとも中世盛期にあっては、それは超自然的なものへの信仰に依拠する幅広い合理主義である。そしてわれわれは中世そのものの内部に緩やかな上昇、絶頂、没落の跡を見るのである。十六世紀の論争、ルネサンス、虚飾に満ちた人文主義、啓蒙思潮は、魔女妄想と宗教裁判の没落の時代しか、すなわち「暗黒の中世」しか知らなかったように見える。

このような思考過程は第一次大戦後の数年間ドイツにおいて肥沃な土壌を見出したのであった。それはビスマルクのプロテスタント帝国が終わったからばかりではなかった。カトリシズムとカトリック哲学とがこの時期に再生を体験したのであった。それらは知識層、たとえば、マクス・シェーラー、テオドル・ヘッカー、ルードヴィヒ・ランツベルクなどに異常な牽引力を及ぼした。典礼運動はさらにルッター派のひとびとにまで影響を及ぼし、青年運動の形式は種々の点において非プロテスタント的な、カトリック的な特徴をおびた。

とくに一九一八年後の始めの数年間ドイツにはカトリシズムにとって非常に好都合な知的宗教的雰囲気があった。多くの篤信のプロテスタントにとってさえも、伝統的な信仰の遺産を完全に備え、慣習を守っている今日のカトリック教会は、次のようなものよりも、ルッターや他の宗教改革者らが夢みた改革された教会の理念に近いように思われた。すなわち、多種多様な州教会や宗派、長ったらしい、時には全く拘束力のない道徳的説教を伴う新プロテスタントの礼拝の、やや幻想を欠き、硬化した形式、ルッターにとっては真に恐怖すべきものに思えたもの――なぜならルッターは何といっても中世の人であったから――のほとんど全てを教えた啓蒙主義的神学などである。

多くのカトリック思想家にとっては、霊魂の世俗化の始まり、信仰と理性の中世的な総合の崩壊、近代個人主義の最初の徴候などは、ルネサンスや宗教改革よりもはるか以前にある。彼らはその現われをすでに、個物よりも普遍《ウニウエルサリア》、理念がより現実的であるとするプラトン的・アリストテレス的実在論と、個物のみが存在するのであってあらゆる理念は単に抽象、名称を意味するにすぎないとする革命的な唯名論との間の論争のうちに見いだしている。従って近代人にとっては部分は全体より以前に存在し、社会も国家も、それどころか教会さえも個々の魂の総計となる。かくて理性と信仰とは矛盾するかに思われ、それぞれ全く別個の道を、すなわち一方は近代実験科学への道を、他方は神秘主義と信仰哲学への道を進む。最もスコラ哲学的な「認識センガタメニ我信ズ《クレードー・ウト・インテルリガム》」の代わりにわれわれは、信仰の近代的な形式、「不合理ナルガユエニ我信ズ《クレードー・クイア・アブスルドゥム》」へ、理性による信仰の崩壊へと急ぐのである。

これらの理念が中世に関する新たなヴィジョンの、すなわち、エトガー・ユングが彼の名著「劣れる者たちの支配――新帝国《ライヒ》による没落と解体」で描いたところの神聖帝国に関する神話の新たな形式の基礎になっている。この書物が新保守主義のバイブルといわれるのは全く当然のことである。また、これが生粋のカトリック教徒でなく、カトリシズムに近いあるいはカトリシズムに転向したプロテスタントによって書かれたこと、とはいうもののもちろん帝国譜代の中核地域、すなわちライン河畔の本山とシュパイエルの皇帝陵墓にほど近い地を故郷とする人物によって書かれたことも何ら偶然ではない。「われわれは新世界への入口に立っている。おそらく外見だけではなく新たな世紀を開始する転換期が始まった。ドイツ民族の運命の問題は、西洋最初の帝国の創造者であったドイツ民族が、来るべき帝国の形成にも参与するか否かにある」（E・ユング「劣れる者たちの支配」九、二一頁）と述べたあとでユングはそのテーマを次のようにいいかえる。革新の導きの像、およびそれと同時にわれわれのヨーロッパの展開の最も内的な法則は、古代ヘラスのほかにはとくに中世である。すなわち、「ヨーロッパ文化のこの二つの頂点は、ギリシャ人の悲劇的な時代であり、神聖ローマ帝国のキリスト教的・カトリック的中世である。今日もなおわれわれの現実を豊かにしているすべての偉大な潮流は、遡れば結局はこれら二つの頂点に行きつく。悲劇的なギリシャ文化の終わる所に今一度全発展を総括しつつプラトンが立っており、同様に中世の終わる所にダンテが立っている。この両者に共通するものは彼らのうち建てる像の世界を包括するようなそのあり方、すなわち各部分が従属しつつ関与している偉大な大宇宙的な統一である」（同書、三七二頁）。

「ギリシャ人の場合には」とエトガー・ユングは続ける、「最盛期に続いて突如として衰退が来たのであったが、西欧の発展はこのような絶対的な盛期にまで達したことはない。その代わりに西欧世界には何世紀にも亘って変化にみちた苛烈な闘争が波打っている」（三七七頁）。ホーエンシュタウフェン家の悲劇とともにこの世界に跨る大建造物は真二つにわれた。法燈は分裂し、教会は世俗化され、皇帝党的帝国は終わった。帝国最後の歌い手であったダンテは、また同時にイタリアの国語の創造者でもあったが、彼の美しい論文「帝政論《デ・モナルキア》」は古き神聖帝国《インペリウム・サクルム》への告別の言葉のように思われる。こうした発展は諸侯国家、国民国家、国民文化の形成に向かう。この長い衰退の歴史の中には、すなわち悟性と霊魂という二つの相剋する原理によって特色づけられるこの戦いの中には、霊魂に再びその権利を与えようとするいくつかの反動運動がないわけではない。ユングはそのうち、宗教改革、ドイツ音楽、ドイツ古典主義とロマン主義の時代の三つを挙げている。「この闘争の結末の如何にわれわれの文化の運命はかかっている」(三七九頁)。

この闘争の意義を明白に理解し、かくて現実を新たに形成しようと試みるならば、われわれは必然的に、人間の本質を把握するために、われわれの宗教的、政治的、文化的存在の根底にまで突き進まなければならない。すなわち、「人間の精神のうちにある一つの不変の特性は形而上的な欲求である。それはあらゆる人間性の本質的な点である。そして、人間は神の似姿であるという深い知恵はそれに基づいている。超感覚的なものへの衝動は、永遠にそして普遍的に人間的なものである」(二八頁)。この欲求、永続への意志、永遠への衝動は不壊であり、もしそれがもはや超感覚的なものへ向けられず、宗教的なものの中で活動しなくなれば、それは必ずその報復をする。それは現世に向けられ、個人的な領域のみならず、社会生活においても、政治においても最も恐るべき不幸をひき起こす。

自由という理念、すなわち人間が自己の形而下的な制約と社会的な束縛を脱しようとする努力は倫理的、形而上的な本能であり、この本能はストア学派哲学者にとっては自己以上のものへと成長せんとする不断の努力を前提とする。キリスト教の思想家たち、パウロや聖トマスにとってはそれは神の中の、神の恩寵の中の自由である。両者にとって、すなわち古代の古典文学にとっても、キリスト教にとっても、それは超感覚的な世界である。自由の帝国は自然から与えられる贈物ではなく、完全には決して到達しえない永遠の宗教的な目標である。近代の自由主義、近代の民主主義においては、自由は、個人の能力、性格、意志にかかわりなく個人の絶対的、生得的な権利として要求され、自由はすべてを行なう自由、悪をすら行なう自由となる。しかしながら自由とは本来深い畏敬である。

それも自然から与えられた形而下的な個人、個人の願望、欲望、本能にたいする畏敬ではなく、人間の魂にたいする畏敬、自由と善への能力と使命をもつ人格への畏敬である。

これまた宗教的、形而上的、倫理的な起源のものである平等の理念に関してもこれと似た事情にある。平等とはまず第一に、神の前に個々人の差別はない、形而上学的な平面に立てば王も乞食も存在しない、王も乞食もその個人的な価値に則してのみ裁かれる、ということを意味する。平等の王国、神の王国は理想的な目標である。政治的、社会的な面における平等への熱狂は、この愛の王国がすでにこの地上および自然の中で実現していることを前提としている。平等は、自然から与えられた素質、道徳的な価値、それぞれの社会生活の必要を何ら考慮することなく形而下的な個人の自然の権利となる。自由の理念とまったく同様に平等の理念も危険なユートピアとなり、破壊へ通ずる幻影となる。

ひとがこのように存在のそれぞれに異なる面をとり違え、人間の形而上的な本性、すなわち最も深い倫理的本能を見誤まるならば、現世にたいする眼が曇らされてくる。近代精神は神の国を現世に期待し、人類発展の果てに、あるいは政治的、社会的な革命の結実として、社会的な天国を期待する。必然の世界から自由と平等の国への跳躍は歴史そのものの中へ置きかえられる。形而上的な本能がしたたかに報復を行なったのである。この次元の取り違えを人類は繰り返しその血でもって支払わねばならなかった。

それゆえに西洋の革新すなわち第三帝国は、宗教的な基盤の上に、あらゆる価値の転換の上に、久遠の哲学《フイロソフイア・ペレンニス》が示している久遠の秩序の復古の上にのみ可能である。シュペングラーとともに、西洋とわれわれの文化の没落を避くべからざる必然と見なすことはまったくの邪道であろう。西洋を創造した数々の力はわれわれの周囲に、われわれの中に生きており、神は中世盛期とまったく同じくわれわれの時代においても近くにいる。「精神の革命が始まった。精神の飛翔、魂の蘇生が湧き立つ。神と自然の爽やかな息吹きがドイツの生活の荒野を吹きぬけてゆく」

（同書、八頁）。

新たな感じ方、考え方が広がり、それが、個人主義と精神の世俗化がその極端な限界に達し、すべての可能性をつくしてしまったことを明瞭に示している。自然科学的、唯物論的な精神にたいする反動は、物理学、自然科学そのものの中においても力強く動いている。すなわち、形而上学は十九世紀とオーギュスト・コントとがしばしば死の宣言を下したにもかかわらず復活を体験しているのである。形而上学はハイデガー、フッサール、ニコライ・ハルトマンとともに発展し新しい実在論となる。ディルタイはすでに数年前に、「唯名論の時代の終末は近い。いずれにせよ、現在が最盛期なのである」と予言していた。

社会学の領域においても、ユングは個人主義と唯名論とに訣別する新たな思想方向の徴候に出逢う。個人主義はもはや社会を犠牲にして称讃されることはなくなる。「社会的なものは聖なるものである。」団体、民族、国民、あるいは教会は個人の総和ではなく、個人心理学と何ら共通するところのない独自の発展法則をもっている。この法則は個人に先行する超個人的な現実である。それが個人を支え、それが始めて個人に価値と現実を与える。「社会は、他人のための他人による生活の事実的な有機体であり、――個人の現在は他の個人によってのみ存在するのであるから――人間生活一般の形式である」（イェーリング）。最近の社会学は、政治的、保守的ロマン主義や中世的な思考方法とさえも独自の関係にある新しい実在論をめざしている。オトマー・シュパンの社会学は新・実在論的な宇宙的思考の最も明晰な表現といえよう。

新たな精神の革命は社会学、哲学の領域のみに限られるものではない。革命は新たな建築においても現われる。なぜなら、ひとびとは歴史的なものを尊重する模倣の世紀に続いて、あえて新たな様式を創造しようとするからである。他のすべての芸術においても事情は似ており、文学ではリルケ、とくにシュテファン・ゲオルゲがそうである。

宗教の領域においてもエトガー・ユングは新たな春の到来を信ずる。「真の神の探求が宗教的荒野の中へしみ込んでいく」(同書、八頁) これは人間の新たな完成を求める闘争であり、社会生活をも宗教的な基礎の上に築くであろうところの人間存在の新たな、しかるべきタイプの憧憬である。

合理主義と干からびたキリスト教精神に反対するこの運動の中には新異教的な思潮も登場する。これは、悟性と理性だけでなく、精神そのものをも犠牲として生命と魂を賞讃する汎神論であり、自然と血への信仰である。しかし、ユングにとってはキリスト教はあくまで西洋の宗教であり西洋文化の魂である。キリスト教はこの宗教的な再生の果実をとり入れるであろう。

精神的、文化的、社会的な再生の源泉にまでつき進むためには、教義も形式ももたぬ感情的キリスト教では、純粋の内面性、内面的な照明では、十分とはいえない。そのために必要なのはむしろ、魂と精神の共同のための唯一の基礎を形成する真の教会である。ルッター主義は、その歴史的な起源と精神的な源泉からいえば、神秘主義的、宗教的であって倫理的ではない。ルッター主義は本質上個人的な経験であり、個人主義であって、元来教会の形成にはまったく適しないものである。「プロテスタンティズムは一つの宗教的態度ではあるが、信仰告白ではない……『主よ、信仰なき我を助け給へ』という聖書の言葉に真のプロテスタンティズムの内容が描き出されている」(同書、五頁)。

「一民族全体が一様に宗教的な感動をもつひとびとから成るということは、経験世界と矛盾する表象である。」宗教的熱狂の束の間の燃え上がりの時期と時期の間には、人間的な、あるいはキリスト教的な社会が生き続けるに違いない。そしてそれには確固たる枠が必要である。「もし宗教が純粋な個人主義にとどまっているならば、いかなる倫理も文化も発展しえない、ということが常に忘れられている」(五八頁)。「宗教改革が単なるカルヴィニズム化である限りにおいては、この問題は起こりえない。」なぜならカルヴィニズムは、そもそも個人主義的な神秘主義などではなく、倫理の、客観的な法則だからである。それゆえにカルヴィニズムは、アングロサクソン人において、その社会的、政治的な、それどころか経済的な表現さえも見出したところの一つの生活様式を確立することができたのである。「プロイセンのカルヴィニズム時代にその決定的な特徴を獲得するにいたったプロイセン的な『型』も、アングロサクソン的形態と明白な類縁関係を示していた」(六〇頁)。

しかしながらユングにとっては、カトリック教会とは次のようなキリスト教の形態のことである。すなわちそれは、個人的な神体験を育むことにも、厳格な戒律宗教であることにも満足せず、現世に光をおよぼすことを欲し、人間生活のあらゆる領域を肯定しつつ、教の精神を現世に浸透させ、人間のあらゆる健全な本能にその正しい措置を指し示しつつ、それらを形成し、しかも教会のあらゆる属性を具有しているのである。「原始の知恵が一つの建築物をうち建てた。それはいかなる嵐にも耐えるように見え、また超時間的な様式をもっているために、あらゆる発展の時期に適合している。なぜなら、カトリシズムは明らかに文化宗教である。すなわち現世に強く働きかけ、現世に形式を与えるものであるからである」(六一頁)。全人格を統合しようとするカトリシズムの努力、理性と信仰の、宗教と哲学の深い統一、日常生活の習慣や身振りに至るまで一切をカトリシズムの精神で満たし聖化しようとする努力、これらすべては西洋の人間の深い欲求、内的要求に一致する。

ユングは、あらゆるキリスト教徒が一挙にローマに帰属するとは考えることができないけれども、西洋のための唯一の救済は、それ自身独立した権威はもつが、良心の自由をも肯定し、教義を堅持はするが、自己の信仰のために戦う異教徒を愛をもって包摂する、こうした唯一の教会のうちにあると考えている。

これと同様な思想、たとえばスコラ哲学の精神からの西洋の再生についての思弁、拡大された真にカトリック的な教会への願望、より深い宗教的な芸術への憧憬は、ドイツの土地にだけ芽生えたのではない。フランスのジャーク・マリタンはその好著「統合的ヒューマニズム」の中で新たなキリスト教世界の素描を試みているが、これは壮大な中世的統合と宗教的熱情を、まったく新たな条件の下に実現しようとするものである。クリスタファ・ドーソンはしばしば新たなアウグストゥス的総合について語っており、またヨーロッパ的な保守主義者となったアメリカ人のT・S・エリオットもこの考え方に近い。しかしながら、ヨーロッパの革新をギリシャ正教の篤信とキリスト教的新プラトン主義の立場から説いているのは、ギリシャ正教徒の一ロシア人である。すなわち、「新たな中世」の要請をわれわれにつきつけているベルジャーエフである。「ヨーロッパの救済は新たな中世であろう。」

ドイツのさまざまな国家主義の中では、やはりこの保守的な、というよりはむしろ根本的には復古的な革命の理念が、最も多くドイツ以外の西洋人に訴える力をもっていることは疑いえない。ところが、アイブルやエトガー・ユングなどを国家主義者たらしめているものは、彼らのいわゆる宇宙主義にもかかわらず、彼らは国家あるいは自己の民族を彼らの考察の中心においているという事実なのである。「民族は神の精神の個体化である」とエトガー・ユングは書いている。ところが彼にとっては、たとえば人類なるものはより高次な普遍的な現実ではなく、単に一個の抽象概念にすぎないのである。すなわち「人類と世界経済とは集合概念である。だが単一体ではない」（同書、四二五頁）のである。さらにユングはドイツ民族に西洋の文化と精神史において特殊な地位を与えている。彼が西欧文化の緩慢な崩壊をくい止めたと考える偉大な保守的な反動運動のうち三つだけを、すなわちすべてドイツに起源をもつ宗教改革、古典音楽、観念論哲学だけをあげているのはすでに奇妙なことに思える。崩壊は西欧の所業であり、再生はすべてドイツの出来事であるか、あるいはドイツの土地から生まれたものなのである。「ドイツ精神は西洋の歴史一般にたいしていかなる意義をもつか？」と彼は自問する。「キリスト教の戒律宗教の側とプロテスタントの側との間の対決が、ドイツの土地において行なわれたということ、したがってドイツ民族がキリスト教生活全体の担い手となったことは偶然ではない」（同書、九〇頁）。そこから彼は、ヨーロッパの再キリスト教化の優先権はドイツ人にあるという要求を提出する。「いかなる国、いかなる民族も、言葉の真の意味でドイツほどにヨーロッパ的ではない。ドイツ民族のこの精神的な中央の位置が、ドイツ人は西洋の文化圏の諸国民のうち、心的に最も包括的であり、最も豊かであるという見解を正当化する……この事情から、ドイツ人は地理的にだけでなく精神的にも中央の民族と呼ばれる権利が生ずる」（九一頁）。ロシヤのみは広い多様な魂の持ち主であるが、このロシヤにはドイツを決定的にヨーロッパ的な国民としている秩序感覚、自己形成の意志、特性が欠けている。西欧の他のキリスト教民族の中にもしかしたら宗教的革新の深い泉が流れているかも知れないということは、わが国のキリスト教的な国家主義的・保守主義者の念頭にはまったく浮かばないように思える。

すでに百年も昔にロマン派の詩人たちが同じ要求をもちだしている。アーダム・ミュラーにとっては「ヨーロッパのあらゆる制度の中で偉大なもの、本質的なもの、永遠なものはすべて本来ドイツのものである」。さらに中世のドイツは、あらゆる新たな精神的刺激の由来する西洋の潑剌とした中心、すなわち西洋の芸術文化全体と、ゴシックの大寺院と、深い篤信との源泉とされる。「ライン河とアルプスに沿い、一歩一歩キリスト教の修道院とローマ文化によって征服されたこのゲルマニア、ほかならぬゲルマニアをひとは西洋文化全体の中心に指定しようとするのである」とシャルル・アンドレルは書いている。中世の世界をやや詳しく研究すれば十分に納得のいくことであるが、中世盛期の開花に貢献した決定的なもろもろの運動――カロリング王朝期のルネサンス、ロマネスクおよびゴシック芸術、クリュニーの改革、シトー教団の運動、スコラ哲学、諸大学、フランチェスコ派の篤信、ドメニコ派の僧団、トルバドゥルの詩、宮廷叙事詩、騎士階級の様式、十字軍、都市文化――はドイツ語圏外の諸地方にその発祥の地をもっているのである。すなわちドイツは数世紀の間西洋文化を受け入れる側であったのである。

たしかに宗教改革は短期間この国をヨーロッパの精神生活の焦点とした。そして三世紀ののちにドイツは再び数十年間、キリスト教世界の最も集約的な文化の中心であったのである。老ゲーテがワイマルで全ヨーロッパからの訪問客、讃美者に応接し、フンボルト兄弟がベルリン大学を創立し、ドイツ哲学が壮大な、形而上学的な思弁を展開しはじめ、ハイデルベルクやゲッチンゲンでは世界各国の学生たちがドイツ人教授の講義を傾聴し、そしてこの学生たちが歴史の世界の中へ、古典研究の中へ、新たな比較言語学の中へ導き入れられた頃、ドイツ音楽がウィーンで新たな頂点に達した頃、この頃ドイツはたしかに諸民族のいきいきとした中心といってよかった。ドイツ文化史の「ドイツ精神とドイツ文化のこの聖なる世界的な時」（ベンツ）のこの輝かしい時期への追想は、ドイツ人の心の中から一度も消え去ったことはない。そしてひとびとは一種の素朴さをもってのちのちまでもこの追想にすがりついていた。十九世紀の後半になってもまだ世界の文化創造の中心であると信じていた。この頃、ニーチェが、このゲルマニアの新たな指導者《プラエケプトル》が、シルス・マリアの高嶺からすでにその雷電を平野へ投げおろし、同国人をその眠りから、深い夢想と自己満足的な幻想から呼びさましたのであった。ひとびとは文化的、精神的優越の高貴な像を過去に投影した。あたかもあらゆる偉大な精神的行為、中世のあらゆる文化的創造物が、ドイツ民族の生まれながらの特権であるかのように。

　フィヒテはドイツ民族の中に民族そのもの、すなわち他の政治的、歴史的な諸民族よりも自然とまだはるかに近い関係を有する原民族を見たのであったが、このフィヒテと同様に、エトガー・ユングにとってドイツ民族は西欧の国土そのもの《カト・エクソケーン》であり、最も広い魂を持つだけでなく、そもそも魂を失なっていない唯一の民なのである。他の民族には涸れてしまっている非合理的な、自然的な、精神的な泉がドイツ民族にだけはまだ流れている。「しかし、こうしたヨーロッパの新たな形成に際してドイツに課せられる決定的な役割は、次のことを考えてみれば明らかである。すなわち昔からドイツ人がその力を結集した時には他のヨーロッパ諸民族にはこれまで見られたことのないほどに魂が強調されたということである。ここから、啓蒙思潮と悟性の世界への心的な生活の突入――ルッター、ドイツ音楽、古典主義とロマン主義――が元来ドイツに発した理由が説明できる」（三七八頁）。第一次世界大戦も結局は、ドイツ人の魂と「西欧の悟性」との闘争であった。（ベルグソンも一九一四年から一九一八年までの戦争を魂と悟性との闘争と見た。ただ、彼は魂を西欧側のものと考えていた。)

ところで、「ドイツ人は心的な存在として、その思慮の深さと広い本能の豊かさ、その本能の力と奥深さとによって、他のあらゆる国民よりも優れているがゆえに」、したがってドイツ人は魂の保持者であるがゆえに、ヨーロッパの革新はただドイツのみから生ずることができるのである。「ドイツ精神の奔流する泉からヨーロッパ文化は絶えず刷新の気をくみとり、これによって唯物的な荒野の中で砂漠となることをまぬがれるのである。」そして今日においては、ドイツ人は新たな聖なる霊の息吹きを最もいきいきと感じとる民族である。アイブルはこのことを要約して、「価値の真の体系が再びうちたてられなければならない。そしてドイツ人がそれをなす使命をもっているのである」といっている。

この宗教的な革新、真のキリスト教芸術と篤信の、永遠の真の哲学の再生は、単に文化と精神の領域に限定されることなく、諸国民内の、そして諸国民間の社会的、政治的な共同生活にもその影響をおよぼすであろう。「なぜなら現世における神の国に関するもろもろの表象は、地上の国をも生み出すからである。キリスト教の再生は新たな国をもたらすことができる。ドイツ人の未来は彼らが宗教的・精神的生活を自己の存在の中心におく熱情の強さにかかっている。社会的、政治的な形成はそれと平行して進むか、あるいはむしろそれの当然の結果として生まれる。今日ヨーロッパの文化的、政治的な様相は依然としてパリにおいて「理性の女神《デエス・ラ・レゾン》」が支配権を掌握したあの瞬間によって規定されている。ドイツ民族が真のいきいきとした神を再びそのあるべき所におく創造的な力を自覚する時にのみ、ヨーロッパの様相は新たな特色をかちとるであろう」(ユング「劣れる者たちの支配」六五頁以下)。

すでに、保守的な革命の精神的先駆者であるロマン派の作家たちは、キリスト教と神聖帝国の名において理性の女神に反抗した。彼らは、プロイセン人フリードリヒ二世のうちにその古典的な表現を見いだしていた近代国家に抗議した。「フリードリヒ・ヴィルヘルム一世没後のプロイセンほどに工場のような管理をうけた国家はなかった」とノヴァーリスは断言した。そして、エドマンド・バークの弟子アーダム・ミュラーは、国民が行政の完全な対象となり、人間が国家という機械の歯車となるこの功利的、合理主義的、官僚主義的な軍事国家にたいしてその批判を向けた。同じ批判はフランスにも、ルイ十四世の国家、啓蒙主義的専制主義、十八世紀、一七八九年の大革命にも向けられた。この大革命はたしかに王の絶対主義を廃し、国民主権に基づく国家をうち建てることだけはした。しかし国家の全能をますます拡大し尖鋭化した。自由は宣伝した、しかし自由を根絶した。あらゆる中間権力を熔解し、その結果個人を国家にたいして孤立させ、中央集権化を進め、リシュリューの事業を自己流に完成した。アーダム・ミュラーは、個人主義に基づく議会主義的、民主主義的な国家、および啓蒙主義的専制主義にたいして、国家に関する彼のヴィジョンを対置した。それは段階的な社会であり、身分、同業組合、独立の社会領域の上に成り立っている。そしてそれらは有機的な身分議会として統一され、選挙された政党などよりもはるかによく国民を代表するのである。彼の脳裡にあったのは、絶対主義的な王侯政治の時代以前に、数世紀にわたってヨーロッパにその相貌を与えていた社会的、政治的構造なのである。

十九世紀の歴史はヨーロッパの経済的社会的基礎を自由主義、議会主義的民主主義の方向にそって、この二つの理念がまったくロマン主義的な夢想に堕落してしまうまでに変えていった。たしかにパウル・ド・ラガルド一派の保守主義者は時には、ますますレヴィアタンにまで成長していく近代国家にたいする憎悪を爆発させることもあった。しかしまたプロイセンの保守主義者は国家の神聖化に堕していた。彼らは絶対主義国家にたいしては、それが依然として自分たちの国家であり、自分たちにその特権と社会的地位を保証する限りにおいては、何らそれに反対する理由がなかった。議会主義と民主主義とが自明の国家形態となり、そしてこの国家が多数派が決定権を握る社会主義的な福祉国家へ発展していった戦後数年の印象の下に、にわかにアーダム・ミュラーの理念が新たな現実性をおびてきた。

いうまでもなく国家の讃美はドイツ人の本質の基礎である。「フランスにおいて国民が神聖化されたと同様、ドイツにおいては国家が神聖視された。全体性と完成へのあらゆる憧憬をドイツ人は国家へ向けた。ヘーゲルの国家の神化はドイツ人の歴史的状況とその魂の素質の最も純粋な表現であった。ドイツ人は共同社会の永遠の価値にではなく、時間に制約された国家にすがりついている」(ユング、一五二頁)。

ドイツ史がたどってきた発展がほかならぬ社会とその中世的な機構をゆり動かしたのである。「社会の固有の生命は絶滅された。こうしたなりゆきの結果、余儀なく国家が、一連の社会的課題を引き受けるに至った。国家はそれらの課題を実現しえなければ、その本質的機能がそこなわれることになる。……近代国家は欲すると否とにかかわらず社会国家《ゾチアールシュタート》となり、放逸な経済のために生じた損害を改善し、対立を調整しなければならない。かくて国家は社会が果たすべきであった課題を引き受ける。国家はドイツ人があらゆる祝福を期待する慈善国家となる」(一五三頁)。もしわれわれが再び政治的、社会的共同生活の健全な見解にたちかえろうと欲するならば、国家へのこの信仰、この迷信は消えてしまうはずである。近代国家が形骸化し、いな絶滅した社会を再建しなければならない。「国家哲学の探究の最も本質的な成果がすでに提起されている。すなわち、現代の国家は社会的下部構造を欠いているということである。社会の破壊と国家の越権は国家の危機の固有な徴である。ゆえにあらゆる革新は社会の建設と国家の解体から着手しなければならない」(二二四頁)。二十世紀は社会と国家の自然な二重性をめざしている。二十世紀は再び真の国家へ帰ることを望んでいる。

まず国家は本来の機能をとりもどして、自己に立ちかえり、資本家、産業企業家、労働者のための福祉制度であることをやめなければならない。経済生活は断乎として国家から分離されなければならない。なぜならそれは社会に属するからである。もちろんそれは全体の共同福祉に従属する。しかしあらゆる経済問題、あらゆる社会問題は自治的な身分として組織されるべき当事者自身によって直接解決されなければならない。全体としての国民に関する問題だけが国家の権限となる、ただしそれは緊急の場合に限る。したがって経済企業の国有化は許されない。すなわち、論理的に絶対的な国家の全能、専制的な官僚主義に通じるところの国家資本主義も国家社会主義も存在することは許されないのである(四二八頁)。精神生活、教育制度、大学、芸術は国家から引き離されなければならない。これらはきわめて長い間われわれのヨーロッパ文化においてそうであったように、自治的な団体に委ねなければならない。教会は政治権力から自由である時にのみその使命を果たすことができる。教会は社会の内部に団体を形成するが、しかし国家は本来宗教的なあるいは倫理的な規準を掲げることはできないのである。すべてこれらの改革は、十分に組織され、階層的に築き上げられた社会を前提とする。選挙による議会のかわりに、職業身分の代表のみを問題にするとすれば、それはまったく誤りであろう。また、職業身分的な国家でなく、むしろ職業身分的な社会を問題にすべきであろう。国家はこの階層的に築き上げられた全体の最上層の身分にすぎないのである(三〇五、二九五頁)。ファシズムのイタリアは一時はこの方向に発展するかに見えた。しかしそれは見せかけにすぎなかった。なぜなら、ひとびとはすべてを上から、国家からとらえはじめたからである。ファシズムは職業身分的な社会ではなく、集団主義的な国家を建設した。始めから、必要な自治と地方分権化が欠けていたのである。保守主義者の眼にはおそらくそれは試行的形態と映じたかもしれない。しかしファシズムはシーザー主義と国家全能に転化する運命であったのである。中世的な有機的な解決へ踏み出すかわりに、ファシズムはリシュリュー、ロベスピエール、ルソーの国家専制主義の伝統に停滞してしまった。

ユングによれば、シーザー主義はたしかに議会主義的な共和国よりも民主主義的ではあるが、それは革命を出発点とし、国家形態というよりはむしろ統治方式というにふさわしく、社会が平衡を失なったことの明白な徴である。この二つの国家形態はともに有機的な法思想の意味では非合法な国家である(二七三頁)。ドイツのためにはシーザー主義も集団主義的国家も等しく絶対に排撃しなければならない。なぜならドイツには社会と国家の有機的建設のためのいきいきとした萌芽、すなわち中世以来の仲間組の残滓、ことに健全な連邦制度が依然として存在するからである。「ドイツ民族、ドイツ文化、ドイツ国家を国家主義的なひとびとの独裁によって救い得ると考える者は、ただ明日のみを見て、明後日を見ていない。ましてはるかな未来を見てはいないのである。長もちのする建物を建てようと思うならば、上から下へ建てていくことはできないのである。そのような国家は非有機的なものとなるであろう。今日までファシズムが実施しているように必然的に中央集権的な独裁となるであろう」(二八〇頁)。したがってドイツの革命の使命は、集団あるいは身分の自然な秩序に基づく政治的、社会的機構を創造することであろう。しかしそれはまたはるかにより深い、より広い意味をもつこととなろう。この新たな政治的形態は他のヨーロッパ諸国の模範ともなり、こうして西洋の真の民族共同体の基礎とならねばならない。

ノヴァーリスが近代主権国家を攻撃するのは、これが機械的、合理主義的な「水車場」であるからだけではなく、さらに、これがヨーロッパの再統合にたいする主な障害となるからである。アーダム・ミュラーが自然的、有機的な団体に基づくドイツ的な体制の必要を主張するのは、とくに、これがドイツの連邦制度による結合のための根本条件を意味しているからでもある。この新たな国家はヨーロッパ諸民族の一大同盟の中核となるであろう。「この同盟は確実に、われわれが生きているのと同じように確実に実現するであろう。そしてこの同盟はドイツ的な色彩をおびるであろう。」

これはコンスタンチン・フランツなどの主要な願望の一つであった。ビスマルクと対立していたこの保守主義者はカトリック・ドイツの出身ではなかったが、カトリック派の政治思想家の陣営に数えられている。彼はプロイセンの中央集権的な指導の下にある小ドイツ連邦、新たな国民国家、さらには民主主義——彼が民主主義を国家主義として排撃したのは必ずしも誤まりではなかった——とも闘った。フランツの理想は連邦制度のドイツ、たとえばチェコ人やマジャール人のような異なる言語、文化をもつ諸民族にも同等の地位を与える国家であった。それは言い変えれば、超国民的な集合国家の理念であり、この集合国家は統一された連邦制ヨーロッパあるいは西欧へのかけ橋となるはずであった。そしてそこへ到達するには、国家が中央集権化されることなく、また国家の境界が国民性の境界と一致しない方が有利である。なぜなら、国家内部の連邦制度による寛容は、ヨーロッパの自由な統一を準備する学校であるからである。

オーストリア二重君主国の崩壊から生じた一九一八年後の状勢は、このような保守的な思想に新たな刺激を与えた。いくつかのドイツ系民族の大集団が突如として、他の国家国民によって支配される国家連合の中に組み入れられた。コンスタンチン・フランツなどのこのような願望は、ビスマルク治下の誇り高き新帝国の市民たちによって十分に評価されることも、あるいは理解されることもきわめてまれであった。帝国内においてさえむしろひとびとは、デンマーク人、ポーランド人、エルザス人、ロートリンゲン人など本来の少数民族を同化し、ドイツ化することにつとめていた。不完全ながらドイツ人の国民国家であったこの第二帝国は、帝国の理念、神聖帝国の理念に反していた。なぜならば神聖帝国はその本質において超国家的であったからである。民主主義的な国家主義、固有の言語または文化をもつ各民族集団にそれぞれの主権国家にたいする要求権を与えた民族自決の原則こそ、これらの保守的な思想家によれば、個人主義の、フランス大革命の、一七八九年の諸原理の申し子である。その発展はヴェルサイユとサン・ジェルマンの条約において頂点に達した。これらの条約においてヨーロッパ中心部における超国家的な国家形成の最後の名残りが粉砕され、いわば「ヨーロッパ統一国家党《エウローパ・イッレデンタ》」が創られた。かくして国際連盟、この平等の原理に基づく主権国家の連盟に神聖帝国の超国家的理念が対比される。ドイツは十九世紀に純粋の国民国家となる機会を逸した。今や個人主義の時代は過ぎ去った。ドイツ民族は今彼の古い千年来の使命を思い起こし、諸民族共同体の帝国をうち建て、ノヴァーリス、シュレーゲルらの夢を実現しなければならない。ここに、多くの保守的な、若い国家主義者がウィーンに目を向けた意義もあった。それは拡大されたプロイセンを建設しようというのでも、国民国家を完成しようというのでもない。ハープスブルク家の古き遺産を引き継ぐためであった。

したがって、こうした傾向の新・保守主義者にとって第三帝国は、第一帝国への、ドイツ史のあらゆる新たな若い力もその中で表現されるはずの神聖帝国への復帰であり、キリスト教への、カトリック教会への、神聖帝国《インペリウム・サクルム》への復帰によってヨーロッパの統一を内側から形成しようとする試みであり、「ドイツ精神から生まれ、ヨーロッパを最後的な崩壊から守ってくれる」（ユング、八二頁）新たな秩序へ到達しようとする試みであったのである。

「汎ゲルマン主義のはじまりに、過ぎ去った偉大な四つの幻影が立っている。これらの回想のうち二つの伝承は一般ドイツ的であり、二つは格別プロイセン的である。すなわちドイツ国民の神聖ローマ帝国、リューベックとハンザ同盟の海軍の伝説化した歴史、フリードリヒ二世のプロイセン軍国主義的国家、そして最後にドイツ騎士団とそのスラヴ人の間における使命の精神的遺産相続人としてのプロイセンである」（シャルル・アンドレル）。

ハンザ同盟の神話は、世紀の転換期には海運と植民による汎ゲルマン主義の重要な部分を占めていたのであったが、二つの大戦のあいだ新国家主義的イデオロギーの中ではほとんど何の役割も演じなかった。すなわち、海の彼方での大規模な領土拡張と世界の経済征覇の夢は、スキャパ・フロウ湾に沈んだドイツ艦隊と共に消え去ったかに見えた。一握りの南西軍団の軍人、あるいはハンブルクやブレーメンの何人かの国家主義者が昔の夢を諦めることができず、あちこちで青年にこの夢を吹き込もうと試みたけれども、その成果はまったく知れたものであった。一九一八年以後の国家主義者の努力は全然別な方面に向けられていた。

それだけに他の三つの汎ゲルマン主義の主題はその意義を増した。フリードリヒ二世のプロイセン国家に関する神話についてはすでにのべた。これは全体国家の導きの像の中に入り込み、ドイツ社会主義の神話の中で小さからぬ役割を演じている。ドイツ国民の千年王国のヴィジョンもまた新たな装いの下に復活した。残るのは第三の神話の探究である。これは新国家主義が一九一八年以前の大ドイツ主義から相続したもので、つまり、スラヴ人の間におけるプロイセンの使命という神話である。

オーストリア・ハンガリー帝国の解体の結果プロイセンの神話は一般ドイツ的な神話となり、これがドイツ社会主義のイデオロギーと堅く結びついて、超国家主義的帝国の神話を完成する。「若い諸民族の神話」といわれているものがそれである。そしてこの表現はメラー・ヴァン・デン・ブルックがすでに一九一八年十一月に始めていったものである。西部ドイツ出身の多くのドイツ人と同じように、このラインラント人も新帝国、エルベ河東岸の入植ドイツ人、プロイセン様式、スラヴ系諸民族を熱愛していたのであった。

十九世紀の数多くの歴史家たちが、多くの詩と愛とをもって神聖ローマ帝国、ホーエンシュタウフェン家の輝かしい出陣、ドイツ皇帝の世界征覇の夢を、換言すれば、皇帝派の帝国を讃美したのであるが、若い世代は、この南方への進出を無益の出血、下らない名誉のためのせり合いとしてためらうことなく拒否した。この見解によれば、具体的な利害とはるかに密接な関係にある中世の帝国の真の偉業は、東方の征服と移住という緩慢で不断の事業であった。これは低ザクセンの大公ハインリヒ獅子王やゲルフ家によって始められ、ザクセン選帝侯がこれを継承し、そして最後に多大の成果をもってドイツ騎士団とホーエンツォレルン家が完成したのである。中世の帝国の真に国家的な事業、決定的で永続的な価値をもつ事業はここにあった。帝国がイタリアには確固たる地盤を築くことができず、西欧では次々にローヌ河の渓谷、ブルゴーニュのフランシュ・コンテ、ワロニエン、ロートリンゲン、そして結局スイス、オランダ、エルザスと失なっていった間に、ドイツ人は東方において攻撃に転じ、ゲルマン人とスラヴ人との古い境界であるエルベ河を渡って前進し、バルト海の南岸沿いに進み、ザクセン、ホルシュタイン、メクレンブルク、ポンメルン、ブランデンブルク、シュレジエンに移民を行なった。ボヘミヤ、メーレンもほとんどこの大波のおおう所となった。こうしてドイツ人は帝国の国境、西洋の文化、キリスト教の信仰をカルル大帝あるいはオットー一世時代の帝国の国境のはるか彼方にまで広げた。フランドル、フランケン、低ザクセンの農民が僧正、諸侯、職人、商人のあとに続いた。そしてこれらのひとびとは都市を建設し、数世紀を経たのちまでもマクデブルク都市法を自分たちの生活の憲法とも基礎とも考えて守り続けた。ゴシック様式の教会、僧院、大寺院が東方にそびえたち、役所、市民の建築物がレーヴァル、クラカウ方面にまで続々と建てられた。若々しい文化が動きはじめ、リューベック、ダンチヒの芸術家の工房はオールフス、ストックホルム、リガの大寺院のために彫像をつくり、スラヴの地プラハでは帝国最初の大学が創設された。新たに入植された諸地方、移民事業そのものがドイツ人の生活に回春の力を反射するかに見えた。

ラトヴィア、リトアニア、エストニアでの征服は全く封建的、都市的な性格をもち続けた。城や館の言葉も都市の上層部のそれもドイツ語であった。田舎の素朴なひとびとはたしかにキリスト教を受け入れ、のちにはその主人と同じくルッター派となったが、しかしその昔ながらの言葉は変えなかった。これらのひとびとはドイツ人にはならなかった。これらの植民地のうち最も新しいものがプロイセンであった。プロイセンは、ドイツ騎士団が初め近東においてキリスト教の敵と戦い、ついで東北地方においてスラヴとバルトの異教徒の間にあって神の国の拡大を企てたその所産であった。ドイツ騎士団はプロイセンのマリーエンブルクにおいてスラヴ系のプロイセン人を制圧することに成功しただけでなく、ドイツ系の職人、商人、農民、下級貴族を招きよせ、キリストの教会のためにこの地を獲得し、ドイツ文化とドイツ語を移植することができた。

十五世紀以来の帝国の弱点、すなわち旧帝国からの移民移住者の流れの中断、リトアニアとの合併以後のポーランドの隆昌、タンネンベルク近郊でのドイツ騎士団の敗北、ハンザ同盟の衰退などが、東方へのドイツ人の政治的拡大をせきとめた。それに反してこれらの地方への文化的、精神的影響はさらに数世紀間絶えなかった。ドイツの鉱山業者は新たな山を求めて移住し、銀と塩を採掘し、ドイツの農民は土着民に農耕のより良い方法を伝授し、商人や職人は、しばしばスラヴの領主に招聘されて都市に根を下した。オーストリアがようやく強大となり、ボヘミアとハンガリーを併せ、トルコと戦うに至って、南東部にドイツ文化伝播の新たな情勢が展開され、ドイツの職人、農民、商人、官吏に新たな可能性が与えられた。ヨーゼフ二世はその多くの領邦をもってドイツ人の統一国家をつくろうとした最後の人であった。

しばらくの間、プロイセンもその古い使命を再び取りあげようとするかに見えた。プロイセンはブランデンブルクと、大選帝侯がヴェストファーレン平和条約によって新たに獲得した諸州を併せて、強固に整備された軍国主義的、官僚主義的強国となった。十八世紀のなかばからプロイセンは東方への前進を再び開始することができた。三次にわたる戦争においてフリードリヒ二世はシュレジエンを確保し、ついでポーランドの弱点に乗じて、ヴァイクセル河口と旧領マリーエンブルクを奪還した。第三次ポーランド分割の後、古き夢は現実となったかに見えた。タンネンベルクの報復はとげられ、プロイセン軍の旗印とプロイセンの鷲はワルシャワに翻った。プロイセン諸州のほとんどと、ホーエンツォレルン家所領の大部分はスラヴ人が住んでいた。プロイセンはその開拓者の文化的、文明的な事業を継続するかに見えた。すなわち、スラヴ人の土地で、スラヴ人の犠牲において強力な、近代的な秩序ある国家をドイツ人の指導下に建設する事業であった。

ナポレオン戦争とウィーン条約とはひとまずこれらの努力に終止符をうった。ロシヤがバルト海に沿うて帝国の国境まで進出し、ツァーがポーランドの王となった。プロイセンはダンチヒ、ヴァイクセル河口、ポーゼン、シュレジエンは失なわなかったものの、不本意ながらスラヴの地から帝国内へ追いかえされた。ライン諸州の獲得はプロイセンを以前にもましてドイツ内の強国にのしあげた。プロイセンの支配地域の重点のこの西方への移行は、やがて帝国内の主導権をめぐるオーストリアとの戦争となり、フランスとの対立となり、プロイセンの指導による第二帝国の建設となって行った。

コンスタンチン・フランツのような多くの大ドイツ主義者は、その後も、プロイセンを古き帝国の精神と相容れない東方のほとんどスラヴの強国と見ることをやめなかった。彼らはプロイセンが再び東方に向かうことを望んだ。彼らはホーエンツォレルン家の一人が戴くプロイセンとポーランドの王冠を合わせた王冠を夢みた。しかしビスマルクはホーエンツォレルン家に別の目標を示した。すなわち、ドイツ国民国家の確立と帝冠とである。二世代の間ドイツ―プロイセンは、東方における可能性に背を向けるかに見えたので、純ドイツ領の国境地帯におけるスラヴ人たちの緩慢な進出と原住民の圧迫は、多くのひとびとには長い間気づかれなかった。新帝国、経済的繁栄、商工業の伸長、海軍、海外植民、これらが当時の社会と政治の関心事であった。

帝国内のスラヴ人の数的増大のほかに、さらにヴィルヘルム二世の臣下たちがほとんど気づかなかったように思われる東部ドイツ人にとっての危険があった。すなわち文化的、政治的自意識へのスラヴ諸民族の覚醒である。バルト海とカルパチアの間の小さな文化孤立地帯からバルカンに至るまで散在するドイツ人の移民、職人、商人の多くはルッターの宗教改革を受け入れていた。そして原住民のために聖書をそれぞれの地方の言葉に訳してやらなければならなかった。彼らはそこに印刷所を建て、あるいはその建設を促進して、新たな文語の基礎をきずいた。彼らは原住民の国民的自覚の育成を助けたわけである。

十八世紀の終わり頃、東プロイセン人のヘルダーが、古いスラヴの民謡を蒐集し翻訳して、ヨーロッパの知識層に提供していた。しかし彼を真に「若い諸民族の父」にまで高めたのは、彼が「人類史の理念」によって名声を獲得したためであった。彼はその中でスラヴ諸民族の過去、その農民文化、彼らの素朴な道徳、平和と自由への愛を讃美している。彼はまた雄弁をふるって、スラヴ人がドイツ人の側からもこうむっている隷従と圧迫に同情し、彼らに輝かしい未来を予言した。「こうして、このような深い零落の淵に沈んでいるかつての勤勉で幸福な民族である君たちも、いつかは長い懶惰な眠りからさまされ、奴隷の鉄鎖から解放され、アドリア海からカルパチアの山々にいたり、ドン河からモルダウ河にいたる美しい土地を君たち自身のものとして利用し、その地に平和な勤労と取引の昔ながらの祭を祝うことができるであろう」と。

こうしてドイツ人であるヘルダーが文献上の汎スラヴ主義のための基礎を置いた。彼は、チェコやポーランドやスロヴァキアやクロアチアやセルビアの若い学徒たちの導きの星となり、バイブルとなることになった言葉を書いていた。この青年たちはドイツの大学で教育を受け、感激に満ちて、スラヴの国語や文学の基礎をきずき、あるいはこれらをめざまさせるのに力を貸したのであった。

これらの「不可量物」の多くはさすがのビスマルクも見おとした。彼は東方ドイツ人にたいする政策の結果をほとんど予測していなかった。ドイツの勢力圏内におけるプロイセンのオーストリアにたいする勝利は、同時にハープスブルク帝国内におけるドイツ人の敗北を意味した。ハンガリーを王冠から引き離した一八六七年の憲法と、マジャール人とドイツ人との間の権力の二分は、再興しつつあるスラヴ諸民族の解放に必然的にさいわいせずにはいなかった。彼らはすでに一八四八年の混乱に乗じてプラハに汎スラヴ議会を召集していた。またビスマルク自身も一八六六年にボヘミヤ人を煽動して、ウィーンの彼らの正統のドイツ人の君主に蜂起させていた。ドイツ・オーストリアの同盟はたしかにオーストリアの受けた傷をいやすはずであったが、しかしそれはまた、二重君主国の内部に広がっていた深刻な変化を、ドイツ帝国内の多くのドイツ人に覆いかくすことにもなった。パウル・ド・ラガルドは、一八六六年の同胞戦争の悪い結果をほとんど予言者的に予言していた少数のひとびとの一人である。すなわち、東南部と東部のドイツ人の弱体化と、スラヴ・ナショナリズムの覚醒とであった。

半世紀ののち、一時ドイツの東方政策にとって新たな壮大な展望が開けるかに思われた。第一次大戦中はロシヤ帝国の西部の諸州はバルト海沿岸諸州、ポーランド、さらにはウクライナさえもすべて、ドイツ軍の手中に帰していた。リガ、レヴァル、ドルパト、クラカウ、ルブリンなどいたるところで、ひとびとはドイツの植民、ドイツ文化、ドイツ人の支配の跡と思い出とにぶつかった。はるか彼方のラトヴィア、エストニアでさえもドイツ人の上層民、ドイツ・バルト系の館や領主、ドイツ風の大寺院、組合会館、農民、職人、商人の移民村があった。学校の歴史の授業でこれまで東方のドイツ人についてほとんど聞いたことのない若いドイツ人、ことに西ドイツ出身のドイツ人にとって、ドイツ人の精神的、文化的帝国がモスクワの城門にまで迫っているということは一つの啓示であった。ブレスト＝リトウスクの平和条約は、このほとんど千年におよぶ歴史を完成し、ロシヤは再び本来の国境の彼方へ撃退されるはずであった。そしてすべてこれらのスラヴやバルトの王国、公国は、ドイツの諸侯の手に帰し、老兵たちによって耕地として移住されるはずであった。都市はドイツの市民、商人、技術者、官吏の殺到に門戸を開き、帝国は遠く東方へ延びるはずであった。

しかし東欧諸民族の運命は一九一七年モスクワにおいて、ヴェルダンの塹壕において、フランドルにおいて、シャンパーニュにおいて、そして最後に一九一八年コンピエーニュの森において決定された。すべてこれらの公国、王国はドイツ人の領王を戴かずにすみ、共和国、国民国家となった。ドイツ帝国はまたもや一九一四年の旧国境まで押し帰されただけでなく、さらにダンチヒ、西プロイセン、ポーゼン、メーメルを、また上部シュレジエンの一部をも失なった。これらバルト人、リトアニア人、ポーランド人のような「中間民族」は、始めロシヤにたいするドイツの勝利を、ついでロシヤ革命を、最後にドイツの西部戦線における敗北を利用した。数世紀にわたる他国人支配ののち、彼らは再び、あるいはその歴史上始めて独立した国民となった。彼らは、南部における二重君主国のスラヴ民族と同じように、国民国家を建設した。同時にバルト諸国のドイツ人領主は、その政治的地位と社会的影響力を失なった。農村におけるドイツ農民、都市におけるドイツ市民は、議会と民主主義によって統治される国家の少数民族となった。今や彼らの文化的、精神的存在、彼らの政治的、社会的、経済的権利は、彼らが以前は軽蔑といわないまでも、しばしば上から見下していたその国の多数民族の好意に依存することとなった。

今やルナンの予言が現実となった。言語を同じくする民族にそれぞれの主権国家を望んだ民族自決の原則、すなわち十九世紀にはドイツ人とイタリア人がその統一をうちたてるためによりどころとし、また一八七一年にエルザスとロートリンゲンの一部との併合を正当化するためにひとびとが戦ったところの民族自決の原則が、今やドイツにたいして、東方におけるドイツ人の社会的、文化的主導権にたいして、その力を発揮したのである。それゆえに多くの新国家主義者が二十年代に、ビスマルクの政策を批判し、民族自決の原則、国民国家一般にたいして、とくにそれが民主主義的―議会主義的な色彩をもっている場合、それに反対したのは怪しむにたりない。たしかにひとびとは依然としてヘルダーを、すなわち、スラヴ諸民族を覚醒させて政治的存在とすることに貢献した若い諸民族の父、ヘルダーを肯定していた。しかし最も鋭い批判がフランス大革命に由来する国民的・民主主義的イデオロギーに、諸民族平等の理念に向けられた。すなわち、マーサリク、ドニ、ウィッカム・スティードあるいはシートン・ウォトソンが熱望し、ヴェルサイユ条約とサン・ジェルマン条約によって実現された「新ヨーロッパ」に向けられたのである。

主権国民国家理念は本質上西欧の理念であり、「西欧が自己の固有の生活法則によって作り出したプログラム」(ヴィルジング)である。この理念はフランスとイギリスにおいて、しかもこれらの国がすでに国民的な統一国家となったのちに成立したものである。この理念を借用していただけのドイツにおいてもイタリアにおいても、この理念が統一への努力の中心となった。西欧においても中欧においても、この理念は政治的現実と一致していた。言語の境界、文化的領域はかなり画然としており、多くの場合政治的境界と一致している。西欧と中欧には重要な少数民族がほとんどいないので、さして大きな障害なしに国民の運命を議会の多数派と中央集権的な国家に委ねることができる。ドイツには、少数民族がいるにしてもそれは比較的少数なので、国民の道徳的な統一と団結に支障をきたすことはほとんどないであろう。しかしながら、ひとがこの主権国民統一国家の原則を、バルト海からバルカンに至る東方地域に機械的に適用しようとするならば、そこから生じうるものは不幸だけである。相手ははなはだしく人種の入り混った地帯であり、民族の境界、言語の境界が地理的な境界、いな政治的な境界とさえも一致していない地帯である。さらには、昔の植民地、定住地が散在し、しばしばスラヴ人やマジャール人の領主に招聘されて来ていたドイツ人の民族集団がいる、というような錯雑した事情も存在する。新たな中央集権化した諸国家が、国民の道徳的、精神的統一を保証し、将来のドイツ民族統一への念願を徹底的に根絶するために、その新たな主権を行使して、この少数のドイツ人を国民化し、彼らをポーランド人、チェコ人、マジャール人、セルビア人、ルーマニア人としようと欲するならば、もともと困難なこれらのドイツ人の境遇は悲劇的な堪えがたいものとなる。

それゆえドイツ国家主義者が西欧の理念である議会主義、代表者組織、多数決による民主主義を拒否したのはドイツそのもののためばかりではなかった。諸民族の平等と主権国民国家の理念はすでに東欧においてドイツ人とその文化的経済的地位に本来敵対的な秩序を作り出していたのである。さらにひとびとは、中央集権的な国民国家の観念はこの地帯にあっては一般に誤りであるとか、それは社会的、文化的、経済的な現実と矛盾し、ここに居住するスラヴ諸民族そのものの利害および国民としての独自の生活にとって完全にナンセンスであるなどと主張した。なぜなら、この地域は西欧とは異なった生活法則によっているからというのである。自由主義と自由主義的な諸制度は東方においては異物である。西欧諸国の国家形態と経済的、社会的状態は、長期の発展の結果である。それらは工業経済の産物であり、資本主義とそれらの勝利を援けたブルジョワジーなしにはほとんど考えることができないのである。それらは豊かな土地の上で、工業地帯と都市文化の中で成長した。それどころかおそらくそれらは、諸国民がその歴史の強力で創造的な時期を経てのちに獲得した国家形態である。それらは古き、満ちたりた民族の成果である。未来と歴史を今後にまつ若い諸民族が、どうしてその運命を、古くなった西欧とその退廃的な諸制度に結びつけなければならないであろうか？　彼らは自分たちの歴史的年齢と、地理的な位置と、経済的民族的特性によりよく一致した新たな国家形態、社会形態を待望すべきではなかろうか？　より大きな国家連合の内部で、種々な民族集団に文化的・精神的な自律を保証する連邦組織の方が、少数民族を含むこうした国民国家よりもはるかに自然であり、既成の事実によりよく適合するのではなかろうか？　「決定的な危機を経験しているのは」、自由主義的、中央集権的国民国家であり、「国民的――民主主義的理念であって、国民という理念ではない」（ツィーグラー「近代国家」二九三頁）。ひとびとが東欧においてギリギリの限界にまで推し進め、それ故に馬鹿げたものとなってしまった民族自決の原則にたいする反動がすでに始まっている、とひとびとは断言した。静的な国家主義から動的なそれへと移行する。「連邦主義的国家主義が始まっている。」東欧において顕著なこの転回、この革命的発展はドイツにとって最大の意義をもつ。（ヴィルジング「中間ヨーロッパ」二三一頁）。

同じような思想をメラー・ヴァン・デン・ブルックはすでに一九一八年十一月に彼の論文、「若い諸民族の権利」において追求していた。しかし当時彼が考えていたのはスラヴ民族よりはむしろ、「トゥラン」の民族集団、すなわちフィンランド人、マジャール人、ブルガリア人であった。戦争は彼にとってはすでに古い民族と若い民族との対決であり、西欧側の勝利は若い諸民族の敗北であった。もちろん彼はドイツを若い民族、若返りつつある民族の一つと見なしていた。なぜなら、ドイツは「古い文化の担い手であると同時に、新たな文化をもち来る者」だからである。それ故にドイツはすべての若い民族のための結集点となる使命を与えられている。彼らを古い退廃的な世界との戦いにおいて統率することがドイツの使命である。バルト海とアドリア海との間の諸民族の国家主義的な革命を、メラーは多大の同感をもって観察した。彼にとくに重大と思われたのは、この諸民族があらゆる他国の支配形態にも屈することなく存在を続け、一九一八年の直後に主権と独立の国家となることのできたその持久力と強靱さであった。彼らの態度はメラーにとって、同じように国家の革新、国家の革命を望んでいたドイツにとってほとんど模範的なものに思えた。それ故にこれらの民族は彼にとってはドイツの盟友と考えられたのである。

この新たな同盟国家群を結ぶ理念は社会主義でなければならなかった。これらの国々においては国家主義的な独立運動は必ず社会革命を伴い、それは古くからの他国人の地主層、封建的な層あるいは資本家層に向けられた。ロシヤ革命そのものがメラーの眼には、西欧資本主義の支配に対する反抗と映じた。西欧諸民族は民主主義的なブルジョワ革命によって歴史の中へ登場し、東欧の、すなわち若い諸民族は社会主義的な革命、農民革命、徹底的な農地改革によって彼らのヨーロッパ的な生涯を始めた。「西欧にとってはライン河畔に始まる東方民族は社会主義の代表者である。だが、みずからの民族の中に敵を求める階級社会主義、あるいは政党社会主義などの代表者ではない」（メラー・v・d・ブルック「若い諸民族の権利」一六八頁）。この社会主義の意味でのドイツの革新は、かつてドイツが数世紀にわたって彼らの教師であり、彼らの精神的解放に貢献したように、ドイツを彼らの自然な前衛の闘士とするであろう。それが正しいドイツの政策であり、「社会主義的な対外政策」である。反動主義者が望んでいるように、ボルシェヴィズムとロシヤに対する資本主義と西洋の文化と良風の防壁の役割を西欧のために買って出るというような、笑うべき理念を弄ぶ代わりに、ドイツは、東方、ロシヤそのもの、とくに大戦とロシヤ革命の結果解放された少数の中間諸民族に依拠しなければならない。すなわち、彼らをヴェルサイユに対する戦いの戦列へつけなければならないのである。

「現在、独立の権利を承認された東方の諸民族が最初にどうしても味わわなければならない経験は、彼らの国民生活にとってその自治がそもそも如何なる結果をもたらすかということであろう。……この経験は、すでに大きな民族相互の間にみられることが、今こそ小さな民族において行なわれるということに外ならない。すなわち狭隘なヨーロッパにおいては他国と隔絶しては如何なる国家も存立しえない、むしろそれぞれの国家が相互に提携することを余儀なくされているという事実である……。今日すでに小民族はこのことを認識しつつある。すでにエルベ・ドナウ国家同盟というマーサリクの計画の基礎となっているのは、新チェコ国がドイツとの自然な、経済地域上のつながりを離れるならばその生存能力を完全に失なうという見解である。そしてバルト海沿岸の小民族は、世界大戦が彼らに結局は仕合わせな結果をもたらしたとすれば、それは専ら、大戦の結果彼らがヨーロッパと関連をもつに至ったことにあるということを、今こそ直ちに理解するであろう。しかし彼らは、すでに交通技術上の理由から、ドイツを経由しないではヨーロッパと結びつくことはできない。この意味において、すべてこれらの東方諸民族を大陸の労働共同体に組み入れることは、やがて政治的意義をもつこととなるであろう。……諸民族を解放した十九世紀の国家主義は再び彼らを結びつける二十世紀の連邦主義に移行する。諸民族はいたる所、いずれかの側との結合に踏み切る必要に迫られている。そして今ようやく歴史に登場し始め、今なお小民族の存在する東欧ほど、この結合の必要に迫られている所はない」（一八二頁）。

右のように書いた時メラーはまだ東方のヨーロッパ化の実現を信じていた。ルール地方占領の数年後に至ってはじめてこれらの理念は反西欧の鋭鋒を露わにした。なぜなら、この時彼は次のように書いているからである。「われわれに残された唯一の機会は東方の全民族にむかって西欧反対を、社会主義の民族にむかって自由主義反対を、ヨーロッパ大陸にむかってニグロ化したフランス反対をよびかける大同盟あるのみである」（メラー・v・d・ブルック「第三帝国」）。

メラーが大戦後はじめの数年間にこの理念を構想したところの歴史的な情勢も忘れてはならない。当時まだ西欧側の大国は、ロシヤをヨーロッパ的秩序に、資本主義的体制にひき戻すことができると思っていた。一方ドイツはラパッロ条約によって孤立状態から脱れ出ようとしていた。ボルシェヴィキ自身はヴェルサイユの「ブルジョワ的、資本主義的、帝国主義的」平和を盛んに非難した。ラデックはレオ・シュラーゲターのためにモスクワで追悼演説を行ない、ドイツ系の住民にフランスの侵略と西欧協商国資本に対する共同闘争を呼びかけた。

その間、ボルシェヴィズムの社会主義は二十年代のなかばにはメラーや国家主義者らの予言とは全く異なる方向に発展していた。東方諸民族ははるかにより緊密に西欧と結びついており、彼らの民主主義的な農地改革は、決して共産主義的ではなく、また社会主義とも全く無縁であった。ドイツ自体メラーらの思想を実現する様子はほとんどなかった。ドイツはロンドンとニューヨークの銀行が再建のための大幅な公債を申し出た時、反西欧的、あるいは反資本主義的な感情を抱くことはなかった。ドイツの経済的、社会的機構も、共産主義とは何のかかわりもなく、社会主義ともほとんど共通するところがなかった。ブロックドルフ・ランツァウの努力やラパッロ条約にもかかわらず、ドイツはシュトレーゼマンの下に西欧世界の陣営に投じた。

しかし以上のような思索や憧憬が完全に消えてしまうことは決してなかった。国家主義的ボルシェヴィキや他の二、三の社会主義的革命家の脳裡にそれらは一九二九年までくすぶり続けた。この頃ドイツはアメリカ的な繁栄《プロスペリティ》の夢から醒めた。プロレタリア国民という公式が再び現実となった。恐慌はまた、ドイツと同様に西欧から融資をうけていた中欧の諸国民をとりわけ苛酷に見舞った。彼らは債務の返済のために最大限の努力を傾けた。なぜならこの国々はまず第一に農業国であり、農産物価格の下落は工業生産物のそれよりも甚だしかったからであった。貧困なあるいは貧困化されたヨーロッパが、工業と銀行の西ヨーロッパに搾取されているという理念が、若い諸民族の戦線の、社会的、経済的、反資本主義的戦線の基礎理念となることとなった。

東欧における多数の小独立国家群の復活は、幾度かの警告にもかかわらず、国家主義を生みだし、それは経済政策にも影響を及ぼした。貿易と交通、物資の交易は国家主義によって円滑にされることはなかった。すでに正常な時期においてもそれはさまざまな困難に遭遇していた。すでに恐慌以前に南東諸国は、アルゼンチンおよびアメリカ合衆国が競争者として登場していたヨーロッパ市場で、パン原料の穀物、とうもろこし、煙草の価格を下げるに懸命であったのである。世界恐慌はこの不安な状態を更に尖鋭化することとなった。農業国の窮乏は増大した。

こうした状態を切り抜ける試みがないではなかった。経済的なドナウ連合のための企画が行なわれていた。これが実現していたならば、あるいは健全な、均衡のとれた有機的な経済圏を形成することができたかも知れない。かってはロシヤの海に達するための回廊国家であったバルト沿岸諸国も、経済的に相互に歩みよろうとつとめていた。しかしドイツの側からは、このような新たな経済的連合を作り上げようとするタルジュウ案もムッソリーニやベネシュの努力も、空しい求愛の努力と見られていた。真の解決はそれとは別の、すなわちドイツによる解決と考えられていた。オーストリアのドイツへの経済的結合がそのための第一歩であった。「ドイツを除いて永続的な解決策は存在しない」(ヴィルジング「世界政策におけるドイツ」一〇四頁)。工業国ドイツはユーゴスラヴィア、ルーマニア、ハンガリーの農産物のための天与の市場である、というのである。逆にドイツ帝国はその工業製品、すなわち農業用機械、カリのための販路を必要とした。そしてその必要度は、世界市場がドイツの生産物にたいして閉されるにつれてますます高まった。

国家主義的な理論家はさらに一歩を進めた。彼らにとっては、この世界貿易の危機は一時的な現象ではなく、世界の経済機構の深刻な決定的な改編の徴であった。世界経済というのは過去の代物である。世界経済は経済的自由主義や世界貿易の残滓もろとも消滅するであろう。世界貿易を再建しようとする第一次大戦後の善意の試みは決定的な失敗に終わった。それにかわって、高いほとんど越えることのできない関税障壁によって相互に隔絶されている大経済圏という構想が現われる。これらの個々の経済圏は、相互に補いあう一連の国家、民族、国民を包括する。現代ロシヤ、アメリカ合衆国、ブリテン帝国は、それぞれ一個の多様な全体をなすに足る広大なこうした大ブロックを形成しようとしている。

ヨーロッパ大陸はたとえばブリアンなどの希望したような統一体となるようなことはほとんど不可能である。この夢にはしっかりした経済的な基盤が欠けている。フランスはますます自国の植民地、すなわちドーヴァー海峡から赤道にいたり、一つのまとまった経済圏を構成しているアフリカ帝国に依存する。フランスはまた、当時の緊密な政治的関係と双方の共感にもかかわらず、東ヨーロッパおよび南東ヨーロッパの生産物のための真剣な市場とは決してなりえない。しかもフランスは経済的にあまりにも均衡がとれている。「ゆえにフランスの経済生活は明白に自給自足の傾向をもっている」（同書、二六七頁）。他方フランスはその国内の経済的均衡を破壊し、自国の運命を中欧の不安な革命的な経済発展に結びつけるつもりは毛頭ない。「もしフランスがその汎ヨーロッパ的な経済計画を真剣に取りあげるならば、フランスは必ずや大渦巻《メールストローム》の中へ、にえたぎる大鍋の中へ落ちこむに相違ない。そうなれば何が破壊され、何が残るかは誰も予想できない。フランスが望むことも為すこともできないのは、まさしくこのことなのだ。万が一そのような事態となれば、フランスの優れて社会的な均衡の最後の時となるからである」（二七二頁）。したがって、大陸広域圏の中核の国となる使命はおのずからドイツにある。とくにドイツ自体が経済革命の途上にあるだけになおさらのことである。この経済圏は中欧と「中間ヨーロッパ」を包括するであろう。それは東部においてはソヴィエトのロシヤ・アジア地域に接し、西部においてはフランス・アフリカ帝国に境を接する。ドイツに与えられる使命は、あらゆる参加国のために工業、農業の均衡を保つこうした中欧ブロックを形成することである。なぜならドイツのみでは決して自給自足には達し得ないからである。この再建は下から始められなければならない。各国はまったく理論にとどまり、地理的・政治的なさまざまの現実を計算に入れない世界競争に追随することをやめ、自国の経済を健全な基礎の上に置かなければならない。

メラー・ヴァン・デン・ブルックの例にならって国家主義の理論家たちは、この中欧と中間ヨーロッパとの結合に尖鋭な反資本主義的、反西欧的な刃を与えた。彼らによれば、一九一八年の共和国は西方の金貸し共《マネー・レンダーズ》の植民地になりさがった。パリー、ロンドン、ニューヨークが東方諸民族に認めた公債は、古い諸民族による若い諸民族の意識的な奴隷化と主張される。外国資本の影響やバルカンにおけるフランスの政治権益は、これらの小国が自国の利益を追求し、経済的にドイツと提携し、反西欧の共同戦線を張ることを妨害した。「バルカンをバルカン諸民族へ」という公式はもはや単なる反帝国主義のスローガンにとどまらない。このスローガンには新たな反資本主義的、反西欧的な姿勢もかくされている。それに反してドイツの利益と農耕諸民族の利益は一致している。「反資本主義のドイツは、東方の反資本主義的な農業国の中に自己の自然の補充を見出さなければならない」(二七六頁)。

この利害の共通という立場には更に深い根がある。これらの国家の多くは、もともとフランスと西欧民主主義に好意をよせている自由主義的でアカデミックなブルジョワジーによって創られたものであった。この階層は国家を指導するにあたって次第に農民層から分離していった。農民層の理想は決して自由主義的な共和国ではなく、農民協同国家、即ち一種の農業社会主義なのである。危機を切りぬけるために、国家は経営に干渉し、自ら農産物の生産および取引を規制し、輸出入を自己の手中に収めることを余儀なくされた。これは閉鎖的な貿易国家、計画経済、国家社会主義への一歩である。換言すればドイツ人が「ドイツ的社会主義」として考えているものの農民的形式なのである。ドイツ国内自体における動き、即ちドイツ民族が国家的、社会的革命によってかちとるであろう経済的、社会的体制は東欧にとってのモデルとなるであろう。メラーはすでに次のように宣言している。政治的、社会的な諸問題のドイツにおける解決は同時に、中欧および東欧の地理的、経済的な地帯に通用するであろう、と。

このイデオロギーの背後にはヘーゲルの理念が、さらには自然と、地理的空間の政治、社会および文化への統合的な影響とに関する新たな思索がひそんでいる。これらの理念はすでにラッツェルが暗示したものであり、本来モンテスキューにまでさかのぼるものである。ヘーゲルによれば、新たな精神と、感情と思考の新たな様式とを具現する国民、時代に適合した新たな政治的、社会的形成をかちとる民族は、諸々の民族の間にあって特殊な地位を占める。その国民は歴史の生成にとくに深い影響を与える。その国民は模範となる。この理念は、自己を世界の出発点と妄想しているすべての大きな革命を支配している。この理念は一七八九年にも、ソヴィエトにも、イタリアのファシズムにも見られた。どの革命も自分が現代の諸問題の解決を他に先立って体験し、新たな必要と要求を満たしていると信じ、自分たちが新時代の曙であると信じている。同じような要求をドイツの新国家主義も掲げる。

「ドイツの新国家主義は、一国民を内部から革新し、数世代に亘ってその国民をあらゆる政治的事件の中心たらしめる革命的転換である。われわれはこれを偉大なる革命とよぶ。ドイツは今後のあらゆる政治的事件の中心となるであろう。戦争の終結以来一切の決定的な事件はドイツに起こっている」（グリュンデル「若い世代の使命」三三九頁）。したがってきたるべきドイツの革命は、フランス大革命を押し戻すべき一大反革命となるであろう。この革命は、一七八九年の理念が十九世紀の歴史においてもっていた位置を、二十世紀のヨーロッパにおいて占めるであろう。

バークの理論にもかかわらず、ワーテルローにもかかわらず、そしてまた神聖同盟にもかかわらず、フランス大革命は神話となり、次の世紀のあらゆる革命の導きの像となった。主権国家が若い国家主義者の権力理念《イデー・フォルス》であり、民主主義的な平等の共和国が新たな国家の理想であった。革命的なフランスはヨーロッパにおいて理想的な特殊な位置を占めていた。フランスは他の国民の中に陰に陽にその信奉者をもっていた。この事実によってフランスは百年の長きにわたって、敵の陣営の中にまで道徳的、精神的、政治的影響をおよぼすことができたのであった。第一次大戦中にもなお、いな、ワイマル共和国にいたってもこの事実は変わらなかった。十七世紀のイギリス革命と異なり、フランス大革命は「哲学的な革命、おそらくこれまでに唯一つの革命」（三四五頁）であった。

保守的な国家主義者、ドイツをヨーロッパ文化の心臓と考えている新皇帝派《ギベリン》のひとびとにとっては、反ブルジョワ的、反自由主義的なドイツの革命は母たちへの、固有の本質へのヨーロッパの基礎への復帰であった。彼らにとっては、その革命は神聖帝国《インペリウム・サクルム》再建の出発点となり、ドイツ民族は西洋の前衛となり、典型となった。それに反して新教皇派《ゲルフ》にとっては、ドイツは中欧最大の強国であり、若い諸民族のまとめ役である。ドイツの反ブルジョワ的、反資本主義的な、すなわち社会主義的な革命は、ヨーロッパを革新することもなく、その中心として役立つこともないであろう。すなわち、西欧はいずれにせよ衰退する運命であり、没落すべく定められているのである。むしろ、バルト海からアドリア海にいたり、ライン河からモスクワの市門にいたる地理的空間の経済的、社会的、民族的諸条件に一致する新たなタイプの国家を創造することが重要である。換言すれば、若い諸民族の神話の根底をなす概念は、西洋文化、神聖帝国ではなく、またゴビノー、チェンバレン、あるいはローゼンベルクの意味での人種の概念でもなく、空間の理念、経済的、地理的、社会的また人間的な空間の理念なのである。

人間にたいする地理学的・地質学的空間の影響についての思索は、地理学的決定論ともいうべきもの、すなわち地理的環境への人間の絶対的依存性を告げようとするものではない。たしかに地理的、気象的、地勢的条件は、人間に、人間の考え方感じ方に、またその政治的、社会的形態に強力な影響をおよぼす。しかしまた人間は逆に空間に働きかけ、環境どころか地勢さえも形成し、環境に自分の意志と自分の刻印を捺す。そしてこれらの相互影響から社会学的、経済的、文化的な空間が成立する。ある点までは、空間の影響は人種の特徴をかき消し、異なる人種、異なる民族の間に、社会的な共通性を作り出すであろう。同じ気候の中で生活し、自然との同じような戦いをし、また同一の経済的、社会的条件を克服しなければならない一群のひとびとは、新たな人間のタイプを生み出すことができるし、また生み出すに違いない。

歴史家ランプレヒトは、中世における東方への移住の結果であり、また神聖ローマ帝国のドイツ人とは異なる、新たなドイツ人のタイプである植民地ドイツ人という概念をうちだした時、すでにこのような理念を抱いていた。ナードラーがいうところの「新種族」の中で、同一の空間に住んでいるためにスラヴ人と多くの共通点をもつ新たな人間が作り出された。このようにしてひとびとは、空間による教育、いな人間の融合を論ずることができる。この意味で中世後期のドイツは別の民族となった。ドイツの政治的、精神的な中心は永い間ライン河であり、フランケン地方、シュヴァーベン地方であった。ついで皇帝の所在地としてプラハが、のちにウィーンが、最後にケーニヒスベルク、とくにベルリンが精神的中心点となる。これらのいずれもが植民地ドイツ人の基地であり、中心である。数世紀来ドイツ人の軸はますます東方へ移行してきている。十九世紀は多くの点からみてこうした動きの一応の決着である。ドイツはその植民地のうち最も若い植民地たるプロイセンによって統一される。都市とぶどうとライン河畔の城とゴシックやバロックの大寺院と城をもつ古きドイツは、かつてギリシャがマケドニア人に屈したように東方出身のブルジョワであり、兵士である自分の息子の前に屈するのである。

それでは、一八四八年に、プロイセンをドイツの中へ解消せよと要求された当時、ひとびとの主張したごとく、これでプロイセンの役割は終わったのであろうか？　プロイセンは強大な、強力な国家となった。なぜならプロイセンは「宗教改革の子」として、あまりにも多くの伝統にわずらわされることなく、ほとんど無から《エクス・ニヒロ》僧侶的禁欲的軍事的組織を打ち建て、種々の民族を一つの国民に作り上げ、模範的な行政のみか、プロイセンふうの愛国心さえも創造したからである。このプロテスタントの革命的強国に今日与えられている使命は、国家と国民共同体における規律、訓育、義務、奉仕のために打ち建てられている新たな形式の社会主義を作り出すことである。

かねてからプロイセンには、種々の種族、民族を統合し、共通の使命の下に立たしめる任務が与えられていたのであるから、プロイセンの新たな使命は、東欧に先立って真の社会主義と真正な民族共同体の典型を生きることである。この社会主義はタタールのボルシェヴィズムともイタリアのファシズムとも等しく無縁なものである。イタリアのファシズムのごときは西欧資本主義に、ローマに、西欧の退廃にとらえられている。これがスラヴ諸民族の間におけるドイツの新たな使命であり、国家主義的社会主義であり、東方地帯の連邦制的な結合の社会主義である。すなわちドイツ的・スラヴ的帝国、教皇派《ゲルフ》の帝国である。この観点のもとではオーストリアの併合も新たな意義をもつ。それはドイツ文化の古い首都のゲルマン諸民族の家庭への復帰であり、しかも又それは、南東へ向かっての最も古いドイツの植民地的、精神的、道徳的膨張の道の新たな出発点なのである。従って第三帝国はゲルフ家のホーエンツォレルン家の千年の政治の遺産であるだけでなく、ルクセンブルク家の、バーベンベルク家の、ハープスブルク家の文化伝道の遺産でもあろう。皇帝派《ギベリン》からみても、教皇派《ゲルフ》からみても、「ウィーンはミサに値する」。

# ドイツ的様式と芸術

西欧を離れ、西洋に背をむけること、これがドイツのあらゆる新国家主義者の一般的なスローガンであり、公分母であるように思われた。ドイツ民族の特性と完全に一致する国家的形式に到達するために、西欧の政治的諸制度を拒否すること、ドイツ的社会主義を実現するために、資本主義的、自由主義的な諸国民の仲間と絶縁すること、新たなゲルマン的な宗教、または少なくとも若返った純粋にドイツ的なキリスト教を建設すること、東方に新たな政治的、社会的、経済的、教皇派的な国家を建設するために東方へ進出すること、これらは第三帝国の神話のいくつかのヴァリエーションである。共通の目標は、ドイツ民族にたいするあらゆる外国の干渉の排除である。しかし、西欧からの分離を完全に行なうには、芸術的、哲学的な、すなわち精神的な自給自足も必要である。

純ドイツ文化、本質的にゲルマン的な文学と芸術、あらゆる外来の影響から清められた哲学または世界観、こういうものへの夢にはほぼ二百年の歴史がある。この夢の発端は、具体的な精神史の知識をもたない多くの神話学者がわれわれに信じこませようと思っているのとは違って、ルッターやエッケハルトらにまでさかのぼるものではない。しかしこういう気分は、敬虔な北方的なクロップシュトックに熱狂して、一九三三年五月十日よりもはるか以前に、ヴィーラントの著書を焼いたゲッチンゲンの大学生にも幾らかただよっていた。ヴィーラントは優雅な人であり、プラトンよりはむしろルーキアノスの弟子で、恐るべき、シニカルな「フランスかぶれ」であった。また、レッシングの文学批評、演劇批評にも国民的・ドイツ的な響がある。しかし彼にとっては、同時代人ジョンスン博士にとってと同じく、愛国心は依然として「英雄的な弱点」にとどまっていた。だがこの十八世紀の市民レッシングは、アリストテレスとシェークスピアの名において、ラ・フォンテーヌの優美な文学、ラシーヌの清澄な貴族的なドラマ、とくに世紀の寵児ヴォルテールと戦ったのであった。

この戦いの姿勢は次の世代、シュトゥルム・ウント・ドラング期にいっそう明らかになり、ひとびとはヴォルテールのもつ優雅な辛棘と、百科全書家の唯物論とヴィーラントと、合理主義者レッシングに反抗した。もちろん詩文にたいする感覚はこのレッシングに発しているのであるが。ひとびとはこれらと戦いつつ、ドイツ民族の真の精神、民族精神をよりどころとして新しい国民文学を打ち建てようと試み、純粋にドイツ的な芸術理想を掲げるべく努力した。この際ひとびとが一部のドイツ的な文学および芸術そのものを拒け、逆に、こともあろうにフランスから幾人かの詩人あるいは文学者を盟友として取りあげたことはまことに奇妙なことである。「ディドロはわれわれの家族の一員である。なぜなら彼は万事において真のドイツ人であるから」(ゲーテ)。ルソーもまたフランス文化から借用され、ドイツ人によって併合された。ルソーはパリーのサロンに背をむけたからである。こうしたなりゆきが最も明白に追求できるのは、この時代の最も美しい宣言の一つである小冊子「ドイツ的様式と芸術について」の中においてである。この宣言は全部で四つの論文からなっているが、ドイツの事柄を扱っているのはただ一篇だけである。すなわち低ザクセンの歴史についてのメーザーの論文である。その他の論文では、イギリス人シェークスピアがドイツの演劇精神の権化となり、ケルト人オシアンが北方的・ドイツ的抒情詩の真の典型となり、そして最後にゲーテがシュトラースブルクの大寺院で石と化したスタイルを、特異なドイツ的な民族創造、最もドイツ的な建築物と断言している。

以上すべてのことは、若い世代が抱く理想を、ルネサンスまたはロココの芸術と区別し、またイタリアあるいはフランスに発してほとんど二世紀の間ヨーロッパを支配してき、さらに今後も支配するであろうところの芸術、文学における擬古典主義のスタイルと区別する論争文の中ではおそらくいっそう明白になる。しかしながら、のちの文学史、芸術史がこの図式をドグマにまで高めたということ、しかもそれがドイツ人のように歴史的素地の豊かな国民の間で行なわれたということは、まことに異様な感じを抱かせる。十九世紀のあいだ繰り返し国家主義的な文学批評、芸術批評は、純粋にドイツ的な芸術理想を掲げようとした。ひとびとは繰り返しドイツ精神の特殊な本質をとり出そうと試みた。そしてそれがその度ごとに一方的な歪んだ神話となった。一方で、流派の全体、芸術の傾向や文学運動の全体、いな時代そのものまでが非ドイツ的として拒けられ、ドイツ精神の枠内から追放されるかと思えば、他方では、外国生まれで他の国民の精神史に属する文学的、芸術的形態が、あたかも感覚と思考のある種の様式、あるいは芸術上の諸問題を解決するためのある種の様式が、ドイツ人の独占物であるかのようにドイツのために差し押えられた。

ゲーテとヘルダーがドイツ精神を書きかえようとした時、彼らはすでにパーシーを範として民謡を蒐集していたのであった。彼らが文学のために開拓した民族詩、自然詩は、ロマン派詩人をこえ、グリムをこえて、今日に至るまでドイツ文学のつきぬ泉となっている。しかし外来の思想財や外来の芸術形式の排除と自己の民族性への復帰は、後に続く世代にとってあらゆる芸術的、文学的な再生の一つの基本的な条件に、いわばドイツ精神の内在的な法則となった。ドイツで行なわれる文学観、芸術観にとっては、他国のあらゆる影響からの解放、芸術と文学の民族精神、神話的な民族魂との交響が、芸術的、文学的価値一般の判断の基準そのものとなった。十九世紀のあいだ、また時には現代に至るまで、ひとびとはシェークスピアが結局はイギリスの詩人というよりはむしろドイツの詩人であるという神話につねに忠実であった。シャルトルとランスのスタイルは――そのさいひとびとは奔放極まる歴史神話に頼らなければならなかったのであるが――原ドイツ的な創造とみなされた。そして他方では、ドイツの芸術と文化の大部分にたいしてドイツ精神が拒否された。それらはドイツ民族の魂から芽生えたものでなく、古代ギリシャあるいはローマがその黒幕であって、フランス的な趣味やイタリア的な形式意志が影響を与えたからというのであった。

すでにゲーテはこの価値の混乱をその長い生涯の間に経験しなければならなかった。彼のヴェルテルとゲッツはかつて熱狂的な読者を見いだしたのであったが、彼が古典主義に転向したあとでは、すなわちワイマル時代とイタリア時代ののち西洋の擬古典主義の偉大な伝統に復帰して、イフィゲーニエやトルクヮート・タッソーを書いた頃には、ドイツの読者層はもはや彼について来なくなったように思われた。ゲーテはイフィゲーニエが自国のひとびとよりもフランス人やイタリア人に高く評価されているらしいのに気づいて不快な思いをした。彼はまたドイツ人がその頃年少のシラーのやや凶暴野蛮な作品の文を良しとするのを目撃するはめにもなった。「私の作品が大衆のものになることは決してあるまい」と彼は幾度も繰り返した。

シラーも似たような経験を味わう運命にあった。彼なりのシュトゥルム・ウント・ドラング期ののち彼は、ギリシャ人とフランス人の研究に帰り、ヴェルギリウスとラシーヌを翻訳した。彼のバラード、ヴァレンシュタイン、ヴィルヘルム・テルはドイツ人の心の中につねに大きな位置を占めるであろうけれども、メッシーナの花嫁は一度も大衆の喝采を博することができなかった。最後に、ゲーテが一八一三年ケルナー、シェンケンドルフ、アルントらに和して愛国的な詩を作ることを拒み、フランス人やナポレオンにたいする憎悪に満ちた詩を書くことを拒否したとき、愛国者たちは、なぜドイツ最大の抒情詩人が国民のためにその竪琴をかき鳴らさないのか、あまつさえ息子に志願兵に加わることを禁じたりもするのか分からなかった。「憎しみを抱かないでどうして憎しみの詩が書けたであろうか！　ここだけの話だが、われわれがフランス人から解放された時は実際やれやれという気はしたが、私はフランス人は憎んでいなかった。文化と野蛮だけが関心事であるこの私まで、地上の最も文化の進んだ国民の一つであり、また私自身の教養の大部分を負うている国民を、どうして憎むことができたろうか」(「エッカーマンとの対話」一八三〇年三月一四日)。ドイツの国家主義者たちは、彼のコスモポリティズム、国民的な限界をこえて世界文学を招来し、あるいはこれを促進しようとした彼の努力を決して許さなかった。

以上のことから、十九世紀の末頃幾人かの不平家たちが十八世紀の文学全体に——シュトゥルム・ウント・ドラング期はおそらく別として——国民文学的性格を拒否するようになったことは説明できる。「前世紀のわが国の古典主義文学は、その個々の担い手たちはドイツ人であるが、しかし文学としてはそれはドイツのものではない。古典主義文学は、一方ではコスモポリタン的であり、他方ではギリシャとローマの理想を目指して努力している」(ラガルド「ドイツ論叢」二七六頁)。「ひとびとはギリシャの影を追った。そしてゲーテさえも世界文学を予言し、この笑うべき理想の総代理人、最初のセールスマンとなり始めた」(ランゲ「純粋ドイツ精神」一七七頁)。

自己に確信をもっている他の諸国民は、自分たちの国民精神をこのように偏狭な仕方で書きかえなければならぬとは感じていない。パスカル、ヴォルテール、ラヴレー、モンテーニュ、ラシーヌ、ヴィクトル・ユーゴー、アナトール・フランス、ポール・クローデルを包括するフランス精神の一つの公式を見いだすことは不可能であろう。これらのひとびとがそれぞれギリシャ、ローマ、シェークスピア、ドストエフスキー、あるいはニーチェを範例として選んだにせよ、フランス人はこれらのひとびとを皆疑いもなくフランス人と見なすであろう。十七、八世紀のイギリス擬古典主義がミルトンやディケンズよりも非イギリス的だと主張しようなどとは、イギリス人にはほとんど思いつかないであろう。また、ロバート・ブリジェズはいうまでもなくH・G・ウェルズやキプリングほどに大衆的ではありえないからといって、真にイギリス的ではないなどとはいわないであろう。これに反してドイツでは、芸術的創造は美的な価値だけでなく、一種の国家的な価値によって、すなわち芸術的創造が、ドイツ精神、民族魂、ドイツ性に関与する程度によって判断されるのである。これらの独特な価値表は時にはある作品、ある詩人の大衆性に基づいて作られることさえもある。しかもそれが、自分を貴族的とうぬぼれ民主主義の精神と制度を軽蔑の眼をもって見下している国民においてなのである。民主主義と多数決原理には何の関係もないような所でこそ、ドイツ主義者は民主主義者になるのである。ゲーテとシラーを同列に扱い、ウーラントとシェッフェルを大詩人と見なすことに戦慄を覚えたニーチェらの憤激がわれわれには分かる。ワーグナーの大衆性さえもニーチェには疑わしく思えたのであった。ニーチェにとってはワーグナーの大衆性は、単に誤解から生まれたものにすぎなかった。

こうした「国家主義的な」考え方にとっては、全く他国の影響を受けなかったものだけが十分にドイツ的でありうる。「ドイツ民族の文学は、何ら他国の影響も古典の影響も示さなかった時に最も純粋、最も強力である」（ランゲ）。この意味ではロマン派の方が古典派よりもよりドイツ的であるということになるであろう。そしてロマン派はまたドイツ民族につねに変わることなく愛されているのである。ティーク、グリム、ゲレス、アルニム、ブレンターノはドイツ文学の泉を開き、ドイツ文学の宝庫を豊かにした。ブレンターノ、ノヴァーリス、アイヒェンドルフ、さらにはまたハイネも、抒情詩の驚歎すべき作品を創造し、彼らのリートは全世界に知られ、もてはやされ、歌われている。しかしロマン派でさえも若干のドイツ狂にはまだ十分ドイツ的とは思えない。ロマン派の運動はその範をしばしばルネサンス以前、宗教改革以前のドイツに、すなわち中世に求めたのであったが、当然それはカトリック的なドイツに行き当たった。プロテスタンティズムの芸術的不毛を非難したロマン派のひとびとの中には、カトリックの生まれでなかったにもかかわらずカトリックとなったものさえもいた。さらに彼らはエッダやシェークスピアだけでなく、ダンテやプロヴァンスのトルバドゥル、古代ケルトの伝説、あるいはカルデロンさえも翻訳した。彼らはペルシャの詩法までは会得できなかったにしても、細やかな美的感覚をもってソネットを書いた。換言すれば、ロマン派詩人は一種の中世的、カトリック的なコスモポリティズムに敬意を表したのである。

真に「国家主義的なひとびと」はヨーロッパ中世全体、ルネサンス以前の西洋文化全体を、結局はゲルマン的、ドイツ的と説明することができた。他方ではまた、ドイツ古典主義をドイツ精神のプロテスタント的形式、ロマン主義をドイツ精神のカトリック的形式と見なすことも通例となった。しかしひとが過激なドイツ狂、すなわち真に「北方的」心情の持ち主であり、そして――第二帝制時代にしばしば見られたように――ドイツ精神とプロテスタンティズムとを同一のものと見なした場合には、ドイツ古典主義とドイツロマン主義の両方を拒否せざるをえなかった。実際ランゲは、ゲーテとシラーの古典主義的作品ものっておらず、カトリック詩人の作品は全く言及されず、もちろんハイネの名前も挙げられていないところの「純」ドイツ的な書物のリストを作り上げたのであった。その代わりエッダが純粋にドイツ的な詩となっている。

事態はいっそう悪化することになった。十九世紀の間に、新たに解放されたユダヤ人もドイツの文学的芸術的創造に加わっていた。レッシングの友人であるメンデルスゾーンはすでにドイツの著作活動に貢献していた。しかし真のつまずきの石はもちろんハイネであった。ロマン派の詩、すなわち自然にたいする深い感情、こまやかな、心奥から湧き出る愛の詩を、ひとびとはドイツ人の魂の最も固有な表現と見なしていた。ところが今や一人のユダヤ人、セム人が現われて、ドイツ人の心のひそかな、こまやかな琴線を、美しく軽やかな語句の中で優しくかき鳴らしたのである。おそらく幾らかは詩について心得ていたシュヴァーベン人メーリケさえもハイネについて「ここに詩人がいる。しかも真の詩人がいる」と叫んだのであった。これもすべてむなしかった。ハイネは一つの記念碑もドイツには建ててもらえなかった。ハイネがドイツ人にのみ固有であるはずの感情、感覚、情調を、多くのアリアン人よりも巧みに表現したこと、ハイネがドイツの民謡の豊かな泉から汲みとることによってブレンターノやウーラントなどよりもより多くの成果をあげていること、ハイネのおかげでドイツ・ロマン派の文学が世界に知られ、称えられ、愛されたということ、こうしたことを反ユダヤ主義者たちはハイネに対して許すことができなかったのである。「ハイネはユダヤ人である」とバルテルスは説明する、「そして抒情詩は他のいかなるジャンルにもまして民族の性格、民族の魂の表現である。それ故に、ハイネがゲーテに次ぐ、あるいはゲーテと並ぶドイツ最大の抒情詩人であり得るはずはない」と(『ドイツ文学史』第二巻、三五九頁、三六四)。なぜなら東洋人はゲルマン人と同じ根源的な創造力をもっていないからである、とバルテルスは続ける。もちろんこうした考え方は、少なくとも生涯に一度は、すなわち幼時に堅信礼をうけた時、旧約聖書の文学について聞かされたに違いないドイツ人には奇怪なことに思える。

しかしさらにもう一つの幻滅がドイツ主義者をまちうけていた。ゲーテは十六、七世紀におけるドイツ文化の衰退を、ドイツの分裂した政治的状勢と当時の社会的状態から説明していた。彼が充実した国民生活と光輝ある国家が、傑作の咲き出る基本条件であると主張した時、おそらく彼はエリザベス朝のイギリス、あるいはルイ十四世時代のフランスを念頭に浮かべていたのである。いまや第二帝国において一世紀にわたる夢が現実となり、帝国は一八七一年以来一つの帝冠の下に統一された。ゲーテの悲観的な予言にもかかわらず、ドイツは統一国家となり、ビスマルクは全ドイツ民族の幻想の中でドイツ史の英雄の一人となった。他国民の芸術、文学に誇らかに比肩しうる偉大な国民的な芸術、偉大な文学を振興する条件はすべて満たされたかに見えた。このことは新帝国にその精神的内容を与えるはずであった。しかし、まだ貧しく分裂していた頃偉大な哲学、高貴な文学を誇ることのできたその同じドイツで、豊かに強大になった今、国民の精神は一向に振るう様子はなかった。一人の偉大な詩人も、大劇作をドイツに贈るドイツのシェークスピアも、偉大な画家も、カント、ヘーゲルに匹敵する哲学者も出現しなかった。かろうじて音楽の世界にだけそれはあった。――リヒアルト・ワーグナーであった。ドイツを追放されたらしく、異国のさまざまの首都で空腹に悩んだかつての革命家ワーグナーは、新帝国にふさわしい唯一の偉大な創造者であった。彼はドイツ人が愛し尊重する一切のものを包括しているように思われた。彼は天成の音楽家であった。彼はニーベルンゲンとエッダとを舞台にのぼし、古代の伝説に哲学的、神秘主義的・宗教的解釈を施し、同時にショーペンハウエルをこえて十九世紀初期の観念論哲学と結びついていた。ワーグナーは、アテネの悲劇がアテネとギリシャ民族にとってそうであったところのもの、すなわち一つの国民的祭祀をドイツ国民のために創造したのではなかったか？

帝国創建以来まだ二十年も過ぎぬ頃、ラングベーンはドイツの精神的情況にたいする鋭い批判によってドイツの大衆を驚かした。すなわち、一八七〇年ののちも長らく待望されてきた精神的再生は現われていない。逆に、「ドイツ民族の精神生活が緩慢な——一部のひとびとは明白なというであろう——衰退の状態に在るということはようやく公然の秘密となった」（「教育者としてのレンブラント」一頁）。ドイツ的建築もなければドイツ的哲学もない。ドイツ人の多くは精神的価値の尺度さえも失なってしまった。たしかに大学はある。しかし大学を支配しているのは自然科学である。言語学は専門家だけの仕事となり、情熱も活気も失なわれた。自然科学的な概念は大衆に浸透した。しかしこれが真の文化であろうか？　ドイツは今や野蛮に落ちこもうとしている。ドイツには社会的な文化がない。ドイツには感情の文化、芸術的な文化がない、と、「レンブラントドイツ人」とラングベーンは述べたのであった。

プロイセンは統一ドイツを作りあげた。しかしプロイセンはその軍隊的、官僚的精神と平板な合理主義とによって、ドイツに精神的生命を吹きこむことができたであろうか？　ベルリンはアメリカの町のように突如として地中から出現した。ベルリンは成り上がりどもの中心地であり、国民精神とは何の関係もないあらゆる外来の精神的、文化的価値の年の市である。「ベルリンでは精神的な意味での下士官がしばしばあまりにも発言した」（同書、一〇九頁）。

「プロイセンが盃を提供した、酒はドイツが盛るがよかろう」（一〇八頁）。ビスマルクは疑いもなく偉大な人物であった。しかし彼はドイツ青年の模範となりえたであろうか？　「ビスマルクの偉大な人格にはよりこまやかな精神的生命の息吹きが欠けている」（一九六頁）。国民の道徳的教育者となりうる別な精神的指導者、別なタイプの人物が必要である。ワーグナーも低地ドイツ人ラングベーンの眼にはドイツ民族の真の精神の化身ではない。「ワーグナーはロマン主義者であって古典主義者ではない。すでにそれだけで彼は二流の人物である。……彼は古典主義者を気どっている。ところがドイツの古代を近代化しているにすぎないのである。彼はドイツ的であろうとした。しかし彼の情熱のあり方は必ずしもドイツ的ではない。彼のイゾルデの騒々しい愛の狂乱はむしろケルト的といえるであろう。……パルチファルは外面的にも内面的にも甚だしくケルト的・ロマン主義的である。このパルチファルは非常にドイツ的であるが、またゲーテのイフィゲーニエと同じく非ドイツ的でもある。ワーグナー芸術の顕著な特徴であるところの、聴くものを麻痺させ陶酔させる要素はとくに非ドイツ的である。真にドイツ的な芸術家はその作品の中にこういう要素をもっていない。ニーベルンゲンの歌のクリームヒルトの中に生きているような静かな、深く内にひそんだ情熱——それがドイツ的なのである。……北方神話の暗く、不安定な、極端に感覚的な性格がワーグナー自身の最も内的な本質に一致しているが故に、ワーグナーはマイエルベールよりもさらにマイエルベール的になった」(二九六頁)。

さて、新帝国の牛耳を執ったのは北ドイツであった。長い間南方が国民の精神的中心であった。今や低ドイツがその使命を果たさなければならなかった。北ドイツは政治の中心であり、モルトケとビスマルクの故郷であった。そこにはまだ強靱な農民的な生命が脈打っていた。本来の自己に立ち返ること、それがドイツには必要であった。新帝国の模範となりうる人物、芸術家は、一切を自らによってのみかちえた個人主義者、レンブラントであった。もう一人の「低ドイツ人」、すなわちシェークスピアが、一世紀前ドイツ人の教育者であったと同じく、今や低ドイツの第二の息子レンブラントがドイツの教育者とならねばならない。この低ドイツはその最大の抒情詩の天才としてバーンズを、その最大の政治家としてクロムウェルを生みだしていたのである。

レンブラントを旗印とする真のドイツ的本質へのこの復帰は、芸術に新たな命を吹きこむだけでなく、全帝国を精神的、道徳的に新しく形成するはずであった。ルネサンスと人文主義の時代以来すでに三世紀も続いてきた民衆と知識層との分裂は、今こそ消滅するはずであった。いきいきとした哲学、その名にふさわしい教育、そして芸術は「民族の魂が復活する時にのみ再び眼覚めることができる。ドイツ人の芸術はドイツ的であればあるほど、アリアン的であればあるほど良いのである。芸術と哲学が再び民族の魂に眼覚める時、民族の魂もまた芸術と哲学を育くみ、これに魂を吹きこむであろう」。このような精神的再生を可能とするためには、民族生活の源泉を顧みるだけでは十分ではない。民族生活そのもの、すなわち民族の魂が革新されなければならない。ドイツ文化に新たな刺激を与えるためには、政治的、社会的革命が必要であるという信念へは、ここからは唯の一歩である。「われわれの祖国の精神的新生には政治的新生が先行しなければならない。一八七〇年の政治的新生は単に外面のみであった。内面的にはさらにこれを促進しなければならない。」

ドイツ人はこの新たな福音を関心をもって、いな感激をもってさえも読んだ。しかし工業化はさらに進展し、農村の子弟は郷里を離れ、都市のプロレタリアートは増大し、アメリカ化はますます進んだ。ひとびとは一種の誇りをもってこの成果を眺めた。そして、ドイツの貿易の網が世界を広くつつみ、工業の歯車がさらに多く廻転し、ドイツ人が海外に植民地を築く未来に向かって歩いていった。このためにドイツがその魂を失なうのではないかという不安を抱いたひとびとは必ずしも多くはなかった。ディルタイや幾人かのその他の批評家たちが、ドイツの精神的未来を憂えつつひそかに仕事を続け、ニーチェが一般にはまだ理解されなかった頃、他のひとびとはドイツ的本質の衰退の責を負うべき贖罪の羊をいくらか山師ふうにさがし求めていた。そして彼らはそれをユダヤ人の中に見いだしたのであった。

ヴィルヘルム二世治下でユダヤ人は時とともにドイツの文学界、芸術界において、とくに新興のベルリンで益々大きな役割を占めるに至った。ユダヤ人はジャーナリズムに入り、しばしば文芸欄に執筆した。芸術批評家、美術商となり、演劇を指導し、あるいはまた指揮者に、偉大な演奏家になった。医学部や法学部だけでなく文学部でも教授の席を占めた。そして文学史家、演劇研究家あるいは哲学者として活躍した。彼らは詩、小説、戯曲を書き、絵画や建築で名を成した。彼らは精神的にアリアン人種の同国人よりもしばしば活動的であり、つねに新しいものに注意をはらっていたので、彼らの多くはパリーのアトリエで制作されるものやスカンディナヴィアの劇壇、ロシヤの文学界の動向に精通していた。換言すれば、彼らはゲーテが熱望していた芸術的文学的コスモポリティズムの仲介者となったのである。こうしてラングベーンの思想、すなわちドイツ的本質、ドイツ文化の再生には必然的に、あらゆる外来のものからの脱却、民族精神への、「純粋な」ドイツ精神への復帰が先行しなければならないという、この世紀の間にほとんどドグマにまで高められた理念は、容易に反ユダヤ主義に通じることができたのであった。

「われわれは、ドイツ語で書き、ドイツの地に立像を作り、家を建てる芸術家をすべてドイツ的と呼ぶわけではない。……魂がドイツ的でなければならないのだ。従って、われわれの芸術とわれわれの文学は、ユダヤ人によって作曲され、あるいは演奏される程度に応じて非ドイツ的なのである。ハイネからフルダに至るまで――ドイツ的に感じる者が一人としているであろうか？」（ランゲ「純粋ドイツ精神」一七一頁）

従ってドイツには民族のより深い層、つまり民族の魂と何の関連をももたない人工的、表面的な、純粋に脳髄だけの芸術と文化が存在したということになる。換言すれば、ユダヤ人によって生みだされ代表され、ドイツ民族に強制されたまがいものの文化があったということになる。もっぱらこれが、くらまされたドイツ人の眼と外国人に、ドイツ精神の真の本質を覆いかくすことができた。「これはわれわれにとって毒である。ユダヤ人はわれわれの魂を盗もうとしている」、彼らの文学と芸術と「ユダヤ人の造ったドイツのドラマ」によって（一七三頁）。

こうしてひとびとは、ユダヤ人がドイツ文化の再生のための真の障害であるという結論に達する。まず何よりも精神的な事柄における彼らの不当な支配を打破しなければならない。「ドイツ精神の箒は彼らをまず追い払わなければならぬ。」そうすることによってのみ、ドイツ精神の重荷となり、ドイツ精神が自己に返ることを阻んでいる過度の外国化の一切を排除することができるであろう。それ故に「文学的、芸術的、文化的大逆罪」を犯しているこれらすべてのいわゆる詩人、芸術家どもを追放しなければならない。

もちろんすでに第一次世界大戦前に、文化と生活を根本から革新しようとするもっと高尚な試みがあった。ドイツの大都会に成長し、狭苦しい小市民的なかび臭い家庭内で、ヴィルヘルム二世の像とその父の特務曹長姿の写真を仰ぎながら、型にはまった日常生活を送っていた青年たちは、自分たちとより古い世代との間に鋭い一線を画し始めていた。彼らは両親からも教師からも離れて好んで自然の中へ出かけていった。肩を並べて田園の中を歩いて行く時、彼らは若い血と新しい生命が血管の中を流れているのを感じた。彼らの先達「孤独な散策者」J・J・ルソーのように、彼らもまた人間と人間とのあいだの新たなきずなを夢み、キャンプファイアーに新たな共同生活を体験し、若返った人間社会を、より清らかなより高貴な生活様式を熱望した。彼らはアイヒェンドルフのように「緑の野へ」でかけ、ヴァッケンローダーと共にフランケンやテューリンゲン地方の夢みるような古い小都市の魅力を感じとり、大寺院、城、市民の家、デューラーやグリューネヴァルト、すなわち過ぎし日の永遠に鮮かな富のすべてを見いだした。ここには永遠のドイツの一部があった。あらゆる工業化にもかかわらず、ロマン主義者の古きドイツが新しい生命へと眼覚めるかのようであった。

再発見されたばかりのヘルダーリンが、彼らの愛好する詩人の一人となった。この孤独な人、この誤解された人はすでに一世紀前にドイツについて、「職人はいたが人間はいなかった。思想家はいたが人間はいなかった。牧師はいたが人間はいなかった。主人と下男、老人と青年はいたが、人間はいなかった」と歎いていた。彼らのもう一人の模範にはニーチェがなった。彼らにとってニーチェは超人の、永劫回帰の、ましてや無拘束な快楽の告知者ではなかった。彼らにとってニーチェはブルジョワ的、市民的時代の透徹した批判者であり、精神の訓育と絶対の正義を、貴族的な生活様式を、真正な価値表の再建を求めて叫ぶ者であった。

これらの若いひとびとの団体にもまず新たな民族共同体を求める叫びが高まり、ここに自己の民族にたいする新たな共感が成立した。この青年運動の精神が第一次大戦後の時期に再び息を吹き返したのである。息を吹き返しただけでなく、それは一九一四年以前のワンダーフォーゲルよりもより民主的であった。ブルジョワ的な「団体」に属するか、社会主義的であるか、あるいは共産主義的であるかにさえ拘わりなく、二十年代には青年たちは所属の党や教会の上長よりも青年である自分達相互に親近感を覚えていた。彼らはよりよき世界のために同じ戦いを戦った。当時彼らは幻影に忠誠を尽くしたのかも知れなかったが、この運動に参加したすべてのひとびと――「湧き出《クヴィッ》る泉団《クボルナー》」「自由ドイツ団《フライドイッチェ》」その他――にこの体験は消し難い刻印を押したのであった。学生たちの戦友寮《カメラートシャフト・ホイザー》、協同寮《ゲマインシャフト・ホイザー》、失業者の労働者宿舎、最初の勤労奉仕がこの運動の精神から生まれた。教育制度の改革理念、大学の改革が彼らの間で最も大きな反響を見いだした。青年運動のうちの貴族的、芸術的傾向をもった精神的、知的な層は精神的な指導者を待望した。彼らはそれをニーチェにだけではなく、同時代の現存の詩人、シュテファン・ゲオルゲにも見出したと信じた。

すでにビスマルク時代にヘッベルは、ドイツ人の魂の中の価値高きもの、最も内的なもののすべてを自己の周りに集める「かくれたる皇帝」について、国民の精神的指導者、英雄にして教育者たる者について語っていた。ラングベーンはこのような人物の出現を告げていた。レンブラントの精神によってこうした人物を生むのが低地ドイツの使命というわけなのであった。しかしローマの軍団も足を踏み入れず、ケルト・ローマの影響をうけず、スラヴ人の古代の入植も行なわれなかったこの最もドイツ的、ゲルマン的な処女地にはこの幸福は与えられなかった。所もあろうにローマ人とフランケン人にゆかりの由緒ある土地、ライン州が新たな救世主を生んだのである。ドイツの民族魂も、民謡も、民話も新たな詩、新たな芸術を生む新生の泉とはならなかった。衝撃はガリア人の首都、かつてのルテティア・パリシアノルムであるパリーから訪れた。ヴィリエ・ド・リラダン、ヴェルレーヌ、マラルメが、ライン州生まれの若いシュテファン・ゲオルゲに現代の野蛮世界の上に魂と美の王国を創造する言語の神聖な魔力を教えた。「ドイツ人はすでにもっていない北方の精神からもはや何も学ぶことはできない。南方に、すなわち昔のひとびとがかつて領地とし、われわれの皇帝たちが彼らの魂の深みの清らかな澄明さを付加するために遠征した南方に、その足らざるを求めようとするのは、国民的性格の最も高次な最も自然な趨勢である。これがドイツ国民の神聖ローマ帝国の永遠の法則である。」

　ゲオルゲはローマやギリシャの面影をとらえるためにイタリアやフランスに眼を向ける必要はなかった。彼の周りにはポルタ・ニグラのような地中海の明るい文化の幾多の象徴が立っていた。ライン河畔のロマネスク大寺院はゲオルゲにとって、真の偉大なドイツの、その本質的にローマ的な文化の、眼に見える具体化であった。フランケン人ゲーテ、シュヴァーベン人ヘルダーリン、バーゼルの人文主義者となったニーチェは、このドイツ的・ローマ的伝統の崇高な実証であった。ゲオルゲ派のひとびとはこの聖殿を拡張した。彼らはシェークスピアの立像をこれに加えた。すなわちシュトゥルム・ウント・ドラング期のひとびとの荒々しい北方人の立像ではなくして、ルネサンスの息子、ソネットの創始者、形式の巨匠の立像であった。さらにはローマ的中世の知恵の権化たるダンテ、「世界の驚異《ストウポル・ムンディ》」たる皇帝フリードリヒ二世・フォン・ホーエンシュタウフェン、最後にナポレオンとシーザーを加えた。

　ゲオルゲをとりまくひとびとも芸術と精神と民族の再生を予言した。かくれたる皇帝がその帰依者と「同盟」に取りまかれながら国民の指導者となるであろう。新たな帝国が、美と明澄の神聖帝国が、復活するであろう。ドイツは現代の抽象的な野蛮から、その虚無的なカント的な倫理学から離脱し、真の宗教、大地に密着した、ローマ的な、神聖な、自然の宗教へとおもむくであろう。かくて今後の世代はドイツを強制して永遠の秩序へ帰らしめる彼らの指導者をおそらく見出すであろう。

偉大がまた偉大となり、主がまた主に、
掟がまた掟となる、永遠《とわ》なる正義の国に、
迷える者を、鞭もて、彼はつれゆく。
まことの象徴《しるし》を、民族の旗に結び、
嵐と、暁のおそろしき指標のうちを、
真昼の業《わざ》へ、忠誠の群を彼は導く。
そしてそこに、彼は新しき帝国の礎をおく。

国家と民族の生命を神話によって、芸術と文化を上から、すなわち予言者とその選ばれた群とによって革新しようとするこの叫び、この試みは、エリートによって、少数のひとびとによって理解され、評価されたにすぎなかった。すでに青年運動はほとんど「ローマの息吹き」を感じていなかった。「南方の海の輝き」は彼らには無縁であった、彼らの大多数は、彼らの先祖のヴァッケンローダーやシュヴィント、あるいはロマン派の画家たちのように、デューラーに、新鮮な、忠実なドイツ心酔に傾いていた。彼らは自分の子供たちに古代ドイツ風の半ば忘れられた名前をつけ、熱心に北方文学、「ゲルマン人のバイブル」であるエッダを読んだ。これが「ドイツ的様式と芸術についての神話が一九三三年以前にとることになった形態であった。

クロップシュトックはそのピンダロス風の讃歌の中でギリシャの神々の名をスカンディナヴィアの神話からかりた名前に置きかえた。ゲーテはヴェルテルの中へ幽暗なケルトの英雄を主人公とするオシアンの歌を編みこんだ。しかし彼の彫塑的な天才は晩年に至って「地中海の明るい形姿を、単に音響効果的な響にすぎない朧ろげな北方的人物に置きかえること」を彼に禁じたのであった。ロマン派のひとびとはエッダを翻訳し、ゲルマンの神話を、神々と英雄の伝説を書いた。彼らにとってはこれらは皆、ゴシック建築も、ニーベルンゲンの歌も、抒情詩も、宮廷叙事詩も、それぞれにまだドイツの中世のものであった。シュトラースブルクの大寺院がダンチヒやナウムブルクのそれとほどの類似はないにしても、シャルトルとランスのカテドラルと全く類似のものであることは、のちの研究によって始めて明らかにせられたのであった。宮廷叙事詩と抒情詩の形式はフランスに、しかもプロヴァンスに由来するものであった。騎士道の様式、その名誉法典、宮廷の生活形式、ミンネの歌、婦人崇拝さえも特殊にゲルマン的なものではなかった。フランドルと北フランスをこえ、フランケンでもゲルマンでもない地方から、すなわちトゥルーズ公爵領プロヴァンスから、あるいはアキタニアから、あるいはおそらくモール人のスペインからそれらは来たのであった。

純粋なドイツ精神、原ゲルマニア的なものを探し求めてゆくと、ひとびとはドイツの中世にとどまっていることはほとんどできなくなった。まぎれもなくそれはカトリック的なもの、すなわちローマ的なものであった。従ってひとびとはゲルマンの理想を、キリスト教的中世の彼方に、タキトゥスのゲルマニアの森の中にまで追い求めなければならなかった。こうしてひとびとは新たな神話を創った。ドイツの過去には前キリスト教文化はほとんど何も見いだされず、修道院の文化以前には文学は何一つ見いだされないので、ひとびとはイギリス人たるシェークスピアやオランダ人たるレンブラントだけでなく、スカンディナヴィアとアイスランドをも、すなわちサガとエッダをもドイツに併合したのであった。

これらの詩の中に、これらの写実的な物語の中にひとびとはあらゆる非ゲルマン的な影響をまぬがれた文学を見いだしたと考えた。ここに純粋な、真の、根源的なゲルマニアの精神があった、ここにゲルマニアの神の一種の啓示が語られていた。ここに一切のえせ学問が、偉大な前キリスト教芸術と文学への探究が、幻想的な仮説が、真偽いり混った記録が、ウラ・リンダの年代記が由来する。ここに伝説の島アトランティスの壮大な北方文化の夢が由来する。ここに、アメリカのどこかの前史時代の洞窟に、あるいはアイルランドの何かの石の上に、ハーケンクロイツを見出してひとびとの挙げる歓声が由来する。

こうした空想は、新たな予言者たちがスカンディナヴィア諸民族の文化やドイツの太古史に関する学問的研究の成果を、意識的に故意に無視して、自分たちの神秘主義的、ロマン主義的、汎神論的な憧憬をエッダやサガの中に読み込んだからこそ起こりえたのである。ひとびとは、すでに北方と北方の神話の精神を歪曲し、それらにショーペンハウエルの宗教と哲学を混和していたワーグナーの後に続いた。ワーグナーは北方神話の、すなわち美学的で同時にえせ神秘主義的な宗教の本来の創造者である。三十年代のワーグナーの新たな大衆性は純粋に美学的な根拠からは説明できない。ひとびとがワーグナーにおいて愛し、尊敬しているものは、トリスタンなどの高い音楽上の創造や、あるいはパルチファルにおけるキリスト教の秘儀ではなく、ゲルマン世界の人種と血を表現する精神とエトスなのである。「バイロイトはアリアン的な秘儀の完成である……西洋の一切の芸術の本質が、すなわち北方的な美、最も深い自然感、英雄的な名誉心と誠実が、リヒアルト・ワーグナーにおいて顕現した」（A・ローゼンベルク）。

ワーグナーは多くのひとびとにとって一九一八年から一九三三年に至る間のある種の文学と芸術の対立像となった。文学とくに演劇は二十年代のはじめに革命的に、すなわちしばしばマルクス主義的あるいは社会主義的になっていた。フロイトは彼流に新たな心理学、小説、伝記に影響を及ぼしていた。抒情詩と絵画では表現主義が主流をしめていた。他方、トーマス・マンの作品に見られるように、ブルジョワ的ヒューマニズムも生き続けていた。あらゆるこうした方向は、ひとびとが直ちにドイツ的なものと同一視したところの英雄的なもの、軍隊風なものの古い価値を否定するように見えた。ひとびとはブレヒトの近代劇、表現主義絵画、ル・コルビュジエとグロピウスの建築、レームブルックやバルラッハの彫刻、ドビュッシーからヒンデミットに至る音楽の一切を、「文化ボルシェヴィズム」という罵言の下に一括した。これらの運動の中でひとびとが病的と見なした一切のものは、瓦解した社会の映像と考えられただけでなく、道徳の退廃そのものの原因の一つであり、国民の道徳的再生の障害であるとされた。

全体主義革命は必然的に精神的、文化的な雰囲気を浄化し、社会の健全と国民の統一に対立するあらゆる影響を一掃しなければならない。反ユダヤ主義者にとってそれは、いやしくも「ユダヤ精神」と関連あるものは、ハイネからフォイヒトワンガーに至るまで、すべてこれを遠ざけるということであり、国家社会主義の若い熱狂者にとっては、ブルジョワ的、非英雄的な文化を意味するものは、レッシング、あるいはゲーテからトーマス・マンに至るまですべてこれを抑圧するということであった。もちろん全体主義国家は今後制作される一切のものを監視し、第三帝国の精神に適合しないあらゆる文学、文化を不可能にするか、あるいはその公表を妨げるであろう。他方国民運動の線に副う方向はすべて国家によって精神的、物質的に促進されるであろう。この独裁は芸術や文学の上に延びるだけでなく、思考、哲学的思想をも包括するであろう。なぜならゲルマン主義者にとっては、独特なドイツ的思考方式が、ゲルマン的な哲学様式が存在するだけでなく、ドイツ的学問と非ドイツ的学問さえ存在するからである。彼らの見る所では、ドイツ的思考が西洋文化のためになしとげた独自の貢献は、深い神秘主義である。そこでエッケハルトやスーソー、タウラーがパリー大学のスコラ哲学に対置され、トマス・アキナスは敵に寝返ったゲルマンの天才と見なされる。フィヒテ、シェリングおよびその他のロマン派の哲学者は、デカルト学派の合理主義、あるいはヒュームやロックの懐疑論的経験論に対置される。ドイツ人が哲学から期待するものは、世界を合理的に解明し把握しようとする明快鋭利な方法ではなく、その中で全宇宙が生き、響き、飛翔するように見えるところの偉大な体験、哲学的シンフォニーである。おそらくここから唯心論的なあるいは唯物論的な汎神論、詩的な一元論あるいはグノーシスの新たな形式へのドイツ人のひそかな好みが生ずるのである。

たしかに古典主義的な合理主義はドイツに傑出した代表者を生み出していた。十七世紀のライプニッツ、十八世紀のカントであった。しかし一九一八年から一九四五年に至る間には、ひとびとはあらゆる合理主義を直ちに唯物論と非難し、合理主義のうちにデカダンスの哲学、ブルジョワ時代の一形式、西欧的思考方式を見る傾きがあった。神秘主義と非合理主義とが特殊にドイツ的な思考形式と感じられた。そしてひとびとは他の諸民族に、すなわちアングロサクソン民族、ロマン民族、ユダヤ民族に、神秘主義にたいする一切の能力を、形而上学的直観一般にたいする一切の能力を拒否するまでに至った。

二つの世界大戦の間のドイツの哲学の発展にとっては、大学そのものにおける形而上学の、たとえば現象学、あるいは実存哲学の再生とならんで、活力説への傾向、非合理主義、ロマン主義的伝統の復活、東洋の知恵への依存が特徴的である。そしてひとびとはその際ニーチェをその拠り所とした。この種の哲学思想はとくに大学の外で栄えた。それらはしばしば野党の哲学であり、専門学者のギルド的な哲学よりもはるかに大衆的であった。この関係においては、次のようなものが挙げられるであろう。すなわちシュペングラーとその活力説的な歴史形而上学、カイザリングとそのダルムシュタットの智恵の学校、シュテファン・ゲオルゲとその一門、そして最後にこれらの方向のおそらく最も極端な公式を「魂の対立物としての精神」なる作品によって見いだしたクラーゲスである。

おそらくこれらの運動は大学の講壇哲学にたいする非常に健全な反動なのであろう。ひとはまたこれらの運動は単にインテリ層や、民衆の一部だけに関係のあることであって、大デモンストレーションの中で来たるべき革命と未来の指導者を求めて叫んでいる大衆にはほとんど無縁ではないかと反論するかもしれない。しかしそれにもかかわらずこれらの運動は精神的な背景を、すなわち、そこに立ってみれば人間の最高の価値としての理性にたいする軽蔑が納得のゆくものとなるような雰囲気をつくり上げたのであった。すべて非合理主義は二つの可能性を含んでいる。すなわちそれは、より高次の精神性、より純粋な宗教、真の神秘主義のための知性の不信であるが、しかしまた、本能、生物学的なもの、ヴァイタルなもの、血と人種のための理性の蔑視でもある。この二つの側面はあまりにもしばしば混同される。

かくて、霊たちのこの魔女の鍋の真唯中にあって、現代ドイツの最も純粋な人文主義者の一人であるE・R・クルチウスが当時すでに「ドイツ精神は危機にさらされている」と救いを求める叫びをあげていたのも納得できるのである。なぜなら国家社会主義的な精神の独裁は——とくに警察国家がその意のままになる場合には——共産主義独裁と全く同様に、ドイツ人の生活の中にかつてあり、あるいは今もある偉大なもの、興味深いもの、価値あるもの、貴重なものをことごとく破壊することができるからである。「ゲーテは退場しなければならぬ。なぜなら彼はその生活においても、芸術においても理念の独裁を認めていないからである。」精神面においても、社会的、政治的な面においても、新たな革命は「ニヒリズムの革命」となるおそれがあった。ドイツ人の精神生活の中から他国のなんらかの影響の下に芽生えたものをすべて拒否しようとするならば、ひとはドイツの一切の過去を否定し、血と人種の名においてあらゆる伝統を投げ捨てなければならない。ドイツ的様式と芸術の神話はまさしく幻影に基づいており、すべての神話と同じく悲劇的な最後をとげるほかはなかった。

「純粋、独特で他からの影響を受けないドイツ精神など問題とはなりえない。われわれの大部分にはもはや理解できない言葉で書かれていて、そのリズムによってひとに感動を与える謎めいた二、三の響——これが独特なドイツ的形式の『純粋な』ドイツ精神のうちで残っているもののすべてである。ヒルデブラントの歌およびその他の古代高地ドイツ語の二、三の断片以後のものはすでにキリスト教精神によって規定されているか、あるいは——ニーベルンゲンの歌のように——すでにラテン詩風の韻律の数え方で作られた讃美歌やラテン・アラビアの韻律によって変化を受けた形式の痕跡をおびている。このような事情はわが国の歴史全体を貫いているのである——たとえば、ミンネザングと宮廷詩にはプロヴァンスのトルバドゥルとフランス騎士道が形式と内容を与えており、ケルトの伝説、キリスト教伝説、古代の題材が支配的である。のちにはイタリア、スペイン、イギリスの範例がドイツの詩人に、あるいはプラトン、アリストテレス、ベーコン、ヒューム、デカルトがドイツの思想家に、霊感を与えている。レッシングとヘルダーはシェークスピアを範とし、シラーはラシーヌを模倣している。ゲーテはイタリアで自己を再発見し、あるいはヘルダーリンはピンダロスによって自己の最高の使命に奮起し、ニーチェはディオニュソスを、ショーペンハウエルはインド人の古代の知恵を呼び出す。——つねにドイツ的なものは他と結合することによってのみ登場する、いかなる場合においても完全に純粋なものはかつて存在しないのである」（ベンツ「精神と帝国」五一頁）。

ドストエフスキーは彼のある著作の中でドイツ民族は「底の底からプロテスタント的な国民」であるといっている。彼らは常に大胆率直に、信ずる意志をもたぬこと、共同する意志のないことを全世界に声明する。彼らの最も高い最も意識的な行動は世界に向かって永遠の否をつきつけることである。しかりとドイツ人はかつて言ったことがない、と。しかしひとは西欧にたいするあらゆるプロテスト、あるいはプロテストと見なされうる行為の後に、ドイツは再び西洋の伝統に眼を向けたのであるから、第一次大戦直後のドイツに非常に深い影響を与えたこの汎スラヴ主義者ドストエフスキーほどに虚無的、悲観的である必要はない。ルッターはパリーのスコラ学とアリストテレス流の合理主義にプロテストしたのであったが、彼の正統の後継者らは、その神学部、哲学部にまず二流のスコラ学を、ついでデカルト流の合理主義とイギリス経験論を導入している。ゲーテは始めヴォルテールとラシーヌにプロテストするが、ついで自らイフィゲーニエのような作品を書き、ヴォルテールのマホメットを上演し、イタリアから異教徒として帰国する。ローマ滞在時代のルッターをして慄然たらしめたあのルネサンス人よりも恐らくより多く異教徒として。ロマン派の哲学者たちは啓蒙思潮と自然科学的合理主義に反対して立ち上がる。しかしこの自然科学的合理主義は十九世紀にはその他の西欧と同じくドイツで再び優位を占めるのである。

非常にドイツ的、ゲルマン的であるとうぬぼれている新国家主義の思想自体のテーマと公式が外からの借り物であったことは全く明らかなのである。哲学的非合理主義はその大部分の暗示をフランス人ベルグソンに負うている。カール・シュミットの理論はド・メーストル、ドノソ・コルテス、ホッブスなしには考えられない。国家《ナツイオン》の理念はファシズムの面影をもち、フランス大革命の後日談の一つである。エリート循環の理論はヴィルフレド・パレートに由来する。反西欧のイデオロギーと血と人種の神話とは一見ドイツ的・ゲルマン的であるように見えても、実はその両方ともが外国に、しかも東方に由来しているものである。一切の反西欧的テーマの論究およびその公式、その論拠は、ほとんど一世紀前にペテルスブルクとモスクワの保守的・汎スラヴ主義的団体において最初に完成されたのである。——そして人種と選ばれた民族の宗教はもともとユダヤ人のものなのである！

新しい人間の神話と全体主義的訓育国家

国民に種々のタイプがあるということや、フランス人、スペイン人あるいは中国人がロシヤ人やドイツ人とは異なる道徳的、精神的構造を示すということは、単に国家主義者たちにとってだけ既定の事実であるのではない。また最近の精神史、文化史は、一民族内のあるいは一文化圏内の人間はその感情、思考、行動において変化し、発展するものであることを教えている。それ故にひとびとは民族心理学のほかに、時代の、すなわち、歴史的時期の心理学について、つまり一定の時代に支配的な人間のタイプについても論ずることができる。その際問題なのはたんにもろもろの事実を記述することだけではなくして、また一時代あるいは一世紀のあいだ規範ないしは理想とされる人間像を提起することなのである。このようにしてディルタイは細微で透徹した分析によってはじめて十六、七世紀の人間を解明することができたのであった。

もちろん、十九世紀の末頃から二十世紀にかけて、ひとびとは自然の世界および人間の歴史のうちにゆっくりとした絶えることのない発展を見てきた。ところがこの数十年来、ひとびとはひとつのタイプから他のタイプへの突然変異、飛躍を、創造的革命を信ずるに至った。この理念を最も首尾一貫して西洋史の領域に適用したのはオイゲン・ローゼンシュトックであった。その著「ヨーロッパの諸革命」においては、現代ヨーロッパの様相を今もって規定している五つの大きな革命に、それぞれ新たな人間像が対応させられている。「それぞれの変革ごとに以前の世界が知らなかった新しい人間が生まれている。この人間像は以前の人類とは関係のない新しいこれまでなかった特質をもっている。あたかも創造者が――自己の全能の似姿を否認することなく――創造の歴史を続け、人類を創造し続けたかのようである。新しい人間像なしに新しい秩序は存在しない」(五三〇、四四一頁)。

ファシズム革命はロシア革命やナチズム革命と比較してはるかに西洋の伝統の拘束をうけており、従って新たな宗教も新たな人間像も提示しようとはしなかったが、ボルシェヴィズムはこれまですでに四十年もブルジョワ心理学を清算すべく努力をかたむけてきている。演劇、小説、映画、文学批評の中では依然として新たな人間、ソヴィエト的人間について語られている。もちろんこれまでの所ではおぼろげな顔形の中から魅力的なそれどころかひとを惹きつけずにはおかない人間像が浮かび上がってくるなどとはほとんど主張することはできない。ローゼンシュトックは、第一次世界大戦が根本的な変革の始まりであるとする点で、ドイツの新国家主義と出発点をひとしくしているが、彼はボルシェヴィズム革命こそが二十世紀の革命であることを確信している。これに反してドイツの新国家主義者は来たるべきドイツの革命のうちに、十九世紀が創造し考えた一切のものを打って一丸とすべき真の革命を見ていた。この来たるべき革命が次の世紀のための新たな価値表と生の法則をうち建て、さらに人間の、より正確にいえばドイツ人の新たな像を創造するはずであった。

それでは新たな人間類型の本質的な特色はいかなるものであったか? この問いにたいする解答は新国家主義の種類に応じて、ひとびとが第三帝国について画く像に応じて種々様々であった。その場合どの解答にも共通していたのはその否定的な対立像、すなわち前の時代に支配的であったブルジョワ、つまりビュルガーである。ひとびとはブルジョワに背を向け、ブルジョワを拒否する。この点、新たな国家主義はマルキシズム、ボルシェヴィズムと完全に一致している。

この「平民《ビュルガー》」という軽蔑的な概念はロマン派に始まる。もちろんロマン派ではまだそれは「俗人《フィリスター》」という言葉で表わされており、クレメンス・ブレンターノはその「歴史以前、歴史時代、歴史以後」の像をいきいきと描きだしている。モリエールはまだブルジョワがその社会的地位を抜け出て貴族に成り上がろうとするのを笑い草とするに止まっているが、ロマン派はブルジョワがあくまで俗人《フイリスター》であることを非難する。ブルジョワはその平板な、乾からびた、狭苦しい環境から抜け出ることはできない。ブルジョワは芸術家にも、詩人にも、解放的な人間にも、「高等遊民《タウゲニヒツ》」にもなる意志もなければ、なる能力もない。フロベールのブルジョワ観もまだロマン派と同様である。マルクスが始めてこの憎悪にまで高められた嫌悪に政治的な表現を与える。もちろん、ブルジョワとブルジョワ根性を外国、異国のもの、西欧と同一視することは新国家主義運動に残されていた。ブルジョワは、新たに発見し形成すべきドイツ人の本質にたいする異質的なものとみなされる。

早くも第一次大戦中にゾンバルトはアングロサクソンの「商人」とドイツの「英雄」とを対照した。このドイツ精神とブルジョワとの相違をさらに鋭くトーマス・マンがその「非政治的人間の考察」の中で強調した。「精神の領域においてドイツの最も尖鋭な、本能的な、最も有毒な、不倶戴天の敵は下劣な雄弁家＝ブルジョワ、平和主義者、フランス大革命の申し子である有徳の共和主義者である。ブルジョワは文明と社会と選挙権の代表者であるのにたいして、ドイツ精神は文化、魂、自由、芸術と同義である」（三三、三五頁）。

新国家主義はゾンバルトとトーマス・マンの公式を引きつぎ、シュペングラー、カール・マルクス、ドイツ・ロマン派、ドストエフスキーの著作の中からの理念で補った。その際、ブルジョワのタイプはフランス大革命の中から始めて生まれたものか、あるいはすでにクロムウェル時代に、あるいは更に古くドイツの宗教改革から始まったものかは、もちろん未解決のままにされている。ブルジョワは自由主義、フランス大革命、唯物論、機械論的自然観、無信仰、資本主義、マルキシズム、個人主義、自然法、人文主義、ヒューマニズム、カルヴィニズムの父である。政治面ではブルジョワはヴェルサイユ条約、国際連盟、ドイツの武装解除、ワイマル共和国の責任者とされた。

今やこのブルジョワに新たなタイプ、すなわち新たなドイツ人が取って代わらなければならない。「二十世紀の偉大なドイツの革命は新しいドイツ人のタイプを創造するであろう。新しい人間はまだ形成の過程にある。すべて偉大な時期は、理想的な規範としてそれに奉仕する人間の明確なタイプを生み出す。そしてこの新たな人間像はドイツの国境のかなたでも通用するであろう。なぜならばドイツほどにヨーロッパ的な国はないからである」（グリュンデル「若い世代の使命」五頁）。この新たな人間はあらゆる種類の国家主義にとって、偏狭で、鈍感な、利己的、合理主義的な、ブルジョワの反対物である。［ロマン主義者や、あるいはまたあのレンブラントドイツ人（ラングベーン）は、ブルジョワは群獣的人間であり、ブルジョワには独創性も、個性も、高い人格もないと非難していた。社会的なものが聖なるものとなった現在では、ブルジョワは共同社会にたいする感覚をもたぬ根っからの個人主義者と弾劾された。

「神格化された『われ』は来たるべき革命によって『われわれ』によって置きかえられるであろう。われわれの生活は今やより高き全体への奉仕となるであろう。」この人間像の背後に立っているものは一九一四年―一八年の兵士であった。「世界大戦の塹壕の中で、戦後の熔鉱炉の中で、新たな青年の社会主義的な気分にみちた胸の中で、これら高慢な教養や身分の垣根がついに取り払われた。ドイツ人の新しい世代はあらゆる階層の中に初めて同じドイツ民族としての同胞を、運命と苦悩を共にする同志を認めたのであった。ここに始めて新たなドイツ人が生まれた」（三五二頁）。「独自な激しい体験をくぐり抜けた『醇乎たる人間』。彼は感激に燃えて最も聖なる富をまもるために戦いにおもむく。彼は国民の存在と未来のために闘う。無言で耐え忍び、ついには十全にその義務を尽くすことのほかは何も欲しない」（一〇八頁）。

利得のために行動するのではなく、名誉と義務のために闘う戦士、兵士、騎士、英雄は、ブルジョワの新たな対立像である。この新たな人間像はさらに別な特異な特質をもっており、そしてそれが未来の第三帝国についてひとびとの思い浮かべる観念と一致するのである。

自由主義とブルジョワ的世界像にたいするカトリックとプロテスタントの批評家にとって、また十字架のもとに第三帝国を待望する新国家主義者にとって、新しい人間像は本来より古いタイプへの、すなわちキリスト教的人間への回顧であった。彼らにとって問題は復古であり、西洋の人間にとって自由主義的・ブルジョワ的時代に失なわれたと彼らの称する価値と富との復活であった。

プロテスタントの理想型は、他の人間像との比較においては、カトリックのそれと多くの共通点をもってはいるけれども、やはりそれとは本質的に異なるものである。復興すべき十六、七世紀のルッター的人間の古典的タイプは、この現世の生活は悪の支配する世界を経廻る巡礼行にすぎないことを心得ている。デューラーは「騎士と死神と悪魔」という絵の中に彼の生活感情を明瞭に表現した。キリスト教徒の人生はこの世の悪にたいする不断の戦いである。彼は唯一人、友もなく神の前に出向いて、自己の行為の釈明を行なわねばならないであろう。苦難に際会しても彼を助けるものはキリストへの、キリストの愛への信仰のみである。彼はこの世で完全に上司に服する。彼は家族や、教区や、国家や、民族にたいする義務を果たす。なぜなら神がこれらのものを創造し、彼をこれらのものの中に置いたからである。彼は幸福がこの世のものではなく、人間にはそれを要求する権利のないことを知っている。この世の天国を招来するはずの革命の如きは彼にとっては悪魔のものであり、人間の慢心の反逆である。人間についてのあらゆる近代的な、楽観的な、博愛主義的な、牧歌的な見解を彼は拒否するであろう。しかし宗教の領域では、彼は厳しい個人主義者であり、またありつづけるであろう。全体国家も、人種や民族共同体のイデオロギーも、否教会すらも、責任感と良心と、神が彼の肩の上においた重荷とを彼から取り除くことはできない。

古典的なプロテスタンティズムはカトリシズムを非難して、個人の道徳的、宗教的な生活をあまりに安直なものとし、個人の重い孤独な責任を免れさせるという。ドストエフスキーの大審問官は、神に対する責任を恐るべき孤独の中に負うにはあまりにも弱いと彼の考えている哀れな悩める人間にたいして、深い同情と哀れみを感じている。

ローマ教会は重荷を社会化することによって、すなわち社会に分散することによって、個人の重荷を一部取り除くことを主張する。個人の良心の代わりに、ある者の功績をして他の者の不行跡を相殺させる宗教的集団主義を説く。これはプロテスタント的見解からすれば、神の正義に関する根本的に不道徳な見解である。

この数十年の反=個人主義は、疑いもなく教会と人間に関するカトリック的見解と合致する。政治的なロマン派やのちにはオーギュスト・コント、モーラスあるいはバレスなどがプロテスタンティズムよりもカトリシズムに理解と愛好を示したのは偶然ではない。カトリックの思想家あるいはカトリック派の政治家の描く人間像は、宗教改革時代の宗教的個人主義やさらにはルネサンス時代の美的、芸術的個人主義の彼方へまでさかのぼる。彼らの理想型は中世の大寺院の、あるいは最盛期スコラ学の時代の理想化された同時代人すなわち、キリスト教の兵士《ミーレス・クリスチアーヌス》、「ゴシック的人間」である。

カトリック教徒の古典的なタイプは元来プロテスタントのそれよりもはるかに楽天的である。カトリック教徒にとっては、自然と人生は悪の力によって支配されてはいない。彼にとって世界は孤独な良心の悪との戦いの舞台ではない。自然は恩寵の王国の前段階である。原罪にもかかわらず自然は依然として神の娘である。精神的な、階層的に構築せられた宇宙の中に、個人の生活、家族、人間社会はその一定不動の位置を占めている。聖なる秩序の枠内において、芸術、倫理、理性、科学、知恵はそれぞれ独自の積極的な価値をもっている。カトリックの理想型は創造の神秘、聖なるもの、秘蹟、生命と日常生活の聖化、野と海との聖なる力、礼拝式と儀式などにたいする感覚を失なってはいない。それ故にそれは、宗教が純粋な倫理学への、あるいは生命と自然の「神聖を否定する」厭離穢土の神秘主義へ転化することに反対する。人間統合というカトリックの理念は人間社会、民族、国民に個人の上の地位を与えるが、しかしそれらを神の下に置く。「自己の民族にたいして感じる愛は神の国へ向かう第一歩である」（エトガー・ユング）。

カトリックの新国家主義者と正統プロテスタントの新しい人間像は、結局は古い人間像である。それ故に、「国家主義の神学」のドイツ人もあるいは「ドイツ・キリスト者」も、死神と悪魔の間に立つあの孤独な騎士の像にも、ローマ皇帝《インペラートル・ロマーヌス》に、さらには教会、教皇に忠誠を励むキリスト教の兵士《ミーレス・クリスチアーヌス》という人間像にも満足できないのである。彼らは一方では古典的プロテスタントの個人主義を　他方ではカトリック教徒の普遍救済説を非難することになるのである。これらのグループではしばしば「第二次宗教改革」が、「第三の教会人」を生むはずのキリスト教とドイツ精神の新たな総合が論じられた（ケルル）。その意味するところは福音的な集合主義、眼に見える教会であり、そしてそれは教会風の職階制度、教義と礼拝式によって、共同社会の神秘主義的な基盤の上に打ち建てられるはずであった。しかしこの教会は普遍的な教会ではなく、ドイツ民族、ドイツ国民の精神的な統一体、すなわちゲルマン神秘団体《コルプス・ミスチクム・ゲルマニクム》となるはずであった。

国民共同体、民族共同体そのものが教会となる。個人は国民の生活および国家の価値に関与する度合いに応じてのみ価値を、精神的、宗教的生活をもつことになる。「第三の教会人」は神秘主義的な素地をもつ魂を備え、聖なるもの、神秘、儀式、聖化へのある種の感覚を備えた存在である。神にたいする彼の責任はもはや個人的ではなく集団的となってくる。もはや死神と悪魔とのあいだの孤独な巡礼者ではなく、英雄的な国民全体が神に向かって祈り、また神によって裁かれることを欲する。「われわれは個人としてでなく神の前に責任を負い、決断を行なわねばならない。個人的な世界において、個人の魂の資格をもって、われわれは神と神の裁きの前に立つのではなく、人種と血の運命共同体の構成員として立つのである」（クリーク）。聖者、英雄、予言者として、フィヒテ、ワーグナー、ビスマルク、ニーチェ、フリードリヒ二世を、そして……「総統」を選ぶのが、この教会の見解の特異性である。

人種と血の神話の本来の極端な信奉者たちはさらに大きな一歩を進める。彼らは純粋なドイツ人の像を求めて中世や十六世紀にとどまってはいない。彼らにとってはキリスト教そのものがドイツ精神の――否ゲルマン精神の――歪曲であるが故に、彼らはまた、必然的に「第三の教会人」に至る総合を試みない。彼らは純粋のドイツ人の像をゲルマニアが歴史に入る以前に、すなわちタキトゥスなどのチュウトンの森の中に見いだす。このタイプを最新の優生学関係の諸科学の助けを借りて現代に再現しなければならない。すなわち自分たちが自由に選んだ首領や王に忠誠を誓う健康で、長身、碧眼、金髪のチュートン人を。「手槍を投げ、神々を崇める、」は最も簡潔にその生き方を表わしている。

この種の国家主義は理想的な人間タイプを過去の中に、歴史の中に、あるいは前史の中に求めるのであるが、若い諸民族の神話の狂的な信奉者たちは、それを地理的なカテゴリーの中で考える。たしかにいずれの国家主義にもブルジョワにたいする憎悪だけは共通である。まるで根っからのドイツ・ブルジョワジーが決して存在しなかったかの如く、ニュルンベルクや帝国自由都市やハンザ同盟が全然ドイツ人のものでないかの如く、ブルジョワジーがいとも簡単に西欧と同一視されるのである。反西欧的なイデオロギーはその根源にまでさかのぼり、東方、スラヴ人、ロシヤ、ドストエフスキーと直接触れ合う時に始めて完全な根源的な意義をもつ。市民、ブルジョワ、西欧人の正反対は、死神と悪魔の間の騎士でも、キリスト教の兵士《ミーレス・クリスチアーヌス》でも、ニーチェの金髪の野獣でもなく、東方人、農民、理想化された帝政時代の農民、とくに宗教人《ホモ・レリギオスス》である。

このアンティテーゼは一九二九年から一九三二年までの新国家主義よりもはるかに古いものである。すでに二十年代はじめドイツにおけるドストエフスキーの文学的影響は異常なものがあった。当時の文学雑誌、宗教雑誌、哲学雑誌は、東方教会に関する、さらには、キリスト教徒の根源的なタイプであり、ビザンチン流の篤信と新プラトン主義的、前中世紀的な神学とによってはるかに原始キリスト教に近いスラヴ人、東方人に関する論文、エッセーで充満していた。それらによれば、宗教的なスラヴ人の魂は摂理によって選ばれた純潔な予備的存在であり、ヨーロッパと西欧のキリスト教はそれによって革新されることができるのである。ロシヤ革命さえもしばしばロシヤ人の宗教的な魂の蜂起として、すなわちピョートル大帝からケレンスキーに至る西欧のあらゆる有害な影響に対する反乱と解釈された。

当時ドイツは東方と西方の間に去就を決めかねる様子であった。その時突然ひとびとは東方と西洋を結ぶ線が、ドイツとドイツ人の魂の真中を走っていることを思い出した。ヨゼフ・ナードラーはその「種族と風物による文学史」の中で二つのドイツの間の矛盾対立を、すなわち旧神聖ローマ帝国領と植民地ドイツとの間の、および、ローマとヘラスを仰ぐ西欧の古典的タイプと、ベルリン、シュレジエンを故郷とするロマン派との間の矛盾対立を数世紀間を通じて追求した。植民地ドイツは、ニュルンベルク、ライン河、ドイツの中世に憧れてはいるけれども、かつてはスラヴ人の領域であったのであり、恐らく今なおスラヴ人の精神と血が浸透しているのである。多くの神秘主義者がシュレジエン、テューリンゲン、ベーメン、メーレンあるいはプロイセンから輩出しているのも偶然ではない。古くはヤコブ・ベーメ、アンゲルス・ジレジウス、ハーマン、フィヒテ、シュライエルマッヘルであり、ルッターさえもそうである。また二十世紀においてはシュテール、ヴィティヒ、あるいはリルケである。それに反してドイツ古典派はシュヴァーベンかフランケン、精々低ザクセンに生まれたのであり、そしてその最後の後裔はシュテファン・ゲオルゲである。ドイツの土地に、というよりはむしろドイツ・スラヴの土地に、西欧に対する新たな嫌悪感が強い推進力となって精神的、宗教的な新スラヴ主義が起こった。これこそドイツ人の「東洋への転回」といえるであろう。この政治的な意図をもった東洋への転回は形而上学的、宗教的な東方帝国、すなわちスラヴの地における神聖ローマ帝国へと通じるはずであった。

ひとびとは都市文化の人文主義的、合理主義的、個人主義的な人間に、無限の平野の人間、農民、宗教的な集合主義者、東方のキリスト教徒を対比した。ひとびとは全西欧を、ローマのカトリシズム、カルヴァンのプロテスタンティズム、さらには、いやしくも地中海文化とローマの遺産と見なしうるもの、すなわち、ローマ法、人文主義、私有財産、資本主義、都市文化を拒否した。「ローマの城壁の雰囲気はドイツの魂を殺す」とデュルゼンの「東方の使命」の中にある。保守主義者と皇帝派《ギベリン》が条件つきで熱中したムッソリーニとファシズムさえも、これら熱烈な東方主義者の支持を得ることはできなかった。これらのひとびとにとってはファシズムは個人主義的なローマ市民《キウイス・ロマーヌス》の反乱にすぎなかった。しかし東方は社会主義を意味したのである。彼らにとってルッターの反乱とプロイセンの精神は、ローマ世界と西欧的秩序にたいするドイツ・スラヴの魂の永遠の反抗である。モスクワ、聖なるロシヤ、ビザンチン、さらにはボルシェヴィズムのクレムリンさえもこれらのひとびとには不思議な引力を及ぼした。すべて東欧の歴史を知る者にとっては、この東方人の像がスラヴ主義者の兵器庫に由来し、一面的な誤ったロシヤ像に基づくことは明らかである。ロシヤ革命の真の意義とソヴィエト同盟の内的発展については、いかなる種類のドイツの国家主義者も、のちの西欧連合国と同様に誤解していた。

未来のドイツ人あるいはヨーロッパ人の唯一の真に新しい像は、全く別な精神的風土、すなわち国家主義・革命家の理念から出ている。われわれはその理念をエルンスト・ユンガーに負うている。彼の著「労働者」は、第一次世界大戦の体験、ボルシェヴィズム、および急進的な新国家主義の間の深い地下的な関連を明らかにする。すさまじい破壊力をもった技術を伴う物量戦、一九一八年春の戦闘の混乱、身の毛もよだつような形の死と絶えず直面していることなどが、この中尉に独特な陶酔を覚えさせた。恐るべき生活を甘受し、その生活の恐ろしさに喜びさえ覚える一九一八年の戦士が、ユンガーには肉に対する精神の勝利というプロイセン的規律の最も高貴な権化と思われる。この戦場で新しい人間が生まれた。この人間は二十世紀の苛酷な生活を直視することができ、また、外ならぬ無限の英雄的な勇気と人種という点で欠けているブルジョワジーのひ弱な疲労した手の中からすべり落ちる世界の主人となり、これを支配する使命をもっている。E・ローゼンシュトックは、ロシヤ革命はまだ完結していない、なぜならロシャ革命はヨーロッパの他のもろもろの大革命と同じく、来たるべき未来のための新しい人間像をまだ形成しえていないからである、と指摘していたのであったが、これにたいして、E・ユンガーは世界大戦の中から、現代技術の中から、ロシャ革命の中から生まれた人間像を描いてみせたのである。

イギリスの哲学者ハーバート・スペンサーは彼らしいブルジョワ的楽天主義をもってつぎのように信じていた。すなわち、近代産業社会は世界貿易、一般的平和、人類の進歩に至り、内的必然性によって封建秩序と軍国主義的社会を破壊し、商人と労働者は自動的に戦士を駆逐する、なぜなら彼らにとって戦士が余計者になるからだ、というのである。これに反して、フランス人プルードンは労働者、プロレタリアは、戦闘精神によって、すなわちフランス大革命の軍隊を勝利から勝利へと駆り立てたあの不屈の熱情によって鼓舞されていると考えていた。ソレルは、社会主義革命が厳格な規律、絶対の服従、すなわち軍隊的精神を要求するということ、社会主義社会はブルジョワジーの快適な、進歩的な、理性的な帝国をさらに牧歌的にしたようなものでは決してないであろうということ、を知っていた。エルンスト・ユンガーは一九一八年の英雄的な戦士を労働者のタイプ、形姿と等しいものと考えた。

現代の軍隊はもはや一つのカストでもなければ、また武装したブルジョワの集団でもない。現代の軍隊は各戦士が労働者の工場におけると同じ熟練をもって器具を動かさなければならぬところの独自な有機的な機械である。兵士は色とりどりな制服ではなく、その機能に完全に適し、できる限り兵士を目立たなくする実際的な労働服を着る。兵士は技術者、労働者となった。世界大戦の総動員は国家そのものを一大工場と変えたのであった。これは未来の国家のシンボルというよりはむしろそのリハーサルであった。技術の進歩は、倫理的には中立であるが、自動的に理性と道徳と正義の国に至るのではない。それは権力意志の、生存のための戦いの原始的な力の道具となる。かくて技術の進歩はあらゆる既存の秩序を破壊し、あらゆる能力、あらゆる習慣、あらゆる良心、あらゆる精神を均等化し、そしてついに独立した生活、私的な存在、個人の判断の可能性さえも消失せざるをえなくなる。古い各種の自由、個人の権利は全く無意味になる。もはや個人は存在せず、存在するものはタイプのみとなる。現代の芸術、道徳、新聞、一切が個人の王国、人格の尊重が終わったことを証明している。各国は果てしない労働の場となる。労働計画は憲法よりも重大となる。多くの国では、ひとが単に一人の人間を殺す場合には、裁判官はこれを穏便に処置する。しかし五ヵ年計画をサボタージュするとか非合法政党を樹立したりすれば、容赦なく射殺される。国民経済への大逆罪は個人的な窃盗よりも厳しく罰せられる。経済が国家の理性となったのである。

ブルジョワ的な見地からすれば、こうしたことはすべて恐るべき破局、世界の終わり、「西欧の没落」を意味するかも知れない。しかし、より鋭く見ること、身の毛もよだつ破壊の背後に、新たな秩序の基本線を、すなわち、より良くより正しくはないにしても、全く別な世界の基本線を見る新鮮な眼をもつことが必要である。「時代のはなはだしい動乱のかげに不動の中心が隠されていることを予感するのは良いことだ。」混乱に陥った世界はその不動の中心から再び意義を獲得するのである。われわれが、その価値観と、哲学と、生活様式と諸制度と、理性と道徳の崇拝もろともに後にした時代は、ブルジョワの表現であった。今始まるのは労働者の国である。「ブルジョワとは安定を至高の価値と認め、それによって自己の生き方を規定する人間ということができる。ブルジョワがそれによってこの安定に達しようと努めるところの最高の力は、危険なものはその源泉を弱めるだけでなく、ついにはこれを涸らしてしまおうとするブルジョワ的理性の世界支配のうちにある。……このことは、階級順位の上に成り立っている国家を、平等を根本原理とし、理性の行為によって築かれた社会と見なそうとする努力に大部分は現われている。またそれは、外交と内政の危険だけでなく、個人生活の危険をも等分に分割し、そうすることによって、それらを理性によって処理するための広汎な保証組織を作りあげようとすることのうちに、換言すれば、運命の問題を確率計算で解こうとする努力のうちに現われている。このブルジョワ的世界内でのあらゆる問題提起は、芸術にせよ、科学にせよ、政治問題にせよ、紛争は回避しうるという結論に達する。しかしながら、一旦紛争が起こり、例えば戦争とか犯罪のような不変の事実に直面して、看過することを許されないような場合には、その紛争が過誤であり、そのような過誤の反覆は教育と啓蒙によって避けうる、ということを証明しなければならなくなる」（エルンスト・ユンガー「労働者」四八、四九頁）。なるほどブルジョワは深淵の前に、四方から生命をおびやかす危険の前に眼を閉じ、偶然、戦争、犯罪、罪、熱情、不合理が永遠に追放された空想的な領域を残しておく。しかしこれら原初的な力はつねにわれわれの周囲に、われわれの中に現存し、生命の一部をなしている。戦士、労働者は原初的なものとの直接な関係をその特色としている。彼らはより若い人類を、一層英雄的な人間性を形成する。労働者のみがこの混沌に堕した世界に秩序と意義を与える能力をもっている。来たるべき時代は労働者の形姿によって規定され、支配されるであろう。

労働者の概念はユンガーにおいては、ただ単にブルジョワの快適な世界にあずかり、ブルジョワ的な価値と生活様式を自己のものとすることのみを目標とするプロレタリアとか、あるいは第四身分などを意味しない。またユンガーは、政治権力を掌握し、社会的な地位を獲得しようとする新しい階層を問題としているのでもない。彼において問題なのは、全体的な価値転換であり、新たな超時間的な形姿の、プラトン的理念の、形而上学的原型の出現である。これらの出現によって、先行する時代が形而上学的な結接点としてブルジョワ像をもっていたように、現代の、デモーニッシュともみえる世界は、労働者との関連において一つの意義を獲得する。ブルジョワはもはやこの新たな世界を制御する力をもたない。ブルジョワの理念、思考様式、倫理はもはやこの新たな世界に適合しない。それらはもはや事態の経過に適応することはできない。ブルジョワは、あたかも火薬の発明によって一変した世界の中のドン・キホーテのような滑稽な人物となる。われわれの時代は、機械と技術の世界において完全に居心地よく感じ、運命と荒廃した現代の世界を愛し、この世界と結婚する別な人種、原初的な人類を必要としているのである。自由と平等と民主主義と芸術の諸概念は、この新たな人間の形姿と関連して新たな内容を獲得する。自由とは現世の富と原料の合理的な支配である。国家主義的な民主主義は労働民主主義に、国家は全体労働国家となる。労働人は新たなレヴィアタンを快適に感じる。ユンガーの労働者像は結局完成された理想的なスターリン的人間像、すなわち、労働者、戦士、英雄を一身にかねた人間である。しかしながらユンガーとドイツの国家主義とを結びつけるものは「労働者の抬頭はドイツの新たな抬頭と同意義である」（二五頁）という理念である。ユンガーの労働者像は、ラディカルな形態でのドイツの社会主義の神話、すなわち、国家ボルシェヴィズムの決算であり、頂点である。

従って、全体革命を完結するために新たな人間像が必要とされるならば、「自己の秩序と価値とによって広く典型として、規範として影響を与えるであろう」（クリーク）ところのドイツ人のこうした新たなタイプを形成することが教育の課題である。次代を担う世代には、革命的な国家、新たな社会、新たな民族共同体を持続せしめるために、新たな精神が刻みこまれなければならない。同様なことがすでにコンドルセ、ダントンらの高貴な目標であった。のちにロシヤではルナチャルスキー、イタリアではジェンティーレがこの理念を代表した。

ナチの教育家は、政権掌握の直後から第三帝国にふさわしい新たな教育の書き代えに着手した。その際外国の模範による必要はほとんどなかった。しばしば自己の世代に絶望していたドイツ国家主義の祖フィヒテは、ドイツ国民の再生を新たなタイプの教育に期待し、これによって始めて健全な真の国家が生まれると考えていた。完全な人間への教育の問題を解決しうる国民のみが、未来において完全な国家を生み出すことができる、というのであった。従ってこの見解を当時のドイツに適用した場合、フィヒテにとっては、まず国民そのものを作り出すことが必要であった。「われわれはドイツ人を新しい教育によって、そのあらゆる成員が同じ一つの事柄によって鼓舞されていると感じるような共同体へと形成しようと欲する。」

第一次世界大戦の終結以来ドイツの教育制度は危機に直面していた。これはより広汎な、一般的、政治的、社会的、精神的危機の前兆であった。さまざまな改革、あるいは改革案はしばしばまことに興味ある実験であった。もちろんワイマル共和国は他の多くの事柄と同じくこの点においても無能であった。ワイマル共和国は自由主義的、民主主義的、ヨーロッパ的な精神をもって積極的に世界の再建に協働しようとする自由な個人から成る世代を教育することができなかった。学校を支配していた異常な自由は、反対に、一九一四年以前のドイツでまだある種の統一を保っていた教育目標を広く破壊するのに貢献した。小学校から大学に至るまで、根本的な改革の要請は、経済と国家財政の危機によって、経費の削減を余儀なくされ、この削減は学校に対して全く致命的な効果を及ぼしていただけに、ますます切実なものとなった。あらゆるこうした悪を全体主義的国家主義的革命はもちろん除去するであろう。新たな教育制度を創り出さなければならなかった。そしてこれは新たな社会的、政治的、精神的現実の基盤の上にのみ打ち建てることができた。あまりにも性急な、新入党の「三月十八日の犠牲者気どりの」教育家たちが一九三三年の春と夏に公けにした改革プランや著書には、連勝の党運動への追従の調子が歴然としていた。その際「国民的高揚」の意味ははなはだしく曖昧であったので、多くの熱狂者には、ナチズムの本来の革命的目標は明確にされていなかった。ナチズムは保守的な根本思想、すなわちキリスト教には当分手を触れないはずであった。あらゆるこれらのプランや構想の中から、ナチ教育の固有な理論家としてエルンスト・クリークが頭角を現わした。

この人物は以前は小学校教員、一九二六年以来フランクフルト・アム・マインの学芸大学教授、一九三三年秋以来ハイデルベルク大学の教育学の教授となり、間もなく学長となった人である。彼は誇らしげに自著の「国民政治的教育」を「ナチズムの哲学的浸透」の最初の試みと称したが、必ずしも当たっていないわけではない(一四版序文、二頁)。彼の精神的な由来からすれば、彼は典型的な国家主義的自由主義者であった。彼に影響を与えたのはキールケゴール的な色彩をもった新プロテスタンティズムでも、神聖帝国《インペリウム・サクルム》のカトリック的保守主義の理念でもなかった。またプロイセンや教皇派的な帝国に関する東方神話でも、あるいはニーチェやシュテファン・ゲオルゲでもなかった。むしろ彼の思想上の出発点は古典的ドイツ観念論、すなわちフィヒテ、ヘーゲルであり、十九世紀初頭にプロイセン国家を鼓舞した自由主義的信念であり、自由主義的愛国心、国家主義的自由主義であった。しかし彼は二十世紀の哲学者として次第に活力論的プラグマティズムに傾いていった。それはウイリアム・ジェームスとともに悟性と理性を生命の下位に置くもので、同時に「生産的なもののみが真である」としたゲーテまで引き合いに出すことができるものである。最後にクリークの世界像はさらに近代社会学によって形成され、社会、国民、民族を、一切の人間的なより高次の存在が流れ出るところの生命の基礎とするに至った。すなわち、これらのものはクリークにおいては形而上学的序列さえも与えられたのである。つまりドイツ精神史においては、一本の線がコスモポリタン的なドイツ観念論から国家主義的思考をこえ、政治的自由主義から自由主義的国家主義をこえて、ナチズムへと引かれたのである。道はカント、フィヒテからヘーゲルをこえて、ラガルド、ニーチェ、チェンバレンに通じていたのであった。完全に自己を裏切る破目に陥ることなくかつての自由主義者クリークは、自己の観念論をプラグマティズムに、自己の自由主義を国家主義に捧げ、はては反自由主義的、反人道主義的な、「型通りの」第三帝国のゲルマニアの指導者《プラエケプトル・ゲルマニアエ》となりえたのであった。

すでに一九三三年のかなり前から、クリークはドイツの最もすぐれた教育理論家の一人とされていた。最初から教育は彼には授業以上のものであった。教育の目的は個人の完成ではない。教育は「共同体生活における原機能」なのである。彼はナトルプの根本原理、「人間は共同体によってのみ人間となる」を繰り返す。すべての社会は、それによって社会そのものが生活しているところの社会の根本条件、理念、原則に完全に一致する人間のタイプを再生産しようとする。「教育の目標はつねにタイプであって、決して個性ではない。文化と形成された人間性は、個々の人間が共同体のタイプを特殊な形で表現せざるをえないような共同体の構成員である時にのみ成立する。共同体の構成員の中における一定の文化タイプの表現、これが教育である」(クリーク「教育の哲学」一一、二〇頁)。

偉大な文化国民の教育に関するその後の研究において彼は、人間の普遍的理想を掲げることではなく、自己の社会あるいは自己の文化圏の精神的方向と規準に合致した人間のタイプを生むことが重要なのだ、という同じ根本理念を見いだす。そこから彼は、授業、計画的な教育は、すでに共同体の発展の中に与えられているもの、自然発生的な、社会的な教育の中に予め存在しているもののみを延ばし完成しうる、と結論する。一九二五年頃にはクリークはまだヘーゲル的な、時にはプラトン的な言葉さえも用いている。利益社会《ゲゼルシャフト》も共同社会《ゲマインシャフト》も彼には依然として精神の直接的な現象である。「ゲマインシャフトは性格、構成、発展という点から見れば、個人の魂あるいは主観的な精神と同様客観的な精神の直接の自己実現である。……最後に、そのもとで精神が形態を付与しつつ現象の中に現われるところの、そして各成員のゲマインシャフトに対する関係、ゲマインシャフトと各成員の構成と発展を合法則的に規定するところのもろもろの形式を、ひとは存在の理念あるいは原像と呼ぶ。これらは、その啓示がこれらを表現するところの精神そのものと同様に永遠であり、超時間的である」(同書、五四、五五頁)。当時のクリークにとっては、なおさまざまなゲマインシャフトが存在し、そのあるものは国家よりも小さく、そのあるものはより包括的であった。たとえば、ギルド、身分、ポリス、教団あるいは中世の教会などであった。

のちになって始めて、国家主義の影響のもとに、彼の社会学はより偏狭により排他的となる。「ひとびとがそれによって生き、それによって人間となり、それに対して責任を負うところの全あるいは全体は、神でもなければ、精神、教会、人類でもなく、専らそしてひとり民族、国家である。人類は超人格的な独自な形姿としての民族の中で自己を実現する。あらゆる社会的形姿のうち、完全な生活空間という性格を内蔵するものが唯一つだけ存在する。民族こそ一切のものを内にもち、自己の中から成員が生活に必要とする一切のもの、すなわち形式と機能を備えたものであるところの言語、宗教、法律、国家、経済、芸術、教育を、さらに歴史と伝統からする一切の価値内容を生み出す(「民族主義的全体国家と国民教育」一二頁)。また他方、クリークの世界像は、ゲマインシャフトがまだ精神的存在とされていたヘーゲルの観念論から、一種の生物学的プラグマティズムへ、人種理念へと発展する。「文化、経済、国家、宗教は同じ民族的な生活基盤の種々な現象形態にすぎない。……思想の自律は存在しない。思想は全有機体の一分枝にすぎない……すべて精神的なものは民族の全体に奉仕する機能であり、それ故に、民族全体の意志機関たる国家の下位に立つ」(三三頁)。

個人と国家との関係、精神とその生理学的基盤である民族との関係についての以上のような見解が、教育に対していかなる結論をもたらすかは推察するに難くない、「自己目的としての文化、万人の『自律的な』文化と教養を、民族国家は、必要な実践的、有機的な結論を引き出さなければならないところの民族国家は承認することはできない。文化には唯一つの使命、唯一つの意義、すなわち国民の完成、国家的な民族教育の一部としての国民の形成のみが存在する」(三七頁)。従って共同体の使命は、人間を生命と精神に関する独自の需要に応じて教育することである。全民族の生命の意志の実行機関が国家である。国家は至上の位置から教育全体を支配するであろう。クリークにおいては全体国家は全体教育国家となる。

この国家的教育はなかんずく政治教育である。その目的は一つの人間のタイプを、すなわち、ドイツ人を、ゲルマン的、北方的なタイプ、あらゆる時代に通用するタイプではなくして、現代、第三帝国に適合するタイプを、育成することである。兵士的、戦士的、英雄的な人間が上位にすえられる。ブルジョワ的安定性、合理主義、形骸に堕した観念論の精神をすべて捨て去ることが問題なのである。新たな精神が全民族に浸透しなければならぬ。しかしさらにこのこと以上に重要なのは、政治的なエリートを国民的な全体国家を担う層として育成することである。

政治的エリートとその育成の問題は、新国家主義の著作の中で繰り返し言及された。ビスマルクとヴィルヘルムの時代のドイツには、この問題は本来存在しなかった。封建的・資本主義的な支配者層がそのままエリートであったからである。この支配者層の崩壊の中から生まれたワイマル共和国は、それ故に、突然課されたこの問題にたいして準備がなかった。ナチ党員は国家の政治的エリートと自負してはいたが、一般のドイツ人には第三帝国時代になってからでも、シュトライヒャー、ライ、レームをドイツ青年の模倣するに足る高貴な模範と見る気にはなれなかった。いずれにせよ、クリークにとっては先ずこのエリートを育成することが問題であった。「この完全な、高貴な、国家を担う層の一人となることは職業につくことではない。また財産と社会的特権の結果でもなく、あらゆる身分、職業、階級の中のしかるべき教育をうけた青年の中からの自由な選抜によって生まれるのである。」この選抜はいかなる原理によってなさるべきか？「自己の個人的な態度においてドイツ人種を最も純粋に最も強く具体化している者、行動においてドイツ人種の法則に従い指導と典型たるべき使命を担っていることを証明する者、これが支配的な、国家を担う層へと昇り、全民族の方向と配列のために、その価値秩序、目標、規範、世界像のために尺度となる。国家と政治は人種の支配層のための表現であり、同時に訓育と選抜の秩序であり、かつ支配層への上昇の秩序である」(『国民政治的教育』二五頁)。

もちろんクリークにおいては人種という言葉はローゼンベルクなどの場合とは違い、専ら生物学的な意味のみをもつものではない。「われわれにとっては、現代の人種理論や人類学研究よりも重要で決定的な人種の政治的概念が存在する。」クリークはまた、ドイツ民族の大部分が生物学的には決して北方人に属していないことも知っている。クリークにとっては人種は存在と行動の原型であり、一定の、恒常的・遺伝的な特性と結びついた典型的な、全体的態度である。とくにそれを解明し養成することが重要である。これが未来のエリートに教えこまなければならぬ教育の目的である。「選びだされ高度の訓育を施されなければならぬところのドイツ民族の中の高貴な価値高き人種的特徴は、必要な建設が完成し、ドイツ人が運命によって与えられた使命を果たさなければならぬ暁においては、ドイツ—民族的分枝に、すなわち北方的—ゲルマン人種のうちのドイツ的変種、ドイツ的分岐に属する」(三〇頁)。もちろんクリークにとっては、プロイセンの将校とプロイセンの官僚はこの人種理想の適切な具体化の最後のものである。人種はクリークにとってはもともと教育学的な問題である。ドイツ人の像を一定の型に定着しようとする彼の革命的な立場からすれば、ドイツ的な伝統は、いな純粋にプロイセン的な伝統さえも大部分が拒否されなければならない。すなわち「伝統的な文化財のなかから、指導的、人種的な諸価値に一致するもの、民族的、政治的な使命に奉仕するものが選びだされなければならない」(四七頁)のである。

かくてクリークは、ワイマル共和国の教育制度に対してだけでなく、ドイツの大学やギムナジウムの人文主義的伝統一般に、ゲーテ、シラー、ヴィンケルマンの理想主義の精神に、ベルリン大学の創立者たちに反対した。すでに十九世紀にひとびとは繰り返し人文主義的教育を攻撃していた。しかも全く異なった二つの側から攻撃を加えていた。一つは自然科学と現代生活における技術上の要請の名においてであり、一つは国家主義的―ドイツ中心主義的態度からであった。この態度からすれば、古典教育は外国かぶれであり、真の純粋なドイツ精神への裏切りであった。

ラガルド、ランゲ、レンブラントドイツ人(ラングベーン)の諸著は、この反人文主義の苦難の道における発展の段階である。しかしそれまで単に個人の意見、しかも往々気まぐれな意見にすぎなかったものが、今や客観的な真理となる。「過去の書物の中でわれわれに関係のあるのは、現代の苦難と使命とに関わるもののみである……民族的な文化と教養への道は、『上流社会』、観念性、人道主義、教養と文化のあらゆる『高級な』価値を仮借なく排除することによって拓ける。芸術、科学、哲学、すなわち狭義の『文化』はもともと農耕、家屋橋梁の建設、中隊の引率などよりも優っているのでは決してない」(一三五頁)。青年はもはやゲーテやカントの精神によって、ヘルダーの作品によって教えられてはならない。「未来の民族的な教養のためにはこれらの書物の排除は必ずや得るところがあるであろう。今後はそれらにビスマルク、モルトケ、クラウゼヴィッツ、ラガルド、フリードリッヒ二世、フリードリッヒ・リスト、フィヒテ、シュタイン、アルント、ヤーンの著作がとって代わらねばならない。すなわち民族的・現実的な、歴史的・政治的な教養が蒼ざめた観念論や抜けがらの人文主義に代わらなければならない」（一三五頁）。クリークによればわれわれはもはや文明の、文化の、古典的教養の、純粋精神の時代にではなくて、闘争の苛酷な必然の、創造的な現実改造の、戦闘精神の、人種鍛錬の、名誉の時期に生きている。民族の未来を築き上げねばならない。そのために役立つものは古典的観念論ではなく英雄的精神である。「ワイマルもフランクフルトのパウロ教会も、詩人や哲学者や学者はいても、新たなドイツを創らなかった。新たなドイツを創るものは、プロイセンの兵士精神、男らしさの、防衛力の、訓育の、名誉の、服従心の、献身の、犠牲の精神である」（一七頁）。

ところで、悟性と心情の形成よりもむしろ性格と鉄の規律と人種的価値の形成でなければならないところの、新たな国民教育が学校や授業によって左右されてよいものであろうか？「名誉の、性格の、道徳的態度全体の訓育、これは学校がその全本質からして決して実現しえない使命である。」それはむしろ青年団の機能である。

この点においてクリークは既存の現実、すなわち青年運動と結びつく。青年たちはすでに今世紀の始めに学校を正当にも有用なあるいは無用な事柄を習得する場所と見なしていた。しかし彼らの本来の教養、彼らの性格の、趣味の、心情の、理念の形成、彼らの熱狂、道徳的態度、これらを青年たちは青年団のうちに求め、これらを自分たちの先生や教師よりは同年輩の指導者、友人、仲間から得ることができると考えていた。ヒトラー・ユーゲントはこの点何ら新たな発明ではなかった。それはブルジョワ的な学校にたいするあらゆる反感に、ワイマル体制の諸制度、大学への政治的憎悪という油をそそいだ。ナチ党は青年たちの眼には大人の団体であった。そして集会や、キャンプファイアの中から、行進や旅行の途上で、政治、歴史、倫理、芸術、文学、はては宗教についてまでも、彼らは自分の意見を引き出した。こうした運動の中で彼らの性格も形成されるに至ったのであった。

教育史家としてクリークは、これらの団体や社会生活の中でのその機能を、原始民族の壮年団体、青年団体と、あるいは古代の「組《フラトリア》」、その集会、祭、儀式などと比較することを怠らなかった。その儀式は当時の青年たちを修業期間の終わりに種族あるいはポリスの密儀にひき入れるものであった。「青年団は政治的、軍事的壮年団の教育的前段階である。そしてその壮年団においては、政治的態度、国防精神が、その価値体系と固く結びつけられ、新たな国力と国家秩序の形成のために評価されるのである。国防団体およびそれと類縁の、またそれと結合されている青年団には、国家的・政治的教育がその最も本来的な意義として内在する。国家主義的な青年はその価値と団体とによって、すでに新たな国家秩序、民族秩序の前形態、しかるべき国家主義的な全体教育の萌芽をうちに蔵している」(三五頁)。

クリークの教育革命は、国家の教育制度全体をナチズムの政治的信奉の方向に整備しようとする意味においてのみ全体的なのではない。それはより深刻な意味においても全体的なのである。彼の教育革命は合理主義、人文主義、自由主義の時代に設置された教育制度の改造を志すだけでなく、哲学上の革命、科学とその基礎の転換を要求するのである。

この点でクリークは哲学的プラグマティズムの水路を泳いだ。彼は科学と真理と道徳的認識の本質および機能に関するプラグマティズムのテーゼを採用した。「『純粋理性』の時期、『無前提』の、『没価値的な』科学の時代は終わった。科学は多様な前提の意義を獲得した。科学はその特殊な方法論によって普遍的な生活形成に、外的な生活秩序の技術的形成、および内的な人間形成に参加する。」科学的な認識はまず何よりも人間の手の中の道具であり、自然征服の手段である。人間についての科学、医学、人類学、歴史もまた主として政治的、教育学的な意義をもつ。すなわち「科学の最終目標は人間の訓育と形成である」。この根拠からクリークは戦闘的、行動主義的、英雄的な科学を要求した。「われわれの(新たな)科学は政治的闘争における武器、政治的秩序の建設における道具となるであろう。将来の科学は国家社会主義の理念の支配に服さなければならない」(「科学……」一二頁)。この国家主義的な社会学者にとって科学とは、国家と人種によって規定される人間の業である。カトリック的な科学とプロテスタント的な科学、ドイツ的な科学とフランス的な科学、ゲルマン的な科学とユダヤ的な科学があり、民族主義的な科学さえもある。例えばニュートンの理論の中にまでひとはイギリス人の性格の特色を見いだすことができるし、デカルトやアンリ・ポアンカレなどの数学的な思索は、典型的にフランス的である。「民族と人種、宗教と世界観はあらゆる真理認識の前提であり、同時に意義と目的である」（「国民政策的教育」一二頁）。

クリークは次に彼の研究プラン、すなわち種々の科学のための国民哲学を提出する。法律学にとって民族的全体国家においては問題はきわめて簡単である。その使命はナチズムの政治的世界観の基礎となる法理論を創造することである。人類学と医学とはドイツの生存競争のための補助勤務を果たさなければならない。「医師の新しいタイプ、すなわち、つい先頃の医師にとっては犯罪と見なされたかもしれないようなある種のことが、義務となり必要となりうるような新しい型の医師、すなわち人種的―政治的な医師を生み出すことが重要である」（科学、三五頁）。歴史家は第三帝国がドイツ史が太古以降向かってきたひそかな目標であることを示さなければならない。学者はギリシャ史を書く時でさえ、国家と今日の政治に奉仕することができる。彼は歴史を生活に奉仕させなければならない。「ギリシャ史を記述する方法は次々に人文主義、自由主義、民主主義、国家主義、保守主義を映し出している。われわれの前に、範例として、またわれわれ自身の生活を照らし出すために、ギリシャ人が原始的なギリシャのポリスという政治機構の枠内において復活する。なぜならわれわれ自身の必要と、われわれの今日の運動がこのポリスを理解する鍵を提供し、従ってこの秩序に現実性を与えるからである」（同書）。

かくしてあらゆる科学は政治の優位に服し、国家主義の道具とならなければならない。このことによって始めて諸科学は新たな哲学的統一をうるであろう。いずれの時代にあっても一つの科学、一つの哲学的立場が精神的、科学的生活の中心、中心的結接点となる。中世においてはそれは神学であり、のちには人文主義と哲学であった。「最も強いエネルギーはつねに、歴史的決定が行なわれ運命が実現される領域に注がれる。中世の生のエネルギーはその実現を宗教的なものの中に見いだし、他の生の領域、すなわち国家、科学、芸術に関する決定も同時に宗教的なものの中で行なわれた。それ故に時代に対して特殊な状況と必要から課された一切の課題の解決の際につねに一つの領域が優位を占めるのである」(「教育」一〇頁)。二十世紀のドイツにとってはそれは政治なのである。

クリークはナチズムのイデオロギーがドイツの科学的生活の危機を呼び起こすに相違ないことを十分に知っていた。しかしそれは彼にとっては一つの過渡的な状態である。むしろ問題は科学の基礎の革命であり、自由主義的・「無前提的」な基盤の放棄である。「自由主義的な科学とナチズム理念との対立は、ナチズム革命の結果として科学的イデオロギーの崩壊を、さらには、科学が新たな原理と原則の上に建てられるであろう瞬間に至るまでの科学の危機さえも招来した」(「科学」五頁)。新たな全体性、新たな普遍性の理念の上に、すなわち政治の優位の上に第三帝国の大学は建設されるであろう。この立場からすべての学部、専門はその統一と意義づけをうるであろう。大学は目標と政治的使命によって、すなわちナチズムの精神によって支配されるであろう。大学は国民の高度の政治学校とならねばならない。

すべてドイツ史に通じているものにとっては、国民の生活における大学の政治的役割の理念は新しいものではない。ドイツの大学はとくに十九世紀前半においては、単なる研究と科学的教養のための学校ではなかった。それは愛国心とドイツ統一をめざす政治教育の中心であった。自由主義的でイギリス的・ハノーヴァー的なゲッチンゲン大学も、すでに十八世紀においてほぼこのような役割を演じていた。ベルリン大学のフィヒテとフンボルト、ボン大学のアルントとA・W・シュレーゲル、ハイデルベルク大学からのちにミュンヘン大学に移ったゲレス、またウーラント、ダールマン、ゲルヴィーヌス、モムゼン、ヘーゲル、ニーブール、ランケ、ジーベル、さらにトライチケらも単なる歴史学、文学、哲学の教授ではなかった。彼らはドイツ・ブルジョワジーの政治的教育者であった。そのブルジョワの息子たちが大学で政治教育をうけ、しばしば諸侯や政府やメッテルニヒと争ったのである。

しかし十九世紀の間に大学はしだいに専門家のための、医師、法学者、神学者のための学校となった。哲学、歴史学、文学さえもますます専門化した分野となった。実証主義と自然科学的方法の影響の下に、大学は単に一つ屋根の下に住むだけの幾つかの専門の学校の集まりとなった。あるいは大学と並んで工業大学、商科大学が成立した。大学とその教官の精神生活、政治生活におよぼす影響力はドイツでは、徐々にではあったが絶えず低下していった。ついにはひとびとは、彼らは国民の精神的中心となることなく、むしろ単に国民の片すみで生き続けているにすぎないとして彼らを非難した。そこで哲学、歴史学、文学だけでなく研究の面においても、新たな精神的な刺激の多くは大学の外から生ずるに至った。新たな国家主義の文学運動、政治運動もまた遠く大学から離れた場所に由来する。この二つともが在野の文筆家から生まれたものなのである。大部分の大学生は母校の外にその精神的指導を求めた。ところが教授連は静かに専門と研究に明け暮れていた。アルキメデスにとって兵隊どもは大した意味をもたなかったのである。国家社会主義者たちは大学を、もはや国民の政治的良心ではないとして非難した。ここから大学に対する彼らのひそかな根深い憎悪が、ここからクリークの「われわれは人種政治的な大学を欲する」という公式が生まれた。

従って政治理念が大学の、科学の、世界像の新たな統一を保証することとなった。その政治的なドグマ、歴史的な神話、人種のえせ神学を備えた全体主義国家において、この統一から生ずるであろうものはおのずから明らかであった。ドイツの大学はそれらがかつて十七、八世紀の偏狭な絶対主義と割拠主義の下にあった水準にまで低下しなければならなかった。反自由主義の大浪はたんに「神学的存在」だけでなく、あらゆる精神的存在一般、より高次の秩序までおびやかさずにはおかなかった。これらのものはある程度の自由なしには全く考えられないのである。革命的な全体主義は政治的必要の名において、あらゆる伝統的な文化を破壊し去るという危険をおかす。戦いの中ではミューズは沈黙する、とラテンの諺はいっている。戦時状態、戒厳状態が不断の制度、永続的体制となってくれば、創造的なものはもはや存在の余地がなくなる。精々日常生活の装飾かまたは世界観的な行進曲の役目を務めるしかないような見せ物的なものを過去の中から取り出して見せることしかできないのである。焚殺の刑に処せらるべきはマルクスとハイネだけではない。レッシングもゲーテもカントもダンテもソフォクレスもまたそうなのである。

# 第三帝国と千年王国

「あなたの善意は分からないでもありません。しかし、善意と純粋さだけでは十分とは申せません。われわれは自分たちの行為の結果も考えてみなければなりますまい。私はあなたのなさる事にはぞっとするのです。あなたのなさる事ははじめの高貴で純粋無垢なうちから恐ろしいものをもっているからです。それがいつかドイツ人の間で露骨に現われたら、この上もなく恐ろしい愚行を演ずることになりかねないと思うのです。万が一、そういう愚行がいくらかでもあなたご自身におよぶことがあったら、あなたご自身が墓に入ってからでも浮かばれぬ思いをなさるのではないでしょうか。」

（強烈な愛国心と自由への熱情に燃える一教育家に対する一八一三年のゲーテの言葉。トーマス・マン「ワイマルのロッテ」〈一九三九年〉）

第三帝国の神話の一九三三年から一九四五年に至るまでの運命のあとをたどってみるならば教えられるところが多いと思われる。この千年王国のはじめの数ヵ月、否はじめの数年の間は、さまざまな部分神話の代表者たちは、ヒトラー体制が彼らの特殊な希望や憧憬をこそ実現してくれるものと期待することができた。実際大部分のドイツ民族が彼らと同じようにそう信じていたのであった。すなわち、農民は今後自分らの生活が保証されるものと期待することができたし、失業プロレタリアは徹底的なドイツの社会主義を実現する民族共同体がついに実現されるものと待望していた。そして実業家は階級闘争の終結と社会主義的な労働組合の粉砕を、少なくともその抑制を待望した。今や議会体制は廃止され、今後しばらくは権威政治が行なわれるであろうということは恐らく誰の眼にも明らかであった。そしてひとびとはナチズムがドイツの統一を再建し、いわば新たに基礎づけるであろうことをも期待することができた。軍の代表者、および軍隊勤務を教育の総仕上げとして称えるひとびとはすべて、徴兵制度がもう一度採用され、軍人精神が再び一般に承認されるようになるであろうことを確信することができた。ドイツ国権党員、君主主義者、プロイセンを夢み第二帝国を夢みるすべてのひとびとのためには、総統とその一味はポツダムの衛戍教会であの悲喜劇を演じてみせたのであった。しかも、そこでヒトラーは旧教、新教の双方を保護し支持しあるいは復権させること、「積極的キリスト教」をも約束しなかったであろうか？

全体主義国家、すなわちファシズムとボルシェヴィズムを範とする一党組織による総統国家の神話は、もちろん着々と現実——恐るべき現実となることになった。

人種の神話はローゼンベルクの「私見」に端を発し、次第に、ユダヤ人迫害、血統証明、アリアン条項、キリスト教ドイツ化の試みなどをともなう公的宗教となった。

若い諸民族の神話、すなわちスラヴ人との共働の神話は、ヒトラーがピルスーツキーと一時平和条約を結んだ時、またシャハトがその為替政策、貿易政策によって東南ヨーロッパを経済的に緊密にドイツと結びつけるのに成功した時もう一度勢いよく燃えあがることができた。説得と奸策と強権によって強制されたオーストリアの併合、ズデーテンの危機、ベーメンとメーレンの占領と併合、のちの対ポーランド、対ロシヤの戦争は、ひとびとの夢想していたような、ドイツの指導下における「中間ヨーロッパ」諸民族との平和的な共働を、スラヴ諸民族の精神的な絶滅、さらには肉体的な根絶の試みとまではいかなかったにせよ、それら諸民族に対する侵略戦争、原始的な掠奪行、抑圧と奴隷化に変えた。「東方の使命」はやがてのちに別の方面からはるかに雄弁に、スターリン式パイプオルガン（ロケット砲）と弁証法的唯物論とオーデル・ナイセ線とによって表明せられることになった。千年王国はドイツ人の植民地活動の千年を賭け、たちまちにしてこれを失なってしまったのである。

「プロイセンの神話」にも奇妙きわまる運命が定められていた。権威主義的な支配、全体主義国家、兵役の義務、軍隊精神、これらすべてがプロイセン精神といわれたのも一応はもっともなことであった。しかし、キリスト教的良心も、個人の責任感も、人間性も、名誉と軍隊精神の真の理解も、より高次な法則への結びつきもない蛮行と盲従が、まだ真のプロシア精神といえるであろうか？　ナチズムはプロイセン軍の、プロイセン的エトスの、プロイセン国家の基礎を掘り崩すことに貢献した。ポツダムの衛戍教会においてヒトラーは——これはプロイセンに対するマリア・テレジアの報復であった——すでに一九三三年に古きプロイセンを埋葬したのである。

民主主義者、社会主義者、政治的カトリシズム、労働組合とだけではなく、新旧の国家主義の代表者、ドイツ国権党員、在郷軍人会、君主主義者、青年保守派、国家主義革命家、国家主義ボルシェヴィキらとの対決、というよりはむしろ清算がやがて実現した。もちろんそれらは精神的な面あるいは文書によって決着をつけられることは稀であって、政治的な側から決定され、純粋に戦術的な考慮から、警察国家の方法、黙殺、執筆禁止、出版や雑誌発行の停止、さらにはテロル、刑務所、強制収容所、最後には銃殺あるいは絞殺による死という手段が用いられた。

新権力がまだ教会の好意に、少なくとも中立的態度に、黒・白・赤の旗と旧官僚に依存していた一年あまりの間は、出版、執筆の自由らしきものが、少なくとも国家主義革命の同盟者と関係者にはまだ存在した。ナチズムの「思想」のある種の面、たとえば理論上の反ユダヤ主義、「二十世紀の神話」の人種理論などはまだ批判の対象とすることができた。枢機卿ファウルハーバーは旧約聖書とユダヤ人についての降臨節の説教を、またカール・バルトは「現代における神学的存在」をまだ印刷することができた。しかしシュペングラーはすでに一九三三年に「決断の年」の発行にいくらかの困難を味わった。ナチズムには第二帝国に帰るとか、あるいは「保守革命」を遂行するとかの意志の全くないことがやがて明らかになった。伝統的なプロテスタンティズムによる国家教会も、ましてや神聖帝国《インペリウム・サクルム》も問題ではなかった。第三帝国の到来を熱望していたこれらの神話像の代表者たちは間もなくこのことを知らなければならなかった。彼らが自己の信ずる所をあくまで変えなかった場合には、彼らは新たな国家主義的な野党とならなければならなかった。「理性の策謀」による党の急変、正道への立ち帰りを依然として待望する沈黙の野党、あるいは多かれ少なかれ公然たる野党とならなければならなかった。

メラー・ヴァン・デン・ブルックはもはやその声を挙げることはできなかった。一九二九年から一九三三年に至る新国家主義の全盛期とヒトラー帝国の出発を彼はもはや体験することができなかった。しかしもう一人の先駆者シュペングラーは彼の蒔いた種の芽生えを数ヵ月は見ていることができた。彼はワイマル体制の没落を歓迎し、「権力掌握」の仕方をプロイセン式として称讃した。しかし一九三三年春の常軌を逸した熱狂と勝利の陶酔は彼の気にいらなかった。「あれは勝利ではなかった。なぜなら敵がいなかったから」(序文、八頁)。これは、「今の政治家たちはおそらくとうの昔に死んでいることであろうが」、真の政治家によって始めて戦いとられるであろうところの真の行為のための、外交・内政上の成果のための、精々発端であるにすぎなかった。シュペングラーがナチズム革命でとくに憎悪したものは、外ならぬその下賤な、騒々しい「民衆的」な身振りであった。この意味で彼は、保守的な反革命と称しながら依然としてデマゴーグ的、民主主義的、社会主義的な国家主義にとらえられているイタリアのファシズムも批判する。ムッソリーニはファシズムを越えており、やがて出現するであろうところの、そして賤民ども、民主主義、社会主義、国家主義的群獣的感情を軽蔑するであろうところの偉大な指導者の相を示していたのではあったが。一九二八年から一九三三年に至る間に発展したドイツの国家主義さえも、すなわち「労働者礼讃」論、すべての「神聖帝国、ソヴィエト国家、あるいは第三帝国に関するアリアン的願望像」もシュペングラーの批判をまぬがれない。結局彼のうちに動いているものは、古いドイツ的、古典的な個人主義であり、これは「群獣的感情の神化」に対する、ブルジョワジーの断末魔の叫びに対する、「東方の非個人主義的、アジア的な集合主義」に対するプロテストなのである。彼はこの集合主義を「個人主義に対する臆病と羞恥からする憎悪」ときめつけている（一四三頁）。彼の口を借りて語り、現実に向かって、群衆精神病と時代の精神的な混乱と蒙昧に向かって雷電を投げつけているのは、結局はニーチェなのである。

教会とキリスト教と「国家主義の神学」と新国家におけるプロテスタンティズムの位置をめぐる論争も、部分的には同じく一九三三年夏に解決されることになった。それは、国家教会への攻撃、および党と政府を後楯として新教教会内の指導権を手中に収めようとする「ドイツ・キリスト者」の試みとによってであった。やがてここにもまた反対運動が始まる。すなわち、何かを取り除いたり、つけ加えたりすることなく、純粋な形で福音を告知し、ユダヤ人のキリスト教徒にも「アリアン人」にもひとしく秘蹟を与える権利をめぐっての、新政府に対する頑強な抵抗が始まる。この態度の最も明確な表現はすでに「現代における神学的存在」の中にあらわれていた。徹底的な抵抗と「強情」は神学的にはとくにカルヴィニズムから起こったものであるのに反して、ルッター主義は上司に対するその伝統的な態度からして、抵抗そのものを決して快く思わなかったのは偶然ではない。非キリスト教的な、それどころか反キリスト教的な「上司」なるものはルッター主義にとっては新事実であり、このためにほとんど予想もしなかった態度を取らざるをえなかったのである。そして今日に至ってもプロテスタントのうちのルッター主義者たちは、どの程度教会あるいはキリスト教徒が国家への反抗を許されるものやら決めかねているのである。ヒトラー国家との対決は「ドイツ・キリスト者」の攻撃が失敗に終わってからも数年続いた。そして七月二十日事件に加わったひとびとの中に外ならぬ「告白教会」の断乎たるキリスト教徒が多数まじっていたのも偶然ではない。

しかしまた「国家主義の神学」およびその主唱者の運命も決して香しいものではなかった。一九三三年に今後は国家が真理の管理人となるであろうと宣言したシュターペルは、一九三八年には、国家が彼の言葉を字義通りにとり、彼の雑誌を発行停止にするという事実を体験しなければならなかった。このような清算の仕方が最も露骨に行なわれたのは、保守主義と神聖帝国のイデオロギーの主唱者のうち最も重要なエトガー・ユングの場合である。

もちろんナチ時代になってからも、第三帝国がバルバロッサあるいはハープスブルクの第一帝国の復活であることを証明する二、三の象徴的な身振りもなくはなかった。とくにオーストリア併合後、たとえば中世の帝国の印璽をウィーンから持ち帰って再びニュルンベルクに保管したり、トリーフェルスの城址に新たに騎士の広間を設けて「飾り立てたり」したことである。

しかしこれらもからっぽな身振り――新たな権力者たちを大道具、小道具で飾り立てる試み以上のものでは決してなかった。その点で彼らは、自分を伝説のジークフリートや中世の騎士だと思いたがったヴィルヘルム二世時代の精神と似ていないではなかった。彼らは郵便局や駅などをゴシック様式に建てるドイツの政府や、城を作って天主閣とはね橋をつけるドイツの大実業家の病気と似ていた。こうしたことはすべて神聖ローマ帝国とも、キリスト教世界の擁護者とも、ヨーロッパのキリスト教化とも何の関係もないのである。ところが、これがエトガー・ユングなどの復古的、保守主義的思想の中核であったのである。

ユングは一九三三年夏、彼のパンフレット「ドイツ革命の解明」のなかで再び自己の根本理念を総括し、その理念に従って事態の発展を註釈する。「本書の最も高貴なる使命は現代の事象のもろもろの根源を指し示し、その動いて行く方向を探究し、あわせて未来の政治的立場および進路を決定するにある」（九頁）。「この二十年来著者はドイツ革命を望み、そのために戦ってきた。この数ヵ月の事件を私は心から歓迎しないわけにはゆかないのである。かくて私はこの破開の力を肯定し、ドイツ精神の形成とそれによるこの革命の完成を確信する者である。」テロルという方法、すなわち、いま政策を実施して行くうえでの新しいスタイルが、シュペングラーと同じくユングに何らかの衝撃を与えた様子は見えない。しかし、国家主義の古くからの闘士が、国家に対する功績もないのに、突如として現われてきて信念の強固さを喚き散らしてみせる新たな同調者のために容赦なく押しのけられる事実だけは、ユングにははなはだしく危険なことに思えた。「政治運用の基盤としての大衆なるものは排除」されなければならないということは、この保守主義者にとって自明のことである（九一頁）。また、「法による支配という意味での法治国は過去のものである、フランス的な人権の時代は去った」（八一頁）。なぜならこの革命はまぎれもなく「一七八九年への反革命」であるからである。

新ドイツ国家は権威主義的な国家とならなければならない。故にあらゆる生活領域における統制は一時的なものとしてのみ許される。「過渡的な現象としてはこの措置は危険を伴わない」（八五頁）。しかしそれが永続的なものになることも、全体国家に至ることも許されない。「ドイツ革命の究極目標は全体国家ではなく、貴顕国家でなければならない。保守主義者は本質的でない政治的生活領域の真の自律を要求する。これが身分国家の根本思想であり、キリスト教国家の構想である」（四五、五五、五六頁）。なぜなら「全体国家はその本質上中央集権的であり、絶対主義的」であるからである（五五頁）。全体国家は二つの宗派の並立する国家においては一般に不可能事である。なぜなら、「それは二つの形でしか考えられない。僧侶が支配する僧侶政治かまたは世俗的な共同社会である。後者においては国家が教会に、国民が宗教に、国会が礼拝に、政治家が僧侶に、民族の指導者が聖者となるであろう。この事態は キリスト教の終わりであろう」（五四頁）。さらに彼は、一九三三年夏の教会政策に対して、すなわち「政治的なものによって信仰の力を鼓舞」しようとする試みにたいして次のように書いている。キリスト教徒は、ひとびとがナチズムを超地上的なものに対する態度をも規定しようとする要求を含む世界観として強制しようとする事に対して、抵抗しなければならない。「キリスト教徒はこういう。私は民族と国家のために死ぬことはできる。しかし私は、それらを宗教とすることはできない、と」（七三頁）。

しかし、ユングが「保守革命」と見ようと努力し続けた一九三三年の「昂揚」は、彼にとって新ドイツ国家への、キリスト教国家への、キリスト教帝国への第一歩にすぎない。「ゆえにポツダムの祝祭においてはまだ第三帝国が建設されたのではない。その前提たるドイツ人の国家が新たに建てられたのである。この帝国再建はプロテスタントの祭壇の前で行なわれたものであるが故に、これはプロイセン国家の生活の基盤の破壊に反抗するところのプロテスタンティズムの蜂起の象徴である。なぜならこの軍隊国家はプロテスタンティズムの精神であるからである。いま一度プロイセン精神がその国家形成力と民族形成力を証明する」(九八頁)。

「しかし今や革命は岐路に立っている。」ドイツ民族の五分の二はカトリックである。それ故全体国家も国家教会も成立することはできない。しかも「新たなキリスト教帝国がわれわれの使命として課せられている」。すなわち、ドイツ国家の国境を越えて働くというドイツ人の使命である。「ポツダムが象徴であるならば、アーヘンもトリールもケルンも、シュパイエルもレーゲンスブルクもバンベルクもウィーンも象徴である。ドイツの普遍主義の故郷はカール大帝の帝国の枢軸、ライン河畔にある。ドイツ革命のプロテスタント的な線は強力なドイツ国家に向かって、カトリック的な線はドイツ人の帝国に向かって延びている」(九八―一〇一頁)。

虚偽と偽瞞、国会議事堂焼き打ち、テロル、殺人、ユダヤ人狩り、刑務所、強制収容所という鳴物入りで幕を上げたこのヒトラー帝国が、多くの教養人にとって、キリスト教帝国、ドイツ人の神聖ローマ帝国、キリスト教世界の保護者、西洋の救済への開始と思われたということは、これは驚くべきことではなかろうか?

ユング個人の運命は現実にこの旅がどこへ行きつくかを教える確かなしるしであった。数ヵ月後の一九三四年春、彼はフランツ・フォン・パーペンがマールブルクで行なう演説のために草稿を書いた。この時彼の運命が決せられたのである。彼はレームが殺されたと同じ日にSSの弾丸に倒れた。なぜならゲーリングが独断で、ただしすべて運動の名において裁判の範囲を「いささか拡大解釈」して、直ちにクラウスナーを、さらにはシュライヒャー、グレゴール・シュトラッサーを殺させたからであった。第二革命、社会主義革命はこの夜片づけられた。だが保守革命もまた清算されたのであった。

著書と言説と行動によってこのドイツ革命をひき起こすのに手をかしたすべてのひとびとは、起こること、起こった事に関していかなる責任があるか、ひとびとは自分に向かってこの困難な問いを発することができる、否、発しなければならないのである。この革命は、ドイツの敗戦についての虚偽、短刀刺殺伝説、救いうるものを救おうと努力したワイマル共和国のひとびとに対する限りない憎悪の念の煽動によって始められたのであった。

シュペングラーらは、自分の論争の書がドイツ民族にいかなる影響をおよぼさざるをえないかを、本当に予測しなかったのであろうか？　彼が「十一月の犯罪人」に対して、ワイマルに対して、人道に対して憎悪の歌を歌い始めた時、そして野獣を理想にもちあげた時、すでに彼自身国家主義的な群獣感情に堕していたのではなかったか？ドイツの古典主義作家たち、ヘルダー、ゲーテ、シラーからかつてこの響を聞いたことがあったろうか？　人間に野獣の本能を呼び覚まし、野獣に美学的な栄光を施し、良心を与えるということがそもそも許されることであろうか？

この批判はすでにニーチェに当たるものである。しかし、彼ほどにドイツ精神とドイツ人との心理の奥深く入りこみ、ドイツ人の像をその特性、その弱点もろともに苛酷なまでに明確に画きあげた人はない。一体彼は「権力への意志」を真の倫理学、最も美しい目標として掲げた時、自分のしたことの意味を知らなかったのであろうか？そして、彼がそれを書いたのはドイツ人のためでもあったのではなかったか？

熱中してツァラトゥストラを読んだイタリア人やフランス人のようなロマン民族にとっては、すなわち、すでに文化によって慣らされ十分に訓練された民族にとっては、若い諸民族に比べてニーチェなどの「魔女の酒」は危険の度合が低いのだ、若い民族は社会的な礼儀や文明という窮屈な鎧にいやいや耐えていることが多く、形式の限界や掟に喜んで反抗し、もともと野蛮なもの、不羈なもの、奔放な熱情、混沌を真の喜びとするのだ、というテーゼを大胆にひとびとは提出することができるかも知れない。昔ルソーがドイツで迎えられたということ自体いくらかうさんくさいものがあるように思える。パリのサロンに対して、過度に洗練され、あるいは魂を喪失したかにみえる文化の治療薬として提供されたものが、ドイツ、ゲルマニアの文化圏では自己の本質の確証として、不羈な根源性の礼讃として、まだ馴らされていない野性的な本能の承認として受け入れられたのである。

しかし、ニーチェはさすがにドイツ人を知っていた。彼はなお数十年間孤独者、荒野の声であることを願っていた。その後もただ少数のひとびとによってのみ理解されることを願っていた。彼がこの種の言葉を書き記した時おそらく全く意図しなかったような耳に、彼の声が達した時、すなわち、甘美な毒のききめを薄める高い教養、精神的訓練、美的形成をもちあわさない大衆やひとびとに達した時、何が起こりえ、また起こらざるをえなかったか？「最高のものを欲し、不可能なことを願った彼は、心ならずも、われわれの中なる一切の悪魔を解き放とうとする力になったのであろうか？」（ヤスペルス）

ニーチェ自身に責任はある。それは疑いのないところである。しかし彼の理論を歪め、偽造し、粗雑化し、全く無関係なものに結びつけ、政治的、社会的な理論に奉仕させ、いまわしい思潮、憧憬、願望像の正当化に利用するひとびとははるかに大きな責任を負わなければならぬのである。そこにはジュリアン・バンダが「精神への裏切り」と呼ぶものがたしかにある。一例を挙げればそれは、ヒューストン・スチュアート・チェンバレンがゴビノーの人種理論を歪め、変形し、ヴィルヘルム時代のドイツ人の優越という高慢心に、ローマと地中海に対するそれ自体すでに激烈な嫌悪感に、ユダヤ人に対する憎悪に、形而上学的、精神的、抒情的な基礎づけと正当化を与える——最後のホーエンツォルレルン家の同時代人もやはりそれを必要としたかのように——やり方と同じである。すでに「ナチ道徳の系譜学」というこの中間段階においてさえも、ニーチェ自身も、ゴビノー、ラガルド、ショーペンハウエルも、自分たちの思想の変わりはてた姿を眼にしたならば、嫌悪に思わず顔をそむけたことであろう。

国家主義的な著作の大部分、シュペングラー、メラー、ユング、さらにバレスもこの部類に属する。なぜなら著作物としての国家主義はまだ精神的と称せられうる高い平面上を運動することができる、しかしこの面はすでに危険地帯に密接しており、国家主義的情熱を結晶させ、社会的政治的戦闘を煽り、同系民族に対する憎悪、国民的自負、軽蔑の感情に点火するからである。――あたかも人間が社会的存在として、種族的存在として生来熱愛しているもののために、さらに良心までも与えられ、否熱情までも鼓吹される必要があるとでもいうように。道徳が個人としてもつことを人間に禁じているあらゆる悪しき特性、本能、熱情、すなわちエゴイズム、不遜、憎悪、権力意志、闘争癖――それらは超個人的なもの、階級、民族、国家の中へ移すことができれば、それらは輝かしい道徳となるのである。

国家主義は、大衆の、いわゆるマス・デモクラシーの時代にはとくに危険であり、有害である。しかしながら精神的な首唱者だけに責任を帰することは完全に誤りといえるであろう。人間は自ら行ない、語り、書くことに対してだけ責任があるのではなくして、同胞に不正を惹起せしめ、精神的なものの分野で虚偽なるもの、不正なるもの、悪意のあるものを承認し、反抗もせずしてそれを甘受し、あまつさえそれを自分のものにまでしてしまい、他人にもそれを伝えること、そういうことにも責任を負わなければならない。行動する者、生起することに最も近く立っている者は、その行為に対して直接責任がある。精神的な首唱者は、自分の言葉、思想、講演、著作によって行なわれるであろうものをおそらく見通すことができないであろうという点では責任はより少ない。しかし他方彼は、より透徹した眼、来たるべきものへの展望が前提とされるに違いないが故に、彼の責任は行為する者よりも大きいのである。

アルミン・モーラーは、「保守革命」の思想は必然的にナチズムに流れこむものではないと言明している。しかし国家主義は大衆の時代においてはナチズムに流れこむのが必然の勢であろう。国家主義が教養人の思想的遊びたるにとどまることを欲せず、社会的神話となり、そして政治という闘技場へ、国民議会へと下りて行くことを欲するならば、国家主義が政治運動となり、現実に関わりをもとうと欲するならば。ナチズム、千年王国、ヒトラー戦争の恐怖、これが現代における国家主義の現実の姿なのである。

## 訳者あとがき

本書「第三帝国の神話」(*Der Mythos vom dritten Reich, Zur Geistesgeschichte des Nationalsozialismus,* J. G. Cotta, sche Buchhandlung Nachfolger Stuttgart, 1957) の著者ジャン・F・ノイロール (Jean F. Neurohr) 氏は、日本の読者にはあまり知られていない人であるので、最初に同氏の略歴のようなものを記しておきたい。

ノイロール氏は現在ミュンヘンにあるフランス文化研究所の所長であり、かたわらミュンヘン大学で講義をもっておられる。同氏の国籍はフランスであり、したがってフランス人ということになるのであるが、序文にもあるとおり、少年時代はドイツ語を母国語として育ったのであった。すなわち一九〇三年ウイルヘルム二世治下のエルザスで生まれ、一九一四年から一九一八年まではドイツのギムナージウムで学んだのであった。第一次大戦後ヴェルサイユ条約によってエルザスがフランス領となるとともに、再び、というのは氏の祖父母がそうであったように、フランス国籍にうつった。フランスのギムナージウムを終えてエコル・ノルマル・シュペリエール、ついでソルボンヌに学んだ。一九二三—一九二四年の一年はベルリン大学で過した。一九二六年卒業試験はパリで終えた。一九二九年にはハーヴァードのマスター・オブ・アーツをえている。

大学卒業ののち、まずフランスのギムナージウムの、ついでロンドンのフランス文化研究所の教授。一九四〇—四三年大尉として従軍。一九四三—四五年軍から派遣されてモスクワ駐在。一九四五年ワルシャワのフランス大使館書記官。一九四七—四八年連合国側委員としてベルリン駐在。一九四八—五二年ライン・プファルツのフランス占領地区司政長官。一九五二年ベルリンのフランス研究所の所長として文化面の仕事にかえった。一九五八年ブダペストのフランス大使館文化顧問。ついで昨一九六二年ミュンヘンにうつられたわけである。ちなみにいえば、小論文、書評の類を別とすれば、著書として公刊されているものは本書が唯一のものであるということである。

本書の翻訳は山﨑と村田との完全な協同作業によるものであって、したがってどこまでが誰の責任という具合にはならない。この訳業の長所（もしありとするならば）も、欠点も、ひとしくわれわれ二人の共同のものである。もとよりわれわれは、われわれとしての可能な努力はつくしたつもりであるけれども、しかしわれわれは二人ともドイツ文学を専攻とするものであって、この種の書物は決して無縁ではないけれども、やはり専門外のものであり、今刊行を前にしてわれわれは、語学的な問題のほかに、素人の憐れさのごとき誤解、誤訳のまぎれこんでいるであろうことをおそれている。もしそうであるならば、快く翻訳を承知されただけでなく、多忙のなかをいろいろ御教示いただいた著者ノイロール氏に申し訳ないばかりでなく、また大方の読者にたいして思わぬ迷惑をかけないかをおそれるのである。忌憚のない批判をえて、訂正の機をもちたいと思う。

もともとこの翻訳は、名古屋工業大学教授伊東勉先生のすすめによるものであった。先生は根気よくわれわれを励まして完成にいたらされただけでなく、疑問の点について数多くの御教示をいただいた。出版の運びをつけていただいたのは立教大学教授小林昇先生であった。ここにお二人にたいして心からの感謝をささげなければならない。また出版にあたっては、未来社社長西谷能雄氏、編集部の小箕俊介氏、その他の方々のひとかたならぬお世話になった。ここに記して厚く謝意を申し述べたいと思う。

一九六三年　盛夏

# 文　　献

1950年までの完全な書目はアルミン・モーラーの「保守革命」Armin Mohler, Die Konservative Revolution. Stuttgart 1950 に見られる。それでここには著者が引用したり使用したりした主な書物を選んで挙げることにする。（著者）


**十九世紀の国民感情について**

Friedrich Meinecke, Weltbürgertum und Nationalstaat, 7. Aufl. München 1928.

Charles Andler, Documents sur le Pangermanisme, Paris 1915—1917 4 Bde, insbes. Bd I : Origines du Pangermanisme, Bd 4 : Le Pangermanisme philosophique

**ワイマル共和国の歴史**

R. T. Clark, The Fall of the German Republic. London 1935

**ドイツ革命の神話**

Oswald Spengler, Der Untergang des Abendlandes, München 1919

do., Preußentum und Sozialismus, München 1920

do., Mensch und Technik, München 1931

do., Neubau des deutschen Reiches, München 1924

Moeller v. d. Bruck, Das dritte Reich, 3. Aufl. Hamburg 1931

do., Der politische Mensch, Breslau 1933

Ernst Günther Gründel, Die Sendung der jungen Generation, München 1932

Leopold Dingräve, Wohin treibt Deutschland, Jena 1932

do., Wo steht die junge Generation, Jena 1931

E. Schmahl, Aufstieg der nationalen Idee, Stuttgart 1933
Hans Freyer, Revolution von rechts, Jena 1932
Wilhelm Stapel, Preußen muß sein, Hamburg 1932
Max Hildebert Boehm, Das eigenständige Volk, Göttingen 1932
Zeitschriften
Der Ring
Die Kommenden
Der Vorkämpfer
Der Aufmarsch
Europäische Revue

戦争体験と義勇軍

Josef Magnus Wehner, Sieben vor Verdun, München 1930
Franz Schauwecker, Aufbruch der Nation, Berlin 1929
Werner Beumelburg, Die Gruppe Bosemüller, Oldenburg 1930
Ernst Jünger, In Stahlgewittern, Berlin 1919
do., Feuer und Blut, Berlin 1925
do., Der Kampf als inneres Erlebnis, Berlin 1922
Ulrich Sander, Pioniere, Jena 1933
Karl Benno v. Mechow, Das Abenteuer, München 1931
Franz Seldte, Fronterlebnis, Leipzig 1933
Ernst v. Salomon, Die Geächteten, Berlin 1930
Arnolt Bronnen, O.S.(Oberschlesien), Berlin 1930
Erwin Erich Dwinger, Zwischen Weiß und Rot, Jena 1930
do., Wir rufen Deutschland, Jena 1932

Hans Grimm, Volk ohne Raum, München 1926

全体主義国家について

Sigmund Neumann, Die deutschen Parteien, Berlin 1932
Wilhelm Stapel, Die Fiktionen der Weimarer Verfassung, Hamburg 1928
Othmar Spann, Der wahre Staat, 2. Aufl. Leipzig 1931
Heinz Otto Ziegler, Totaler oder autoritärer Staat, Tübingen 1932
Ernst Jünger, Die totale Mobilmachung, Hamburg 1930
Carl Schmitt, Die Diktatur, 2. Aufl. München 1924
do., Die geistesgeschichtlichen Grundlagen des heutigen Parlamentarismus, München 1926
do., Der Begriff des Politischen, Hamburg 1932
do., Hugo Preuß, Tübingen, 1930
do., Der Hüter der Verfassung, München 1931
do., Legalität und Legitimität, München 1932
do., Staat, Bewegung, Volk, Hamburg 1933
do., Das Wesensgefüge und der Zusammenbruch des Zweiten Reiches, Hamburg 1934
Otto Köllreuter, Der deutsche Führerstaat, Tübingen 1934
Ernst Forsthoff, Der totale Staat, Hamburg 1933
Ernst Krieck, Der Staat des deutschen Menschen, Berlin 1933

ドイツ社会主義

Moeller v. d. Bruck, Sozialismus und Außenpolitik, Breslau 1933
Ferdinand Fried, Das Ende des Kapitalismus, Jena 1930
Friedrich Schinkel, Preußischer Sozialismus, Breslau 1932
Wichard v. Moellendorf, Konservativer Sozialismus, Hamburg 1932
Die Tat (Zeitschrift), Jena

ナチズム

Ernst Graf Reventlow, Deutscher Sozialismus, Weimar 1930

Richard Walther Darré, Das Bauerntum als Lebensquell der nordischen Rasse, München 1929

do., Neuadel aus Blut und Boden, München 1930

国家主義ボルシェヴィズム

Otto Strasser, Aufbau des deutschen Sozialismus, Leipzig 1932

Richard Schapke, Die schwarze Front, Leipzig 1932

Weigand v. Miltenberg, Adolf Hitler - Wilhelm Ⅲ., Berlin 1930

Ernst Niekisch, Hitler--ein deutsches Verhängnis, Berlin 1931

Erich Müller, Nationalbolschewismus, Hamburg 1933

Der Widerstand (Zeitschrift), hrsg. v. Ernst Niekisch

人種の神話

Houston Stewart Chamberlain, Die Grundlagen des 19. Jahrhunderts, erstmals 1899

Alfred Rosenberg, Der Mythus des 20. Jahrhunderts, München 1931

Ernst Bergmann, 25 Thesen der Deutschreligion, Breslau 1933

do., Deutschland, das Bildungsland der neuen Menschheit, Breslau 1933

Ernst Graf Reventlow, Für Christen, Nichtchristen, Antichristen, Berlin 1928

Hans F. K. Günther, Rassenkunde des deutschen Volkes, München 1933

新異教的な宗教と礼拝について

Alfred Müller, Die neugermanischen Religionsbildungen der Gegenwart, Bonn 1934

国家主義の神学

Alfled de Quervain, Die theologischen Voraussetzungen der Politik. Grundlagen einer politischen Theologie, Berlin 1931

do., Das Gesetz des Staates, Berlin 1932

Hans Ph. Ehrenberg, Deutschland im Schmelzofen, Berlin 1932
Friedrich Gogarten, Politische Ethik, Jena 1932
do., Evangelium und Volkstum, Hamburg 1933
Eman. Hirsch, Deutsches Volkstum und evangelischer Glaube, Hamburg 1933
Wilhelm Stapel, Der christliche Staatsmann -eine Theologie des Nationalismus, Hamburg 1932
do., Die Kirche Christi und der Staat Hitlers, Hamburg 1933
do., Volkskirche oder Sekte, Hamburg 1934
Konrad Hentrich, Nationalkatholizismus, Hamburg 1934
Hans Schomerus, Kaiser und Bürger, Hamburg 1934
Hans Blüher, Die Erhebung Israels gegen die christlichen Güter, Hamburg 1930
do., Der Standort des Christentums in der lebendigen Welt, Hamburg 1931
Die Kirche und das Dritte Reich (Symposion, zwei Hefte), Gotha 1932
Deutsches Volkstum (Zeitschrift), hrsg. von Wilhelm Stapel, Hamburg

### 神聖帝国

Josef Magnus Wehner, Das ewige Reich, München 1933
Wilhelm v. Schramm, Radikale Politik, München 1933
Friedrich Hielscher, Das Reich, Berlin 1931
Edgar Jung, Die Herrschaft der Minderwertigen (1.Aufl. 1927), 2. Aufl. Stuttgart 1931
Hans Eibl, Vom Sinn der Gegenwart, 2. Aufl. Wien 1933
Franz v. Papen, Appell an das deutsche Gewissen, 2 Bde. Oldenburg 1933
Friedr. Muckermann, Rätsel der Zeit, Freiburg 1933
Georg Weippert, Das Reich als deutscher Auftrag, Tübingen 1934
Catholica (Zeitschrift)

### 若い諸民族の神話

Moeller v. d. Bruck, Der preußische Stil. Breslau 1932
do., Das Recht der jungen Völker, Breslau 1932
do., Der nahe Osten, Breslau 1933
do., Sozialismus und Außenpolitik, Berslau 1932
Giselher Wirsing, Zwischeneuropa und die deutsche Zukunft, Jena 1932
do., Deutschland in der Weltpolitik, Jena 1933
Kurt Trampler, Die Krise des National - Staates. München 1932
Friedrich Schinkel, Polen, Preußen und der Osten, Breslau 1932
Hans Schwarz, Europa im Aufbruch, Berlin 1926
do., Die preußische Frage, Berlin 1932
Harald Läuen, Oestliche Agrarrevolution und Bauernpolitik, Berlin 1932
Otto Weber-Krohse, Landschaftliche Politik, Breslau 1933
Carl Dyrrsen, Die Botschaft des Ostens, Breslau 1932
Friedrich Merkenschlager und Karl Saller, Vineta. Eine deutsche Biologie vom Osten her geschrieben, Breslau 1935
Der nahe Osten (Zeitschrift), Breslau

ドイツ的様式と芸術について

Paul de Lagarde, Deutsche Schriften 1886 (Neue Ausgabe München 1924-34)
Julius Langbehn, Rembrandt als Erzieher, Leipzig 1891
Friedrich Lange, Reines Deutschtum. Grundzüge einer nationalen Weltanschauung, Berlin 1904
Adolf Bartels, Geschichte der deutschen Literatur, 3 Bde. Leipzig 1924-28
Richard Benz, Geist und Reich, Jena 1933
Ernst Robert Curtius, Deutscher Geist in Gefahr, Stuttgart 1933

ドイツ人についての神話

Eugen Rosenstock, Die europäischen Revolutionen, Jena 1932
Ernst Jünger, Der Arbeiter - Herrschaft und Gestalt, Hamburg 1932

教　育

Ernst Krieck, Philosophie der Erziehung, Jena
do., Völkischer Gesamtstaat und Erziehung, Heidelberg 1933
do., Nationalpolitische Erziehung, Leipzig 1933
do., Wissenschaft, Weltanschauung, Hochschulreform, Leipzig 1934
do., Nationalsozialistische Erziehung, Osterwieck 1934

国家主義と千年王国

Oswald Spengler, Jahre der Entscheidung. München 1933
Edgar Jung, Sinndeutung der deutschen Revolution, Oldenburg 1933

ノイロール　第三帝国の神話〔新装版〕

1963年10月30日　第1刷発行
1989年1月10日　第5刷発行
2008年5月15日　新装版第1刷発行

定価（本体4200円＋税）

訳者　山﨑章甫
　　　村田宇兵衛

発行者　西谷能英

発行所　株式会社　未來社
〒112-0002 東京都文京区小石川3-7-2
電話　03-3814-5521
振替　00170-3-87385
http://www.miraisha.co.jp/
E-mail : info@miraisha.co.jp
ISBN978-4-624-11010-9　C0022

スキルプリネット・形成社・五十嵐製本

# 人　名　索　引

## （ABC順）

〔A〕

**アンドレル**　Andler, Charles　(1866—1933) ソルボンヌ大学のゲルマン学教授, *p*.26—27, 32, 58, 90, 161, 163, 165, 206, 218, 227.

**アンゲルス・ジレジウス**　Angelus Silesius (Johannes Scheffler) (1624—1677) バロック時代のドイツの詩人, *p*.277.

**アルキメデス**　Archimedes (B. C. 287—212) ギリシャの数学者・物理学者, *p*.293.

**アリストテレス**　Aristoteles (B. C. 384—322) ギリシャの哲学者, *p*.186, 187, 219, 247, 266.

**アルント**　Arndt, Ernst Moritz (1769—1860) ドイツの詩人, *p*.40, 41, 99, 170, 249, 288, 292.

**アルニム**　Arnim, Achim von (1781—1831) ドイツの前期ロマン派の詩人, 「少年の魔笛」の編者の一人, *p*.251.

**アウグストゥス**　Augustus (B. C. 63—A. D. 14) 初代ローマ帝国皇帝, *p*.204.

**アウグスティヌス**　Augustinus, Aurelius (354—430) 西洋の教父, *p*.29, 188, 204.

〔B〕

**ベーコン**　Bacon, Francis (Lord Verulam) (1561—1626) イギリスの政治家, 哲学者, 法学者, *p*.266.

**バルラッハ**　Barlach, Ernst (1870—1938) ドイツの彫刻家, グラフィック研究家, 詩人, *p*.263.

**バレス**　Barrès, Maurice (1862—1923) フランスの作家, *p*.28, 32, 35, 274, 304.

**バルト**　Barth, Karl (1886—1968) スイスのプロテスタント神学者, *p*.104, 187, 191, 195, 297.

**バルテルス**　Bartels, Adolf (1862—1945) 作家, 文学史家, *p*.252, 253.

**ベーベル**　Bebel, August (1840—1913) ドイツ社会民主党首, *p*.48, 51, 75, 143.

**ベートーヴェン**　Beethoven, Ludwig van (1770—1827) 作曲家, *p*.37, 178, 185.

**バンダ**　Benda, Julien (1867—1956) フランスの作家, *p*.304.

**ベネシュ**　Benesch, Eduard (1884—1947) チェコの政治家, *p*.240.

**ベンツ**　Benz, Richard (1884—1966) 著述家, *p*.219, 267.

**ベルジャーエフ**　Berdjajew, Nikolaus (1874—1948) ロシヤの歴史哲学者, *p*.217.

**ベルクマン**　Bergmann, Ernst (1881—　) 哲学者, *p*.179.

**ベルグソン**　Bergson, Henri (1859—1941) フランスの哲学者, *p*.21, 219. 267.

**ベルンシュタイン**　Bernstein, Ernst (1850—1932) ドイツの修正社会主義者, *p*.173.

**ベートマン—ホルヴェーク**　Bethmann-Hollweg, Theobald von (1856—1921) ドイツの首相, *p*.53, 56.

**ビスマルク**　Bismarck, Otto Fürst von (1815—1898) ドイツの首相, *p*.11—13, 31, 42, 43, 45—48, 49, 51, 56, 61, 64, 69, 71, 90, 106, 119, 136, 137, 171, 182, 185, 209, 224, 231, 232, 234, 253, 254, 275, 286, 288.

**ブリュッヒェル**　Blücher von Wahlstatt, Gebhard Leberecht, Fürst (1742—1819) 解放戦争の人気のあった将軍, *p*.38.

**ブリューエル**　Blüher, Hans (1888—1955) ドイツの教育評論家, *p*.173.

**ベーム**　Boehm, Max Hildebert Dr. (1891—　) 民族理論と社会学の教授, *p*.102.

**ベーメ**　Böhme, Jakob (1575—1624) ドイツのプロテスタント神知学者, 神秘主義的自然哲学者, *p*.103, 277.

**ボナール**　Bonald, Louis Gabriel, Ambroise Vicomte de (1754—1840) フランスの保守的な政治思想家, 哲学者, *p*.32.

**ボニファツィウス**　Bonifazius (672—754) いわゆる「ドイツ人の使徒」, *p*.176.

**ボップ**　Bopp, Franz (1791—1867) ドイツの言語学者, *p*.164.

**ベルネ**　Börne, Ludwig (1786—1837) ドイツの作家, *p*.172.

**ボシュエ**　Bossuet, Jacques Benigne (1627—1704) フランスの神学者, 説教家,

教会政治家，p.188.
ブーランジェ Boulanger, Georges (1837—1891) フランスの将軍，政治家，p.85.
ブレヒト Brecht, Bertolt (1898—1956) ドイツの劇作家，p.263.
ブレンターノ Brentano, Clemens (1778—1842) ドイツの詩人，p.251,252,270.
ブリアン Briand, Aristide (1862—1932) フランスの政治家，外相，p.240.
ブリジェズ Bridges, Robert Seymour (1884—1930) イギリスの詩人，p.250.
ブロックドルフ—ランツァウ Brockdorff-Rantzau, Ulrich Graf v. (1869—1928) ドイツの外交官，p.139,156,239.
ブリューニング Brüning, Heinrich (1885—1970) ドイツの政治家，p.71,119,150.
仏陀 Buddha (B.C. 6 世紀) インドの仏教の開祖，p.178,185.
バーク Burke, Edmond (1729—1797) イギリスの政治家，著述家，演説家，p.100,221,243.
バーンズ Burns, Robert (1759—1796) スコットランドの詩人，p.255.
バトラー Butler, Rohan d'Olier (1917— ) オクスフォード大学教授，p.14.

〔C〕

シーザー（カエサル） Caesar, Gaius Julius (B.C.100—44) ローマの政治家，将軍，p.24,204,260.
カルデロン Calderon de la Barca, Pedro (1600—1681) スペインの劇作家，p.251.
カルヴァン Calvin, Jean (1509—1564) フランスの宗教改革者，p. 104, 186, 187, 199,200,277.
カーライル Carlyle, Thomas (1795—1881) イギリスの著述家，社会評論家，歴史家，p.128.
チェンバレン Chamberlain, Houston Stewart (1855—1927) ドイツ（イギリス生れ）の著述家，p.166—169,174,175,244,284,304.
クラース Class, Heinrich (1868—1953) 「全ドイツ連盟新聞」の編集人，p.15.
クローデル Claudel, Paul (1868—1955) フランスのカトリック詩人，p.250.
クラウゼヴィッツ Clausewitz, Carl von (1780—1831) プロイセンの将軍，軍事評論家，p.288.
クレマンソー Clemenceau, Georges (1841—1929) フランスの政治家，p.85.
コント Comte, Auguste (1798—1857) フランスの数学者，哲学者，p.98,213,274.
コンドルセ Condorcet, Marie Jean Antoine Nicolas, Marquis de (1743-1794) フランスの数学者，哲学者，政治家，p.282.
クロムウェル Cromwell, Oliver (1599—1658) イギリスの政治家，「イギリス共和国の護国卿」，p.255,271.
クルチウス Curtius, Ernst Robert (1886—1956) ドイツのロマン文学研究家，p.266.
チェルニン Czernin, Ottokar, Graf von (1872—1932) オーストリアの外交官，外相，/.55.

〔D〕

ダールマン Dahlmann, Friedrich Christoph (1785—1860) ドイツの歴史家，政治家，p.292・
ダンテ Dante Alighieri (1265—1321) イタリアの詩人，「神曲」の作者，p.204,211,251,282,294.
ダントン Danton, Georges Jacques (1759—1794) フランスの革命家，p.282.
ダレ Darré, Robert Walter (1895—1953) ナチの政治家，p.14.
ドーソン Dawson, Christopher (1889 ) イギリスのカトリックの文化哲学者，p.217.
ドビュシー Debussy, Claude Achille (1862—1918) フランスの作曲家，p.263.
ドニ Denis, Ernest (1849—1921) フランスの歴史家，スラヴ語学者，p.234.
デカルト Descartes, René (1596—1650) フランスの学者，哲学者，p.100,169,266,291.
ディドロ Diderot, Denis (1713—1784) 啓蒙主義時代のフランスの哲学者，p. 37,247.
ディケンズ Dickens, Charles (1817—1870) イギリスの作家，p.250.
ディルタイ Dilthey, Wilhelm (1833—1911) ドイツの哲学者，p.16,21,95,106,214,256,269.
ディングレーヴェ Dingräve, 「エシュマン」のペンネーム，その項参照.
ディズレーリ Disraeli, Benjamin (18

04—1881) イギリスの保守的な政治家, *p*.48.
ドノソ・コルテス Donoso Cortés, Juan Maria (1809—1853) スペインの政治哲学者, *p*.268.
ドストエフスキー Dostojewski, Fjodor Michailowitsch (1821—1881) ロシヤの作家, *p*.29,124,187,250,267,271,273,276.
デューリング Dühring, Eugen (1833—1921) 著述家, *p*.14.
デューラー Dürer, Albrecht (1471—1528) ドイツの画家, 版画家, *p*.258,261.273.
デュルケム Durkheim, Emile (1858—1917) フランスの社会学者, *p*.96—97.
デュルゼン Dyrrsen, Karl Ludwig (c1880— ) ジャーナリスト, *p*.278.

〔E〕

エーベルト Ebert, Friedrich (1871—1925)社会民主党の政治家, 大統領, *p*.52.
エッケハルト Eckehart von Hochheim (1260—1328) 中世キリスト教界最大の神秘主義思想家, *p*.103,177,246,264.
エーレンベルク Ehrenberg, Hans Philipp (1883— )福音派の神学者, *p*.88,182—183,194,202.
アイブル Eibl, Hans (1882— ) オーストリアの哲学教授, *p*.207,217,220.
アイヒェンドルフ Eichendorff, Joseph Freiherr von (1788—1857) ドイツの詩人, *p*.251,258.
アインシュタイン Einstein, Albert (1879—1955) 物理学者, *p*.173.
エリオット Eliot, Thomas Stearns (1888—1965) イギリスの詩人, 英国教派に改宗, *p*.217.
エリザベス一世 Elizabeth I. (1533—1603) イギリスの女王, *p*.253.
エールツベルガー Erzberger, Mathias (1875—1921) ドイツの政治家, *p*.54,55,56,65.
エシュマン Eschmann, Ernst Wilhelm (1904— ) 著述家,「タート」誌寄稿家,「ディングレーヴェ」の項参照,「参考文献」のうち「ドイツ革命の神話」の項参照,

〔F〕

ファウルハーバー Faulhaber, Michael von (1869—1952) 枢機卿, ミュンヒェンの大僧正, *p*.297.
フェーダー Feder, Gottfried (1883—1941) ナチスの党綱領の起草者, *p*.14,30,148.
フェッレロ Ferrero, Guglielmo (1871—1942) *p*.112.
フォイヒトワンガー Feuchtwanger, Lion (1884— ) ドイツの作家, *p*.174,264.
フィヒテ Fichte, Johann Gottlief (1762—1814) ドイツの哲学者, *p*.14,15,36—38,40,90,99,127,169—170,180,185,219,264,275,277,282,284,288,292.
フィオーレ Flore, Joachim von (1132 1202) イタリアの神秘主義者, *p*.29.
フロベール Flaubert, Gustave (1821—1880) フランスの作家, *p*.271.
フォルストホフ Forsthoff, Ernst (1902— ) 法律学教授, *p*.117.
フランス France, Anatole (1844—1924) フランスの作家, *p*.250.
フランツ Frantz, Constantin (1817—1891) ドイツの法哲学者, *p*.15,224—225.230.
フロイト Freud, Singmund (1856—1939) オーストリアの心理学者, 精神病医, *p*.173,263.
フリート Fried, Ferdinand,「ツィンマーマン」のペンネーム, その項参照.
フリードリヒ二世 Friedrich II. (Hohenstaufen) (1212—1250) 皇帝, シシリー王, *p*.260.
フリードリヒ二世 Friedrich II. (Hohenzollern) (1712—1786) プロイセン国王, *p*.11,13,36,40,116,154,199,220,227,239,275.
フリードリヒ・バルバロッサ Friedrich Barbarossa (1122—1190) 神聖ローマ帝国皇帝, *p*.29,197,204,300.
フリードリヒ・ヴィルヘルム Friedrich Wilhelm (1620—1688), いわゆる「大選帝侯」, *p*,230.
フリードリヒ・ヴィルヘルム一世 Friedrich Wilhelm I. (1688—1740) プロイセン国王, *p*.116,143,220.
フリードリヒ・ヴィルヘルム四世 Friedrich Wilhelm IV. (1795—1861) プロイセン国王, *p*.40.

**フルダ** Fulda, Ludwig (1862—1939) ドイツの作家, *p*.257.

〔G〕

**ガンベッタ** Gambetta, Léon (1838—1882) フランスの政治家, *p*.85.
**ジェンティーレ** Gentile, Giovanni(1875—1944) 哲学者, ファシスト政府の文相, *p*.282.
**ゲンツ** Gentz, Friedrich von (1764—1832) ドイツの評論家, 政治家, *p*.86.
**ゲオルゲ** George Stefan (1868—1933) ドイツの詩人, *p*.108—109,214,259—260, 265,277,283.
**ゲルラハ** Gerlach, Ernst Ludwig von (1795—1877) プロイセンの保守派の政治家, *p*.40,41,42.
**ゲルラハ** Gerlach, Leopold (1790—1861) 将軍, 保守派の政治家, *p*.40,41,42.
**ゲルヴィーヌス** Gervinus, Georg Friedrich (1805—1871) ドイツの歴史家, 文学史家, 文筆家, *p*.292.
**ゴビノー** Gobineau, Arthur (1816—1882) フランスの著述家, 外交官, *p*. 160, 165,166,167,170,244,304.
**ゲッベルス** Goebbels, Joseph (1897—1945) ナチスの宣伝相, *p*.14.
**ゲーリング** Göring, Hermann (1893—1946) ナチスの政治家, *p*.302.
**ゲーテ** Goethe, Johann Wolfgang von (1749—1832) ドイツの詩人, *p*.36, 61,99,102,103,106,161,170,177,185,218, 247,248,249,250,251, 252, 253, 255, 260, 261,264,266,267,284,288,294,295,303.
**ゴーガルテン** Gogarten, Friedrich (1887—1967) ドイツのプロテスタント神学者, *p*.124,125,191—192.
**ゲレス** Görres, Johann Joseph (1776—1848) ドイツの学者, 評論家, *p*.39,101, 163,181,206,208,251,292.
**グリム兄弟** Grimm Gebrüder, 1) Jakob (1785—1863), 2) Wilhelm (1786—1859) ドイツの言語学者, 科学的ゲルマン学の確立者たち, *p*.101,164,248,251.
**グリム** Grimm, Hans (1875—1959) ドイツの小説家, *p*.94,145.
**グレーナー** Groener, Wilhelm (1867—1939) ドイツの将軍, 民主主義的な政治家, *p*.54.
**グロピウス** Gropius, Walter (1883— ) ドイツの建築家, *p*.263.
**グリュンデル** Gruendel, Erich Günter (1904— )著述家, *p*.94,110,130,136, 146,157,243,272.
**グリューネヴァルト** Grünewald, Mathias (Mathis Neithardt) (1465—1528) ドイツの画家, *p*.178,258.
**ギュンター** Günther, Hans F. K. (1891—1968) 人類学者, *p*.14.
**グーリアン** Gurian, Waldemar (1904—1954) ドイツの政治評論家, *p*.13.

〔H〕

**ハープスブルク** Habsburg, Rudolf von (1291歿) ドイツの王, *p*.29.
**ヘッカー** Häcker, Theodor (1879—1945) ドイツのカトリック哲学者, *p*.210.
**ハーマン** Hamann, Johann Georg(1730—1788) ドイツの哲学者, 神学者, 啓蒙思潮に反対, *p*.277.
**ハルデンベルク** Hardenberg, Karl August (1750—1822) プロイセンの政治家, *p*.40,90.
**ハルトリヒ** Hardrich, Dr.「タート」誌の寄稿家, *p*.145.
**ハルトマン** Hartmann, Nicolai (1882—1950) 哲学者, *p*.214.
**ハウアー** Hauer, Jakob Wilhelm (1881— ) ドイツのインド学者, プロテスタントの宗教学者,「ドイツ信仰運動」の指導者, *p*.179.
**ヘッベル** Hebbel, Friedrich (1813—1863) ドイツの劇作家, *p*.259.
**ヘーゲル** Hegel, Georg Wilhelm Friedrich (1770—1831) ドイツの哲学者, *p*.95,99,123—127,157,162,163, 166,181, 185,186,195,206,208, 222, 242, 253, 284, 286.292.
**ハイデガー** Heidegger, Martin (1889— ) 哲学者, *p*.214.
**ハイネ** Heine, Heinrich (1779—1856) ドイツの詩人, *p*.73, 102, 172, 251—252, 257,264,294.
**ハインリヒ獅子王** Heinrich der Löwe (1129—1195) バイエルンとザクセンの領主, *p*.228.
**ヘルフェリヒ** Helfferich, Karl (1872—1924) ドイツの社会経済学者, 政治家, *p*.55.
**ヘルダー** Herder, Johann Gottfried (1744—1803) ドイツの詩人, 神学者, 文

化哲学者，*p*.14,37,61,161,162,209,231,232,234,248,267,288,303.
**ヘルトリング** Hertling, Georg Graf von（1843—1919）ドイツのカトリックの政治家，社会学者，首相，*p*.58.
**ヘス** Hess, Rudolf（1894—　）ナチスの政治家，*p*.131.
**ヒールシャー** Hielscher, Friedrich（1902—　）文筆家，*p*.207.
**ヒンデミット** Hindemith, Paul（1895—　）ドイツの作曲家，*p*.263.
**ヒンデンブルク** Hindenburg, Paul von（1847—1934）ドイツの元帥，大統領，*p*.19,56,57,63,67,70.
**ヒルシュフェルト** Hirschfeld, Magnus（1868—1935）ドイツの性科学者，*p*.173.
**ヒトラー** Hitler, Adolf（1889—1945）ドイツ・ナチズムの総統，*p*.12,14,16,27,30,61,70,150,155,156,157,296,297.
**ホッブズ** Hobbes, Thomas（1588—1679）イギリスの哲学者，*p*.84,268.
**ホフマン・フォン・ファラースレーベン** Hoffmann von Fallersleben, August（1798—1874）ドイツの国歌の作者，*p*.39.
**ホーフマンスタール** Hoffmannsthal, Hugo（1874—1929）オーストリアの詩人，*p*.89.
**ヘルダーリン** Hölderlin, Johann Christoph Friedrich（1770—1843）ドイツの詩人，*p*.258,260,267.
**フーダル** Hudal, Alois（1885—　）カトリック神学者，*p*.105
**フーゲンベルク** Hugenberg, Alfred（1865—1951）ドイツの大実業家，政治家，*p*.55,71.
**ユーゴー** Hugo, Victor（1802—1885）フランスの詩人，*p*.250.
**フンボルト** Humboldt, Whilhelm von（1767—1835）ドイツの学者，政治家,*p*.40,99,218,292.
**ヒューム** Hume, David（1711—1776）スコットランドの哲学者，*p*.264,266.
**フッサール** Husserl, Edmund（1859—1938）ドイツの哲学者，*p*.214.
**ハクスレー** Huxley, Thomas Henry（1825—1895）イギリスの生物学者，*p*.209

〔I〕

**イグナチウス** Ignatius von Loyala（1491—1556）イスエト教団の創立者，*p*.186.
**イェーリング** Ihering, Rudolf von（1818—1892）ドイツの法学者，*p*.214.

〔J〕

**ヤコービ** Jacobi, Friedrich Heinrich（1743—1819）ドイツの哲学者，*p*.102.
**ジャッフェ** Jaffé, Edgar（1866—1921）国民経済学教授，*p*.139.
**ヤーン** Jahn, Johann Friedrich Ludwig Christoph（1778—1852）「ドイツの体育の父」*p*.40,99,288.
**ジェームズ** James, William（1842—1912）アメリカのプラグマティズムの哲学者 *p*.284.
**ヤルケ** Jarcke, Karl Ernst（1801—1852）カトリックの政治家（改宗者），*p*.40.
**ヤスパース** Jaspers, Karl（1883—　）ドイツの哲学者，*p*.304.
**ジョーレス** Jaurès,Jean（1854—1914）フランスの社会主義の指導者，*p*.133.
**ジョンスン** Johnson, Samuel（1709—1784）イギリスの著述家，*p*.246.
**ヨーゼフ二世** Joseph II.（1741—1790）ドイツ皇帝，*p*.230.
**ユリアヌス** Julian Apostata（332—363）ローマの「背教皇帝」，*p*.179.
**ユング** Jung, Edgar（1894—1934）ドイツの政治評論家，*p*.19,32,97,98,105,207,210—223,226,274,300—302,304.
**ユンガー** Jünger, Ernst（1895—　）ドイツの作家，*p*.121,278—282.

〔K〕

**カント** Kant, Immanuel（1724—1804）ドイツの哲学者，*p*. 36, 37, 99, 170, 185, 209,253,260,264,274,284,288.
**カルル大帝** Karl der Grosse（742—814）神聖ローマ帝国皇帝，*p*.181,197,204,228.
**ケレンスキー** Kerenski, Alexander（1881—　）ロシヤの政治家，1917年首相，*p*.277.
**ケルル** Kerrl, Hanns（1887—1941）宗教担当相，*p*.275.
**カイザーリング** Keysering, Graf Herrmann（1880—1946）ドイツの哲学者，*p*.14,265.
**キールケゴール** Kierkegaard, Sören Aabye（1813—1855）デンマークのプロテ

スタントの著述家，宗教哲学者，*p*.186, 195, 283.
**キップリング** Kipling, Rudyard (1865—1936) イギリスの作家，*p*.250.
**クラーゲス** Klages, Ludwig (1872—1956) ドイツの心理学者，*p*.265.
**クライスト** Kleist, Heinrich von (1777—1811) 劇作家，*p*.40.
**クロップシュトック** Klopstock, Friedrich Gottlieb (1724—1803) ドイツの詩人，*p*.37, 161, 246, 261.
**ノックス** Knox, John (1505—1572) スコットランドの宗教改革者，*p*.187.
**コーゴン** Kogon, Eugen (1903—　) ドイツの評論家，*p*.132.
**コペルニクス** Kopernikus, Nikolaus (1473—1543) 天文学者，*p*.186.
**コルファンティ** Korfanty, Wojciech (1873—1939) ポーランドの政治家，*p*.93.
**ケルナー** Körner, Theodor (1791—1813) ドイツ解放戦争時代の詩人，*p*.249.
**クリーク** Krieck, Ernst (1882—1947) ナチズムの理論家，*p*.275, 282—292, 293.

〔L〕

**ラ・フォンテーヌ** La Fontaine, Jean (1621—1695) フランスの寓話作者，*p*.247.
**ラガルド** Lagarde, Paul Anton de (旧姓 Bötticher) (1827—1891) 言語学者，政治家，*p*.14, 15, 99, 106, 171, 186, 199, 208, 221, 232, 250, 284, 288, 304.
**ランプレヒト** Lamprecht, Karl (1856—1915) ドイツの歴史家，*p*.14, 15, 244.
**ランツベルク** Landsberg, Ludwig (1903—1942) ドイツの哲学者，*p*.210.
**ラングベーン** Langbehn, Julius, ペンネーム「レンブラントドイツ人」(1851—1907) 著述家，*p*.253—254, 257, 259, 272, 288.
**ランゲ** Lange, Friedrich (1852—1917) 民族主義的な著述家，*p*.250, 251, 252, 257, 288.
**老子** Laotse (B.C. 4世紀) 中国の思想家，*p*.178, 185.
**ラサール** Lassalle, Ferdinand (1825—1864) 社会主義の煽動家，ドイツ労働運動の確立者の一人，*p*.136, 173.
**ル・ボン** Le Bon, Gustave (1842—1931) フランスの社会学者，*p*.30.
**ル・コルビュジエ** Le Corbusier (Charles Edouard Janneret) (1887—　) スイスの建築家，*p*.263.
**レームブルック** Lehmbruck, Wilhelm (1881—1919) ドイツの彫刻家，*p*.263.
**ライプニッツ** Leibniz, Gottfried Wilhelm (1646—1716), ドイツの哲学者，*p*.264
**ライプアルト** Leipart, Theodor (1867-1947) ドイツの組合運動指導者，ドイツ労働総同盟委員長，*p*.155.
**レーニン** Lenin, Wladimir (1870—1924) ボルシェビーキ指導者，*p*.128.
**レッシング** Lessing, Gottfried Ephraim (1729—1781) ドイツの文学者，批評家，*p*.36, 37, 185, 246, 247, 252, 264, 267, 294.
**ライ** Ley, Robert (1895—1945) ナチス・労働戦線の指導者，*p*.14, 287.
**リスト** List, Friedrich (1789—1846), 社会経済学者，*p*.14, 288.
**ロイド** Lloyd, George David (1863—1945) イギリスの政治家，*p*.53.
**ロック** Lock, John (1632—1704) イギリスの哲学者，社会経済学者，*p*.100, 264.
**ルーデンドルフ** Ludendorff, Erich (1865—1937) ドイツの将軍，ヒンデンブルク軍の参謀総長，*p*.53, 54, 56, 57, 58, 64.
**ルードヴィヒ** Ludwig, Emil (1881—1948) ドイツの作家，*p*.174.
**ルイ十四世** Ludwig XIV. (1638—1715) フランス王（太陽王），*p*.221, 253.
**ルカーチ** Lukács, Georg (1885—　) ハンガリーのマルキシズム的精神史家，文学史家，*p*.16.
**ルキアノス** Lukian (Loukianos) (B.C. 120—80) ギリシャの諷刺作家，*p*.246.
**ルナチャルスキー** Lunatcharski, Anatol (1875—1933), ソ連の教育人民委員，*p*.282.
**ルッター** Luther, Martin (1483—1546) ドイツの宗教改革者，*p*.11, 29, 45, 50, 99, 104, 107, 116, 154, 162, 169, 176, 184, 185, 186, 187, 188, 190, 193, 194, 196, 199, 200, 208, 210, 219, 246, 267, 277.
**ルクセンブルク** Luxemburg, Rosa (1870—1919) 革命的社会主義者，スパルタクス団の創設者の一人，*p*.173.

〔M〕

**マキャヴェリ** Machiavelli, Niccolò (1469—1527) イタリアの政治学者，歴史家，*p*.24.

**メーストル** Maistre, Joseph Maine, Comte de (1754—1821) フランスのカトリック的政治学者，哲学者，文学者，*p*.89, 188,267.
**マラルメ** Mallarmè, Stephane (1842—1898) フランスの詩人，*p*.259.
**マン** Man, Hendrik de (1885—1955) ベルギーの社会学者，社会主義者，*p*.20, 43,68,170.
**マン** Mann, Heinrich (1871—1950) ドイツの小説家，劇作家，*p*.108.
**マン** Mann, Thomas (1875—1955) ドイツの作家，*p*.14,108,263,264,271,295.
**マリタン** Maritain, Jacques (1882— ) フランスの哲学者，*p*.216.
**マルモンテル** Marmontel, Jean François (1723—1799) フランスの作家，百科全書の協力者，*p*.37.
**マルヴィッツ** Marwitz, Friedrich August Ludwig von der (1777—1837) プロイセンの将軍，政治家，*p*.53.
**マルクス** Marx, Heinrich Karl (1818—1883) ドイツの社会経済学者，科学的社会主義の創始者，*p*. 22, 47,70,81,82,133, 143,271,294.
**マルクス** Marx, Wilhelm (1863—1946) ドイツの政治家，首相，*p*.70.
**マーサリック** Masaryk, Thomas Garrigne (1850—1937) チェコの政治家，社会学者，*p*.234,237.
**モーラス** Maurras, Charles (1868—1952) フランスの詩人，政治家，「アクション・フランセーズ」誌の創刊者，指導者，*p*.28,32,35,36,98,125,203,274.
**マイネッケ** Meinecke, Friedrich (1862—1954) ドイツの歴史学者，*p*.13.39.
**メンデルスゾーン** Mendelssohn, Moses (1729—1786) ドイツのユダヤ系哲学者 *p*.252.
**メッテルニヒ** Metternich, Klemens Wenzel Lothar, Fürst von (1773—1859) オーストリアの政治家，*p*.39,40,86, 90,292.
**ミルトン** Milton, John (1608—1674) イギリスの詩人，「失楽園」の作者，*p*.250.
**メレンドルフ** Moellendorff, Wichard von (1881—1937) 大臣，国有化委員会の一員，*p*.141.
**メラー・ヴァン・デン・ブルック** Moeller van den Bruck, Arthur (1876—1925) ドイツの著述家，*p*.14,25,28,29,31, 32,34,73,74,76—88,89,94,104, 116, 133, 140,144,146,148,156,172, 228, 236—239, 241,298,304.
**モーラー** Mohler, Armin (1920— ) スイスの著述家，*p*.15—16,305.
**モリエール** Moliére, Jean-Baptiste (1622—1673) フランスの喜劇作家，*p*.271.
**モルトケ** Moltke, Helmut von (1800—1891) プロイセンの元帥，*p*.225,288.
**モムゼン** Mommsen , Theodor (1871—1903) ドイツの歴史学者，*p*.173,292.
**メーリケ** Mörike, Eduard (1804—1875) ドイツの詩人，*p*.252.
**モンテーニュ** Montaigne, Michel-Eyquem (1533—1592) フランスの哲学者，著述家，*p*.169.250.
**モンテスキュー** Montesquieu, Charles Louis de (1689—1755) フランスの歴史学者，法哲学者，*p*.242.
**メーザー** Möser, Justus (1720—1794) ドイツの歴史学者，*p*.247.
**ミュラー** Müller, Adam (1779—1829) ドイツの政治哲学者，*p*.40,102,117,208, 218,221,224.
**ミュラー** Müller, Friedrich Max (1823—1900) ドイツの言語学者，*p*.164.
**ミュンツァー** Münzer, Thomas (1490—1525) 宗教的・共産主義的革命家，再洗礼派の指導者，*p*.154.
**ムッソリーニ** Mussolini, Benito (1883—1945) イタリアの政治家，独裁者，*p*. 24,108,123,125,152,240,278,298.

〔N〕

**ナードラー** Nadler, Joseph (1884—1963) オーストリアの文学史家，*p*.244,277,
**ナポレオン一世** Napoleon I. (1769—1821) フランスの皇帝，*p*.37,39,162,249, 260.
**ナポレオン三世** Napoleon III. Charles Louis (1808—1873) フランスの皇帝，*p*.63.
**ナトルプ** Natorp, Paul (1854—1924) ドイツの哲学者，新カント学派，*p*.284.
**ナウマン** Naumann, Friedrich (1860—1919) ドイツのプロテスタント神学者，政治家，*p*.15.46.
**ニュートン** Newton, Sir Isaac (1643—1727) イギリスの物理学者，数学者，天文

学者，*p*.291.
**ニーブール** Niebuhr, Bartold Georg (1776—1831) プロイセンの政治家，歴史学者，*p*.40,292.
**ニーキッシュ** Niekisch, Ernst Karl August (1889—1967) 著述家，*p*.157.
**ニーチェ** Nietzsche, Friedrich (1844—1900) ドイツの哲学者，詩人，*p*.15,21,75,99,103,106—108,166,167,179,180,219,250,251,256,258,259,260,265,267,275,276,283,299,303—304.
**ノヴァーリス** Novalis, Frhr. Friedrich v. Hardenberg (1772—1801) *p*.14,40,100,102,198,205—206,209,221,224,225

〔O〕
**オルデンブルク・ヤヌシャウ** Oldenburg-Januschau, Elard v. (1855—1937) 保守的政治家，地主党員，*p*.53.
**オシアン** Ossian, 伝説的なスコットランドの詩人，*p*.247.
**オットー一世** Otto I. (912—973) 神聖ローマ帝国皇帝，*p*.197,228.

〔P〕
**パーペン** Papen, Franz v. (1879— ) ドイツの政治家，*p*.71,115, 119, 302.
**パラツェルズス** Paracelsus, Theophrastus Bombastus von Hohenheim (1493—1541) スイスの医者，医術の改革者，*p*.103,177.
**パレート** Pareto, Vilfredo (1848—1923) イタリアの社会経済学者，社会学者，*p*.268.
**パスカル** Pascal, Blaise (1623—1662) フランスの数学者，物理学者，哲学者，*p*.250.
**パウロ** Paulus (64歿) 使徒，*p*.169,175,196,212.
**パーシー** Percy, Thomas (1729—1811) イギリスの著述家，「古代イギリス詩文拾遺」の編集者，*p*.248.
**ピョートル大帝** Peter der Grosse (1672—1725) ロシヤのツァー，*p*.23,277.
**ピルスーツキー** Pilsudski, Joseph (1867—1935) ポーランドの政治家，*p*.129,296.
**ピンダロス** Pindar (Pindaros) (B.C. 518—446) ギリシャの抒情詩人，*p*.267.
**プラトン** Platon (B. C.427—347) ギリシャの哲学者，*p*.107,210,211,246,266.
**プレンゲ** Plenge, Johannes (1874—1963) 社会・経済理論家，*p*.139.
**ポアンカレー** Poincaré, Henri (1854—1912) フランスの数学者，物理学者，*p*.291.
**プリモ・デ・リベラ** Primo de Rivera, Miguel (1870—1930) スペインの将軍，政治家，*p*.129.
**プルードン** Proudhon, Pierre Joseph (1809—1865) フランスの社会主義理論家，*p*.279.

〔Q〕
**ケルヴァン** Quervain, Alfred de (1896—1968) スイスの神学の教授，*p*.104,189—191.
**キネー** Quinet, Edgar (1803—1875) フランスの著述家，歴史家，*p*.165.

〔R〕
**ラブレー** Rabelais, François (1494—1553) ルネサンス期のフランスの作家，*p*.250.
**ラシーヌ** Racine, Jean (1639—1699) フランスの悲劇作家，*p*.169,247,249,250,267.
**ラデック** Radek, Karl (1885—1939) ソ連の政治家，*p*.238.
**ラドヴィッツ** Radowitz, Joseph Maria von (1797—1853) 保守的なプロイセンの政治家，*p*.40,42.
**ランケ** Ranke, Leopold von (1795—1886) ドイツの歴史学者，*p*.37,292.
**ラーテナウ** Rathenau, Walter (1867—1922) ドイツの民主主義的政治家，*p*.14,65,140,151.
**ラッツェル** Ratzel, Friedrich (1844—1904) ドイツの地理学者，*p*.242.
**レマルク** Remarque, Erich Maria (1898—1970) 現代アメリカ（ドイツ生れ）の作家，*p*,91,92.
**レンブラント** Rembrandt, Harmensz van Rijn (1606—1669) オランダの画家，*p*.178,254,255,259,262.
**レンブラントドイツ人** der Rembrandt deutsche，ラングベーンの項参照.
**ルナン** Renan, Ernest (1823—1892) フランスの宗教史家，セム学者，*p*.165,170,233.
**レーヴェントロー** Reventlow, Graf

Ernst von (1869—1943) 国家社会主義的著述家, p.148.
**リシュリュー** Richelieu, Armand Jean du Plessis (1583—1642) フランスの政治家, p.221,223.
**リール** Riehl, Wilhelm Heinrich (1823—1897) ドイツの著述家, 社会学者, 文化史家, p.101.
**リエンゾ** Rienzi (Rienzo), Cola di (1313—1354) ローマの愛国者, 人文主義者, p.24.
**リルケ** Rilke, Rainer Maria (1875—1926) ドイツ・オーストリアの詩人, p.214. 277.
**ロベスピエール** Robespierre, Maximilian (1758—1794) フランスの革命家, p.37,223.
**レーム** Röhm, Ernst (1887—1934) ナチスの政治家, p.287,302.
**ロールバッハ** Rohrbach, Paul (1869— ) ドイツの著述家, p.14.
**ローゼンベルク** Rosenberg, Alfred (1893—1946) ナチスの政治家, p.14,82,109, 126,174,175,176,177, 178, 180, 244, 263, 287,296.
**ローゼンシュトック・ヒュッシー** Rosenstock-Huessy, Eugen (1888— ) ドイツの史学教授, p.269,270,278.
**ルソー** Rousseau, Jean Jacques (1712—1778) ジュネーブの哲学者, 文化批評家, p.95,100,102, 107, 114, 115, 128, 199,223,247,258,303.

〔S〕

**ザロモン** Salomon, Ernst von (1902— ) 小説家, 参考文献「戦争体験と義勇軍」の項参照.
**サヴィニー** Savigny, Friedrich Karl von (1779—1861) ドイツの法学者, 歴史法学の創建者, p.14,40,101.
**シャハト** Schacht, Hjalmer (1877—1970) 国立銀行総裁, ヒトラー政府で経済相, p.296.
**ゼークト** Seeckt, Hans von (1866—1936) ドイツの元帥, p.67.
**シートン・ウォトソン** Seton-Watson, Robert William (1879—1945) イギリスの歴史家, p.234.
**スーソー** Seuse (Suso), Heinrich (1295—1366) ドイツの神秘思想家, p.264.
**ゼーヴェリング** Severing, Karl (1875—1942) ドイツの社会民主党の政治家, プロイセンの内相, p.71.
**シェークスピア** Shakespeare, William (1564—1616) イギリスの劇作家, p.247,248,251,253,255,262,267.
**スミス** Smith, Adam (1723—1790) イギリスの社会経済学者, 倫理学者, 古典的社会経済学の創建者, p.100.
**ソクラテス** Sokrates (B. C.470—399) ギリシャの哲学者, p.107,175.
**ゾンバルト** Sombart, Werner (1863—1941) ドイツの社会経済学者, 社会学者, p.142,271.
**ソフォクレス** Sophokles (B.C.497—406) ギリシャの悲劇詩人, p.294.
**ソレル** Sorel, Georges (1847—1922) フランスの歴史哲学者, 社会学者, p.20—23,25,26,70,108,109, 123, 133, 170, 175, 179,279.
**シュパン** Spann, Othmar (1878—1950) オーストリアの哲学者, 社会学者, p.33,117,118,214.
**スペンサー** Spencer, Herbert (1820—1903) イギリスの哲学者, p.279.
**シュペングラー** Spengler, Oswald (1880—1936) ドイツの歴史哲学者, p.14,32, 74—76,88,94,104,142—144,148,157,184, 213,265,271,297,298,300,303,304.
**スピノザ** Spinoza, Benedictus de (1632—1677) ユダヤ系オランダの哲学者, p.102,103,
**シュプランガー** Spranger, Eduard (1882— ) ドイツの哲学者, 教育学者, p.113.
**スタール夫人** Staël, Germaine, Madame de (1766—1817) フランスの著作家, p.89.
**シュタール** Stahl, Friedrich Julius (1802—1855) ドイツの法哲学者, 政治学者, p.40,86.
**スターリン** Stalin, Joseph Wissarionowitsch (1879—1953) ソヴエトの首相, p.156,157.
**シュターペル** Stapel, Otto Friedrich Wilhelm (1882—1954) 著述家, "Deutsches Volkstum" 誌の発行者, p.32—33,98,124,125,126,128,131,182,194-199, 201,203,204,299.
**シュテール** Stehr, Hermann (1864—

1940) ドイツの小説家，*p.*277.
**シュタイン** Stein, Karl Freiherr von und zu (1757—1831) プロイセンの政治家，*p.*38,40,53,90,136,288.
**シュトラッサー** Strasser, Gregor (1892—1934) ナチスの政治家，*p.*155,302.
**シュトライヒャー** Streicher, Julius(1885—1946) ナチスの政治家，“Stürmer” 誌の発行者，*p.*287.
**シュトレーゼマン** Stresemann, Gustav(1878—1929)ドイツの政治家，*p.*64,69,239.
**ジーベル** Sybel, Heinrich von (1817—1895) ドイツの歴史家，政治家，*p.*292.
**シャルンホルスト** Scharnhorst, Gerhard Johann David von (1755—1813) プロイセンの将軍，*p.*90.
**シェッフェル** Scheffel, Joseph Victor von (1826—1886) ドイツの詩人，*p.*251.
**シャイデマン** Scheidemann, Philipp (1865—1939) ドイツの社会民主党の政治家，*p.*52,65.
**シェーラー** Scheler, Max(1874—1929) ドイツの哲学者，*p.*210.
**シェリング** Schelling, Friedrich Wilhelm (1775—1854) ドイツの哲学者，*p.*16,103,264.
**シェンケンドルフ** Schenkendorf, Max von (1783—1817) ドイツの解放戦争時代の詩人，*p.*249.
**シラー** Schiller, Johann Christoph Friedrich von(1769—1805) ドイツの詩人，歴史家，*p.*36,61,99,161,249,251,252,267,288,303.
**シュラーゲター** Schlageter, Albert Leo (1894—1923) 義勇軍の士官，*p.*93,238.
**シュレーゲル** Schlegel, Friedrich (1772—1829)ドイツの著作家，*p.*40,100,163,181,206,208,209,225.
**シュライヒャー** Schleicher, Kurt von (1882—1934) ドイツの将軍，政治家，*p.*155,302.
**シュライエルマッヘル** Schleiermacher, Friedrich Ernst Daniel (1768—1834) ドイツのプロテスタント神学者，哲学者，*p.*90,102,104,277.
**シュマウス** Schmaus, Michael (1897— ) カトリック神学教授，*p.*89,105.
**シュミット** Schmitt, Carl(1888— ) ドイツの法学者，政治学者，*p.*33,120,122,128,132,188,268.
**シェップス** Schoeps, Hans-Joachim (1909— ) 史学教授，*p.*116.
**ショーメルス** Schomerus, Hanns (1902— ) 神学者，著作家，*p.*200,201
**ショーペンハウエル** Schopenhauer, Arthur (1788—1860) ドイツの哲学者，*p.*16,103,165,166,253,263,267,304.
**シュヴァルツ・ヴァン・ベルク** Schwarz van Berg, Hans (1902— ) 国家主義的保守主義の著作家，*p.*32.
**シュヴィント** Schwind, Moriz von (1804—1871)オーストリアの画家，*p.*261.

〔T〕

**タキトゥス** Tacitus, Publius Cornelius (55—116) ローマの歴史家，*p.*262,276.
**テーヌ** Taine, Hippolyte(1828—1893) フランスの歴史家，哲学者，*p.*165.
**タルジュー** Tardieu, André (1876—1945) フランスの政治家，*p.*240.
**タウラー** Tauler, Johannes (1300—1361) ドイツの神秘家，*p.*264.
**ティエリ** Thierry, Augustin (1795—1856) フランスの歴史家，*p.*165.
**トマス・アキナス** Thomas Aquinas (1225—1274) イタリアの神学者，最大のスコラ学者，*p.*183,199,209,212,264.
**ティーク** Tieck, Ludwig (1773—1853) ドイツの作家，*p.*251.
**ティルピッツ** Tirpitz, Alfred v. (1849—1930) ドイツの提督，*p.*57.
**テンニエス** Tönnies, Ferdinand (1855—1936) ドイツの社会学者，*p.*90.
**トライチケ** Treitschke, Heinrich von (1834—1896) ドイツの歴史家，*p.*14,15,292.
**トロツキー** Trotzki, Leo Dawydowitsch (1879—1940) ロシヤ・ボルシェヴィーキの政治家，*p.*173,199.
**トレルチ** Troeltsch, Ernst (1865—1923) ドイツのプロテスタント神学者，哲学者，*p.*95,99,186,199,209.

〔U〕

**ウーラント** Uhland, Ludwig (1787—1862) ドイツの詩人，文学史家，*p.*251,252,292.

〔V〕

**ヴァンシッタート** Vansittard, Sir Robert Gilbert (1881— ) イギリスの外交官, *p*.11.

**ウェルギリウス** Vergil, Tullius V. Maro (B.C.70—19) ローマの詩人, *p*.249

**ヴェルレーヌ** Verlaine, Paul (1844—1896) フランスの詩人, *p*.259.

**ヴェルメーユ** Vermeil, Edmond (1878— ) フランスのゲルマニスト, *p*.14, 50,52.

**ヴィコ** Vico, Giovanni Battista (1668—1744) イタリアの哲学者, 近代歴史哲学の創始者, *p*.74.162.

**ヴィリエ・ド・リラダン** Villiers de L'Isle-Adam, Philippe Auguste de (1838—1889) フランスの作家, *p*.259.

**ヴォルテール** Voltaire, François-Marie Arouet (1694—1778) フランスの啓蒙主義作家, *p*.116,247,250,267.

〔W〕

**ヴァッケンローダー** Wackenroder, Wilhelm Heinrich (1773—1798) ドイツの作家, *p*.258,261.

**ワーグナー** Wagner, Richard (1813—1883) ドイツの作曲家, *p*.103, 166, 167, 170,178,251,253—255,263,275.

**ヴァッサーマン** Wassermann, Jakob (1873—1934) ドイツの作家, *p*.174.

**ウェーバー** Weber, Max (1864—1920) ドイツの社会経済学者, 社会学者, *p*.16, 46,48,51,95,199.

**ヴェーナー** Wehner, Josef Magnus (1891—1973) ドイツの小説家, *p*.207.

**ウェルズ** Wells, Herbert George (1866—1946) イギリスの著述家, *p*.250.

**ヴィドゥキント** Widukind (807歿) 低ザクセンの国民的英雄, *p*.181.

**ヴィーラント** Wieland, Christoph Martin (1733—1813) ドイツの詩人, *p*.37,246,247.

**ヴィーゼ** Wiese, Leopold von (1876— ) ドイツの社会学者, *p*.95.

**ヴィルヘルム二世** Wilhelm II. (1859—1941) ドイツの皇帝, *p*.11, 27, 45, 46, 47,48,51.56,71, 78, 79, 81, 91, 167, 169, 231,256,258.

**ウィルソン** Wilson, Thomas Woodrow (1856—1924) アメリカの大統領, *p*.58,62,65,85,199.

**ヴィンケルマン** Winckelmann, Johann Joachim (1717—1768) ドイツの考古学者, *p*.288.

**ヴィルジング** Wirsing, Giselher (1907— ) ドイツの著述家,「タート」誌の共働者, ついで主筆, *p*.135,149—152, 234,236,240.

**ヴィッティヒ** Wittig, Joseph (1879—1947) カトリック神学者, 小説家, *p*.277.

**ヴォルトマン** Woltmann, Ludwig (1871—1907) ドイツの著述家, *p*.166—167.

〔Z〕

**ツィーグラー** Ziegler, Leopold (1881—1958) ドイツの著述家, *p*.236.

**ツィンマーマン** Zimmermann, Friedrich (1898— ) ドイツの著述家,「タート」誌の共働者, ペンネームは「フリート」, 参考文献「ドイツ社会主義」の項参照

**ツヴィングリ** Zwingli, Huldrych (1484—1531) スイスの宗教改革者, 神学者, 人文主義者, *p*.200.

**ツォイス** Zeuss, Kaspar (1806—1856) ドイツの言語学者, *p*.164.

# 事　項　索　引

## （五十音順）